Jerusalén

Y CONSPIRACIONES MODERNAS

traicionada

CHOCAN ENTRE SÍ EN LA CUIDAD SANTA

ANTIGUAS 1 PROFECÍAS

Jerusalén

Y CONSPIRACIONES MODERNAS

traicionada

CHOCAN ENTRE SÍ EN LA CUIDAD SANTA

Mike Evans

BETANIA

Un Sello de Editorial Caribe

Betania es un sello de *Editorial Caribe,*
una división de *Thomas Nelson, Inc.*

© **1997 EDITORIAL CARIBE**
P.O. Box 141000
Nashville, TN 37214-1000, EE.UU.
E-mail: caribe@editorialcaribe.com

Título del original en inglés:
Jerusalem Betrayed
© 1997 *Word Publishing*
Publicado por: *Word Publishing*

ISBN: 0-88113-468-6

Traductor: *Miguel A. Mesías*

Impreso en EE.UU.
Printed in U.S.A.

1ª Impresión

Dedicatoria

A los héroes anónimos que han seguido sus convicciones y se levantaron con valentía respaldando a Jerusalén y a la Tierra Santa, y a todos los amigos desconocidos que se han esforzado arduamente a través de los años para establecer un puente de amor que cruce el tiempo y la distancia con sus buenas obras y compasión para el pueblo de la Biblia.

Por amor de Sion no callaré,
y por amor de Jerusalén no descansaré,
hasta que salga como resplandor su justicia,
y su salvación se encienda como una antorcha.
Isaías 62.1

Contenido

Profecía de la palabra de Jehová acerca de Israel. Jehová, que extiende los cielos y funda la tierra, y forma el espíritu del hombre dentro de él, ha dicho: He aquí yo pongo a Jerusalén por copa que hará temblar a todos los pueblos de alrededor contra Judá, en el sitio contra Jerusalén. Y en aquel día yo pondré a Jerusalén por piedra pesada a todos los pueblos; todos los que se la cargaren serán despedazados, bien que todas las naciones de la tierra se juntarán contra ella ... Y los capitanes de Judá dirán en su corazón: Tienen fuerza los habitantes de Jerusalén en Jehová de los ejércitos, su Dios. En aquel día pondré a los capitanes de Judá como brasero de fuego entre leña, y como antorcha ardiendo entre gavillas; y consumirán a diestra y a siniestra a todos los pueblos alrededor; y Jerusalén será otra vez habitada en su lugar, en Jerusalén.

Zacarías 12.1-3,5-6

Introducción

Una antorcha entre gavillas

Eran las siete de la noche del 9 de diciembre de 1996. Los niños llegaban de todas partes de Jerusalén, víctimas inocentes del terrorismo. Una encantadora joven israelí, frisando los cuarenta años de edad, llevaba colgado al cuello un dije en forma de corazón, con un retrato de su hermano. El joven murió a manos de los terroristas pocos meses antes.

Una niñita apretaba con fuerza su estropeada muñeca. Sus padres también murieron a manos de los terroristas. Yo estaba allí esa última noche de la Fiesta de Hanukkah, alegrando un poco a estos niños con regalos para cada uno. Pasaban al frente, con sus ojos brillantes de felicidad.

Miré a los ojos de estos preciosos, inocentes corderitos, y pensé en los políticos sentados en sus lujosas oficinas por todo el mundo, tomando decisiones burocráticas que a la larga causarían la pérdida de miles de vidas inocentes, dejando a millares más de niños huérfanos y solos.

No podía decirlo entonces, pero apenas horas antes, en la aldea bíblica de Bet-el, estuve en medio de miles de dolientes judíos, incluyendo mi viejo amigo Benjamín Netanyahu, primer ministro de Israel, para lamentar el brutal asesinato de una querida madre judía a manos de palestinos emboscados cuando ella se encaminaba a su casa para celebrar con la

11

familia la Fiesta de Hanukkah. También asesinaron a su hijo de doce años. Su esposo y sus otros cuatro hijos quedaron horriblemente heridos en el ataque.

Una madre de nueve hijos, muerta a tiros. Sus hijos jamás conocerán de nuevo la alegría de contarle los momentos especiales de la vida. Mientras estaba allí en esa fría y rocosa ladera de la colina observando a los dolientes que pasaban, noté que un soldado lloraba. Llevaba los largos rizos laterales de los judíos ortodoxos. Algo en sus lágrimas y en su estropeada chaqueta me partió el corazón, y no pude soportar verlo parado allí solo. Le puse el brazo sobre los hombros para consolarlo.

Me contó que su padre emigró de Rusia buscando vida para la familia. Y apenas una semana atrás su padre y hermano murieron a manos de los terroristas. No tenía ni idea de que el personal de nuestro programa especial para televisión «Jerusalén: Ciudad de lágrimas» filmó aquel funeral pocos días antes de encontrarme con aquel soldado llorando en esa desolada colina.

¿Por qué crímenes mataron al padre y al hermano de este joven soldado? Solo uno: eran judíos.

Mientras trabajaba en las páginas finales de este libro, un amigo israelí me preguntó:

—Mike, ¿por qué titulaste el libro *Jerusalén traicionada*?

De inmediato, mi mente se inundó de imágenes mientras hacía una pausa para reflexionar en su pregunta. Tantos años, tantas lágrimas, tantos recuerdos dolorosos; pero mi respuesta tenía que ser directa:

—Porque *han* traicionado a Jerusalén.

Estados Unidos y las potencias económicas del mundo han hecho tratos con los jeques árabes que viven en opulencia más allá de toda comprensión, y las naciones que bajo el gobierno de las balas, y no de la urna electoral, se han propuesto humillar y destruir al pueblo de Dios.

—Alguien tiene que contar la verdadera historia —le dije—, y esa es la misión de este libro.

Tarde o temprano el mundo tendrá que reconocer lo que se le está haciendo a la ciudad de Dios a título de «relaciones exteriores» y de «paz en el Medio Oriente». La guerra que las naciones libran contra Israel adopta muchas formas. Debido a estos patrones de falsedad entre tantas potencias surgen un sinnúmero de preguntas respecto a los recientes desastres, estallidos de bombas y ataques terroristas, incluyendo las circunstancias misteriosas y sin resolver que rodearon la tragedia del vuelo 800 de la aerolínea TWA, en la cual perdieron la vida doscientas treinta personas. En este libro analizo algunas preguntas y situaciones como estas.

Cuando lea este libro, quizás a veces sienta ira y resentimiento. En otras ocasiones espero que sienta ternura y compasión, o a lo mejor sufrimiento y desilusión. No pido disculpas por estas cosas, ni por los incidentes relatados aquí que le provocarán emociones; solo espero que lo que descubra sobre la tierra de Israel y el complot para socavar esta antigua cultura, le impulse a algún tipo de acción.

El hecho de ser periodista cristiano y amigo de Israel me da cierta perspectiva respecto a los acontecimientos que ocurren en el Medio Oriente, y esa perspectiva moldea mi análisis de esos acontecimientos. Como descubrirá, estoy convencido de que han traicionado a Jerusalén. Y en definitiva, todo convergirá en Jerusalén, porque la ciudad de Dios está en el corazón del conflicto del Medio Oriente. Aun cuando no concuerden con mis opiniones, y sin duda tampoco con mi teología, espero que muchos de mis amigos judíos en Estados Unidos e Israel lean este libro. Por favor, tenga en cuenta que este libro se escribió desde una perspectiva cristiana para un público cristiano.

UN REGALO COSTOSO

El 15 de enero de 1997 se firmó un acuerdo histórico. Cuarenta y ocho horas más tarde, las tropas israelíes salieron de la ciudad bíblica de Hebrón, dejando el ochenta por ciento de la ciudad bajo el control del gobierno palestino, incluyendo los lugares santos judíos. Hace diecisiete años que conocí al primer ministro de Israel, Benjamín Netanyahu. Es un hombre de principios y valor que ha enfrentado los asuntos más peliagudos que el líder de una nación tiene que enfrentar. Sé que nunca habría cedido el ochenta por ciento de la Ciudad de los Patriarcas a menos que le hayan aplicado tremenda presión al punto de que sinceramente haya pensado que era su única alternativa. En verdad, informes de prensa dicen que el largo atolladero en cuanto al acuerdo de Hebrón finalmente se rompió como resultado de la «implacable diplomacia estadounidense». Dennis Ross, enviado especial del presidente, les dijo a los negociadores israelíes y palestinos que Estados Unidos «finalmente perdió la paciencia».

Pocos días más tarde, Washington, D.C., celebró la gran fiesta de la toma de posesión del presidente Clinton con ostentosos bailes donde celebridades y políticos se codearon con los donantes de corporaciones y los que trabajaron consagradamente en las campañas. De todo el mundo llovieron buenos deseos, felicitaciones y costosos regalos para el presidente Clinton. Pero no puedo dejar de pensar que Israel le dio al presidente el regalo más costoso de todos. ¿Fue una simple coincidencia que la administración «perdiera la paciencia» apenas cinco días antes de que el presidente Clinton empezara a ejercer su segundo mandato? ¿O fue intencionalmente coaccionado como costoso obsequio de toma de posesión para un presidente controversial que necesitaba una victoria en la política externa?

Este libro se ha escrito como una advertencia crítica, una declaración con toda la pasión de que puedo hacer acopio, para advertir que Estados Unidos ha dado un giro equivocado. Mi propósito es advertir a los que quieren escuchar que los acontecimientos que ocurren en el Medio Oriente pudieran empujar a Israel a una catástrofe de proporciones inmensas, y traer el juicio de Dios sobre Estados Unidos por nuestro papel en la manipulación de esta explosiva situación internacional.

¿Podemos esperar y observar la destrucción de Israel sin levantar un dedo ni clamar? ¿Podemos simplemente quedarnos sentados impávidos?

Es mi oración que como resultado de la lectura de este libro sienta el reto a «orar por la paz de Jerusalén» y a participar en causas humanitarias de compasión para la reconciliación de árabes y judíos. Confío en que la historia de Jerusalén, la revelación de los antiguos misterios y la narración personal que se le presentará en estas páginas le ayude a encaminarse en esa dirección.

Adonai Oz Leamo Yitien, Adonai Yevarech et Amo Bashalom

Jehová dará poder a su pueblo; Jehová bendecirá a su pueblo con paz.

Salmo 29.11

Mike Evans
Jerusalén, Israel

Primera parte:
La política
de paz

Uno

Una conversación en voz baja

M E HALLABA en Ginebra para asistir a una sesión especialmente convocada de la Cuadragésima Tercera Asamblea General de la O.N.U. El martes a las siete y media de la
noche, después de un día largo y agotador, bajé al restaurante
del Hotel Hilton para cenar y ordenar mis pensamientos.
Mientras descansaba, tomando café, poco a poco me percaté
que había dos hombres hablando en inglés detrás de mí.

No pude evitar alcanzar a oír partes de su conversación y
de súbito me alarmé al reconocer el tema que trataban. El que
hablaba era obviamente estadounidense y diplomático. Su
compañero era un bien vestido nativo del Medio Oriente,
más probablemente un influyente príncipe árabe.

«Todo está de nuevo bajo control de Washington», decía
el estadounidense, «y Harry está trabajando en el acuerdo con
los japoneses. Se convocó una reunión en el Club Tokio.
Acabo de salir de una reunión en el Club Roma y tenemos el
respaldo de nuestros socios en toda Europa...»

Me quedé pasmado al darme cuenta del asunto que trataban estos hombres en voz baja. Saqué del bolsillo de la camisa
mi pluma y empecé a tomar notar tan pronto como podía.
Entonces el estadounidense dijo algo que no solo me llamó la
atención, sino que me taladró el corazón.

«Debemos tener a Jerusalén en sus manos para el año de 1996, a más tardar para el año 2000», decía el estadounidense. «Estamos seguros que podemos darles una buena porción de Israel para el año 1995».

¿A qué me conduciría este asunto... a la escena de una película de espías de tercera clase? ¿O acaso estos hombres estaban en realidad transando un acuerdo detrás de bastidores para transferir Jerusalén y otras partes de Israel a manos árabes?

Para sorpresa mía, y también suya, pocos días después me encontré con el estadounidense en el aeropuerto, el día que salí de Ginebra. El hombre estaba detrás de mí en la fila frente al mostrador de la línea aérea. Titubeé por un instante pero, finalmente, no pude contenerme. Me volví hacia él y le dije:

—Usted no sabe quién soy, pero yo sí sé quién es *usted* y lo que planean hacer con Jerusalén.

Entonces le repetí todo lo que le oí decir en el restaurante. Palideció.

—Usted me asusta —dijo—. ¿Quién es usted?

—No tenga temor de mí. Tema a Dios. El que guarda a Israel no se adormece ni se duerme —le dije mirándolo directamente a los ojos.

Ahora estoy seguro de que este encuentro casual no fue una coincidencia. No fue un simple accidente que oyera esa conversación. Creo que Dios me puso en el lugar preciso en el momento preciso. Esa conversación en voz baja, esa noche del 13 de diciembre de 1988, fue la evidencia firme que demostraba que no era infundado mi temor a una conspiración que le arrebataría a Israel las tierras y la primogenitura que por derecho le pertenecen y privar a Jerusalén de su situación como capital de Israel.

Tal vez no debería haberme sorprendido, porque ya hace muchos años que la conspiración estaba en marcha. Pero para mí, lograr oír ese sorprendente diálogo en el restaurante en Ginebra fue la confirmación de lo que otros y yo sospechábamos hace mucho tiempo.

UNA CRÓNICA DE CRUELDAD

Durante siglos los judíos han luchado y dado la vida por recuperar su antigua tierra natal. Mediante una sucesión de guerras y amargos conflictos, y con sangrientas escaramuzas virtualmente en cada década desde 1920, los judíos israelíes se las han agenciado para aferrarse a su tierra. Pero nunca antes las naciones del Medio Oriente, y muchas otras que con desesperación quieren expulsar de la Tierra Santa a los judíos, han tenido tanta cooperación de Estados Unidos y de Europa como la tienen ahora. El desmembramiento de Israel ya ha empezado, y la parte más selecta, Jerusalén, la Ciudad de David, parece estar al punto de ser devorada.

En las páginas más sangrientas de la historia al pueblo de Jerusalén lo han traicionado una vez tras otra. La crónica de tres mil años de esta antigua capital es una historia inacabable de victoria y derrota, conquista y carnicería, derramamiento de sangre y traición. La Ciudad de David ha cambiado de manos veintiséis veces y en cinco ocasiones diferentes la han destruido hasta no quedar piedra sobre piedra. Sin embargo, todavía se yergue como uno de los pedazos de tierra más codiciados del globo y una de las ciudades más ardientemente perseguidas por los enemigos de Dios.

Durante décadas, Jerusalén ha sido una espina en la garganta de los arquitectos del nuevo orden mundial. Demasiado a menudo sus planes son encubiertos y siniestros. Por lo general, esta gente trabaja a escondidas. Los organizadores, tales como los dos que logré oír en el Hilton de Ginebra, no quieren que se conozcan sus arreglos. Si se supiera la verdad, pronto se levantaría en su contra la opinión mundial. Pero tienen paciencia.

Están comprometidos a agotar poco a poco nuestra determinación. Sin embargo, los acontecimientos en el Medio Oriente se suceden con intensidad febril, y a la población mundial se le da un flujo constante de perniciosa desinformación. Casi a diario los medios de comunicación masiva publican noticias que encubren las atrocidades que cometen los palestinos, mientras que describen a las familias judías como fanáticas y celosas.

Han movilizado a todo el mundo bajo la bandera de la «Paz en el Medio Oriente». Pero el futuro de Jerusalén y la supervivencia de esta antigua ciudad cuelga en la balanza. Quizás cuando lea estas palabras, ya la Ciudad Santa esté de nuevo dividida por la mitad con alambradas de púas. Los líderes del mundo usan palancas financieras y chantaje económico para obligar al gobierno de Israel a ceder más territorio bajo la falsa esperanza de una paz arbitrada.

Pero, por favor, comprenda que los promotores de la paz mundial no tienen ninguna intención de detenerse con la franja occidental de Gaza. No se detendrán con Hebrón ni Tel Aviv, ni Haifa, ni con las Alturas de Golán. Cuando escuchaba en Ginebra a esos dos diplomáticos tramando su «rodeo final a la soberanía nacional», supe entonces que la ciudad de Jerusalén y la nación entera de Israel ya se habían prometido a las naciones árabes, discretamente, detrás de bastidores. Los arquitectos del nuevo orden mundial planean cumplir su promesa.

¿Conducirá la realidad de estas crecientes tensiones a algún tipo de explosión estremecedora en el futuro cercano? ¿Se estrellará ante sus ojos la verdad de las antiguas profecías contra la conspiración moderna de dividir y conquistar la Ciudad de Dios? ¿Y cuál es la verdad real detrás de los titulares que surgen del Medio Oriente? ¿Han traicionado a Jerusalén, no con la guerra, sino con el mismo «proceso de paz»?

El encuentro del canje por la paz bajo auspicios internacionales no pondrá fin a la agresión en Sion. Ninguna paz duradera vendrá jamás a estas antiguas tierras sin asegurar antes la seguridad del pueblo de Israel, prestando atención a la continua amenaza de violencia palestina. Hasta aquí todas las iniciativas de paz solo han logrado aumentar el terrorismo en la región.

Desde que en Washington Isaac Rabín y Yasser Arafat firmaron con gran fanfarria los acuerdos de paz, los terroristas árabes han matado a más de doscientas treinta personas. A esto llaman el «proceso de paz». Tal vez sea un *proceso*, pero definitivamente no es *paz*. En realidad es un simple intento bien planeado para cambiar el equilibrio de poder en el Medio Oriente y para minar la autonomía judía.

Incluso la consideración más ligera de lo que ha ocurrido en apenas la última década debería demostrar que estos acontecimientos son más que coincidencia. Franklin Roosevelt dijo una vez: «En la política nada ocurre por accidente. Si ocurre, se puede apostar que lo planearon de esa manera». La abrumadora magnitud de lo que ocurre hoy en el Medio Oriente es más de lo que el azar o las circunstancias podrían explicar.

EL GRAN OBSEQUIO

Hace apenas diez años Yasser Arafat y la Organización de la Liberación de Palestina secuestraban aviones y aterrorizaban a gente inocente, y en uno de los casos asesinaron a León Klinghoffer al arrojarlo en su silla de ruedas por la borda del crucero italiano *Achille Lauro*. La mayoría de israelíes encontraban repugnante la idea de negociar con los terroristas palestinos, y sin duda no había alguna prisa de ceder territorio a nombre de la paz. Sin embargo, apenas diez años después, Israel cedió el control de importantes extensiones de territorio a la misma organización terrorista. Armada y financiada por Estados Unidos y sus socios del nuevo orden mundial, la O.L.P. opera en el escenario mundial bajo el más tenue barniz de legitimidad.

No cabe duda que la atención mundial sufrió un cambio dramático en su enfoque. Antes, la atención se centraba en el conflicto israelí-árabe, con Israel presentado como David, el pastorcito, levantándose valientemente contra el perverso gigante. Pero ahora la atención del mundo cambió de enfoque. Ahora el cuadro más común es el de Israel como Goliat y los acosados palestinos como las desventuradas víctimas. Usted tal vez pregunte: ¿Surgió solo este dramático cambio o lo orquestaron con sumo cuidado los que tienen una agenda mucho más amplia? ¿Es puramente coincidencia que durante más de una década hemos presenciado un debilitamiento sistemático de la posición judía en la Tierra Santa? O, como sugiere la máxima que acuñó Franklin Delano Roosvelt, ¿se planeó todo el asunto desde el comienzo?

No obstante, debe aclararse un detalle. No fue a Israel que se le ocurrió la idea del gran obsequio. Después de todo, los árabes ocuparon la margen oriental y Gaza antes de 1967, y no había paz entonces. Así que, ¿qué le llevaría a Israel pensar que entregar territorio a los árabes, territorio que jamás poseyeron estos lícitamente, de repente traería la paz? Los israelíes, que entendían cuán absurda sería tal proposición, no decidieron regalar su tierra. Esto se les impuso por la fuerza.

Tampoco a Israel se le ocurrió la idea de negociar con los terroristas. La política exterior bajo la administración de Bush, dirigida por el secretario de estado James A. Baker, jugó un papel clave para obligar a Israel a negociar directamente con la O.L.P. Fue una nueva táctica de Estados Unidos. Bajo la administración de Reagan, el Secretario de Estado seguía una política de *jamás* negociar con terroristas. El Congreso hizo trizas a Oliver North por violar esa política en Nicaragua. Pero apenas pocos años más tarde el mismo Departamento de Estado obligó a Israel a negociar con los más célebres de todos los terroristas, la O.L.P.

Aun cuando Israel estaba dispuesto a conceder autonomía a los palestinos que viven en Israel, eran tajantes en cuanto a negociar solo con los palestinos residentes y *no* con Yasser Arafat o la O.L.P., que en ese entonces tenía su cuartel general en Túnez, en la costa norte del África. Como es natural, se consideraba que la O.L.P. era una organización terrorista. Sin embargo, ahora esto también ha cambiado.

La última década empezó con los frustrados jóvenes palestinos lanzando piedras a los soldados israelíes, pero terminó con un ejército palestino completo disparando armas automáticas contra las tropas israelíes. Empezó con el territorio de Israel intacto y sus fronteras seguras, pero terminó con Israel reducido a los límites anteriores a 1967, y con su seguridad seriamente amenazada.

Para tener una mejor idea de cuán dramáticos fueron los cambios en Israel en los pasados diez años, considere esta breve sinopsis de acontecimientos desde 1987:

- 1987: Los palestinos lanzan la *intifada*, o «levantamiento árabe» contra Israel.

- 1988: En Ginebra, la Cuadragésima Tercera Asamblea General de la O.N.U. considera los problemas en el Medio Oriente; Estados Unidos reconoce a la O.L.P.; las elecciones en Israel ponen en el poder al Partido likud.

- 1989: Israel toma la iniciativa de paz con cuatro puntos que incluye convocación a elecciones palestinas para gobiernos municipales; las naciones árabes rechazan la iniciativa y la administración Bush-Baker de Estados Unidos la socava.

- 1990: La administración Bush continúa soslayando al gobierno likud en Israel y conduce su política externa con miembros del partido laborista, al cual las naciones árabes perciben como más inclinado a hacer concesiones territoriales.

- 1991: Estados Unidos impide que Israel, atacado por proyectiles iraquíes Scud durante la Guerra del Golfo, intervenga; se reúne la Conferencia de Paz en Madrid para promover la paz en el Medio Oriente; presionan a Israel, calificado como el principal obstáculo para la paz, a negociar con representantes de la O.L.P.

- 1992: Estados Unidos congela diez mil millones de dó-

lares en garantías de préstamos a Israel, destinados para
el reasentamiento del flujo masivo de inmigrantes soviéticos; el Partido laborista, más liberal, derrota en las
elecciones israelíes al Partido likud; Noruega ayuda a
iniciar negociaciones secretas entre miembros del gobierno de Israel y la O.L.P.

- 1993: Israel y la O.L.P. firman Declaración de Principios.

- 1994: Se entrega al control de la O.L.P. la franja de Gaza
y Jericó; Yasser Arafat, Isaac Rabín y Shimón Peres
reciben el Premio Nobel de la Paz

- 1995: Un acuerdo interino entrega al control de la
O.L.P. la mayor parte de la margen occidental; asesinan
al primer ministro Isaac Rabín.

- 1996: Se incrementa el terrorismo árabe contra las es-
caladas israelíes; Israel pospone el plan de despliegue de
Hebrón; el Partido likud regresa al poder en las elecciones; en septiembre la policía palestina, armada con
armas provistas por Israel bajo el proceso de paz, dispara
contra soldados israelíes que tratan de dispersar a árabes
amotinados; sigue la violencia ampliamente extendida
y se evita a duras penas una guerra civil.

EL ALTO PRECIO DEL COMPROMISO

De esta crónica de agresión surgen dos preguntas importantes. Primera: ¿qué causó tal dramático cataclismo en tan solo
diez años? Segunda: ¿quién está detrás de todo eso? La respuesta más corta a la primera es el chantaje económico. Si
independientemente Israel no decidía entregar su territorio y
negociar con los terroristas, ¿qué hubiera ocurrido para convencer al gobierno israelí a que lo hiciera? ¿Pudiera ser que
al liderazgo israelí se le hubieran aplicado presiones económicas hasta obligarlo a capitular?

Es importante recordar que Israel es una nación diminuta,

menor que una tercera parte de Inglaterra y con una población de apenas seis millones y medio de personas. Sin embargo, el producto nacional bruto de Israel, de aproximadamente sesenta mil millones, es apenas seis por ciento y medio del de Gran Bretaña. Debido a su escaso mercado nacional, la economía israelí depende mucho de exportaciones a Europa y Norteamérica. Israel mantiene acuerdos comerciales con Estados Unidos y la Unión Europea que representa alrededor de dieciocho mil millones de dólares anuales en ingresos por exportaciones. Si se eliminaran sus recursos financieros, la economía de Israel se derrumbaría. Casi la mitad de las exportaciones de Israel van a Europa. Otro treinta y dos por ciento va a Norteamérica y Sudamérica. Pero si de repente se cerraran esos mercados, la economía y el bienestar de esa diminuta nación sufriría un colapso.

Israel recibe ayuda financiera de Estados Unidos bajo el programa USAID que ordenó el Congreso e inició para ayudar en la implementación de los históricos acuerdos de Camp David por Jimmy Carter entre Israel y Egipto. Este programa consiste en transferencia de dinero en efectivo y garantías de préstamos en lugar de la ayuda monetaria tradicional. Israel usa su asignación anual de mil doscientos millones para comprar bienes y servicios de Estados Unidos, y pagar su deuda a esta nación. Aun cuando Estados Unidos es el más grande benefactor de Israel, también participan Alemania, Francia, Suiza y los Países Bajos.

Estas relaciones crean vínculos innegables entre Israel y sus socios de comercio. Cuando Estados Unidos y otras naciones les piden a Israel que haga concesiones territoriales, hay tremendo incentivo económico para acceder a las solicitudes. Cuando el presidente Bush congeló los diez mil millones en garantías de préstamos de Estados Unidos en 1992, por ejemplo, creó una hecatombe en Israel. El estancamiento resultante jugó un papel importante en la derrota del Partido likud en las elecciones nacionales ese año.

Si Estados Unidos y Europa presentaran un frente unido y

le dijeran a Israel: «Vamos a derribarte, así como lo hicimos con la Unión Soviética», no se tomaría como una amenaza infundada. Israel tendría que avenirse a cualquier demanda que le hicieran, o correr el riesgo de enfrentarse a la posibilidad de un colapso económico total.

Consciente de la tremenda influencia que los intereses estadounidenses y europeos pueden ejercer contra un gobierno pequeño, Yasser Arafat en forma rutinaria procura conseguir el apoyo de estas naciones poderosas para presionar al gobierno israelí, incluyendo el primer ministro y la Kenéssett, exigiendo mayores concesiones territoriales. Astuto manipulador de la opinión pública como es, el líder de la O.L.P. aplicará presión contra Israel desde cualquier fuerza externa, amiga o enemiga, cuando las negociaciones no marchan como quiere. A mediados de 1996 Arafat le dijo a la Prensa Asociada que «se necesita arbitraje internacional para que el proceso de la paz avance». Traducción: «Aplique más presión contra Israel». Y las naciones le hicieron caso.

NEGOCIACIÓN BAJO PRESIÓN

En estos días el llamado de Arafat por un arbitraje internacional en el conflicto israelí-palestino halla cada vez más respaldo de las muchas naciones que quieren su pedazo del pastel del Medio Oriente. Un ensayo reciente del Instituto James A. Baker III para la Política Pública de la Universidad Rice, en Houston, ciudad rica en petróleo, pide una «división del trabajo entre Estados Unidos y Europa ... para mejorar las perspectivas de paz» en el Medio Oriente. El Instituto Baker no solo dice que «el gobierno de Estados Unidos tiene un papel crítico que jugar como el "honesto corredor de acciones"» en el proceso de la paz, sino sugiere también que es necesario «un paralelo e igualmente importante papel de los europeos y del Banco Mundial para ayudar a estabilizar la situación».

Según el Instituto Baker, Estados Unidos y Europa no son

las únicos que deberían jugar un papel vital en el Medio Oriente. El estudio pide que las naciones 7G+1 «sirvan en función declaratoria importante». (Las naciones 7G son Estados Unidos, Canadá, Francia, Alemania, Italia, el Reino Unido y Japón; la designación 7G+1 añade a Rusia a la lista de potencias mundiales.) «Japón depende fuertemente del petróleo del Medio Oriente y tiene gran interés en la estabilidad de la región. Puede y debe jugar un papel económico fundamental», propone el Instituto Baker.

Estados Unidos, la Unión Europea, el Banco Mundial, Japón. ¿Es nada más que una coincidencia que las naciones del mundo están en busca de ingerencia política y económica en Israel y en el Medio Oriente? ¿Es nada más que humanitario? ¿Es gobierno y diplomacia destinado a la paz en el mundo? ¿O pudiera ser que estamos a punto de presenciar la monumental colisión de las antiguas profecías y la conspiración moderna en la ciudad santa de Jerusalén?

Así como presenciamos la acelerada intervención global en los asuntos de Israel, no me queda duda alguna de que estamos en esa cuenta profética regresiva. El mundo encierra cada vez más a Jerusalén, presionándola. Las naciones se están aliando contra Israel, levantando sus fortificaciones contra la Ciudad de David, precisamente como se profetizó hace más de dos mil años en las páginas de la Palabra de Dios.

Nunca, desde 1947, cuando la O.N.U. aprobó la partición de Palestina e hizo de Jerusalén un enclave internacional, las naciones del mundo se han reunido para debatir el futuro de la Ciudad Santa. Sin embargo, desde la Conferencia de Paz en Madrid en 1991, esto ha ocurrido con regularidad. El mundo entero se ha unido en un intento de dividir las tierras bíblicas y arrebatar a Jerusalén de las manos de los judíos.

De Madrid las naciones fueron a Moscú, adonde asistieron a otra conferencia para determinar el futuro del Medio Oriente, no solo los participantes regionales, sino también representantes de Estados Unidos, Rusia, Japón, Italia, Francia, Alemania, Irlanda, Gran Bretaña, Canadá, Holanda, Bélgica,

Luxemburgo, Finlandia, Suecia, Noruega, Dinamarca, India, China, Grecia, Turquía, Portugal, Suiza y Australia.

Opino que muchos de los acontecimientos significativos que han ocurrido en la nación de Israel en la última década se deben a que alguien, o algunos, lo planearon así. Desde ataques terroristas hasta presión internacional y chantaje económico, no hay duda de que hay un propósito y un plan detrás de los acontecimientos espeluznantes que acontecen en la Ciudad Santa.

Esto no es la opinión popular, desde luego. Muchos personajes importantes en posiciones de gran influencia opinan que Israel es un cáncer que amenaza sus planes de paz en el Medio Oriente. El que alguien se anime a levantarse contra la marejada políticamente buena que ocurre contra Israel significaría ostracismo social y político, así que los críticos se mofan de los hechos. Antes que lidiar con la realidad de la situación, libran una guerra verbal, rotulando a cualquiera que apoya el derecho que asiste a Israel, que Dios le dio, sobre su territorio histórico y lo llaman «perro faldero sionista», «derechista fanático» o como teórico conspirador que sacude cada mata y patea cada piedra buscando un duende imaginario.

Tales personas se mofaron de Colón cuando este anunció que el mundo era una pelota y no un panqueque. Colón molestó a los intelectuales de su día al retar su opinión complaciente del universo. Muchos temían perder prestigio social si le prestaban atención. Otros sencillamente no querían creer que el mundo era redondo. Su actitud era: «No nos confundas con los hechos. Ya tenemos formada nuestra opinión».

De muchas maneras, la misma actitud existe hoy. Intelectuales, liberales y los más conocidos medios de comunicación masiva no quieren pensar en la realidad de una conspiración internacional para dividir y desmembrar la ciudad de Jerusalén. Sin duda, no quieren oír que todos estos sucesos que a menudo parecen tan esporádicos y al azar están, en verdad, descritos en la profecía bíblica con precisión y en detalles. Las imágenes que presentaron los profetas hace muchos siglos ofrecen un retrato aleccionador del mundo de hoy. Tal vez es hora de que los avestruces intelectuales saquen de la arena su cabeza colectiva y piensen en esta realidad.

El sincero buscador de la verdad descubrirá que hay un complot internacional para arrebatarles Jerusalén a los judíos y ponerla en manos árabes. Es una confabulación que incluye, a sabiendas o no, algunos de los nombres más conocidos y de los intereses más poderosos del mundo actual. Jerusalén se halla en el escenario central de un drama que se desarrolla. Detrás del reparto internacional de colaboradores hay un conspirador maestro que dirige el acto. Operando invisiblemente, pero siempre presente detrás de bastidores, se halla un jugador cuya apuesta es la mayor de todas, manipulando a los colaboradores como actores en un escenario colosal. La mayoría de ellos ni siquiera sospechan que actúan en las últimas escenas del desesperado drama final del planeta tierra y, a pesar de lo trágico, precisamente a tiempo.

Jerusalén es uno de los obstáculos del sistema mundial cuyo control financiero a la larga caerá en manos de un hombre. Ese hombre, el principal conspirador contra la Ciudad de Paz, ya está activo detrás de bastidores. Pronto saldrá a escena para hacer su venia. En un inicio, lo aplaudirán como el que trae orden y solución a los problemas del Medio Oriente. Marque el calendario, porque este hombre dirá tener el plan perfecto de paz. No solo Israel alabará el plan, sino también Estados Unidos, las naciones europeas y el mundo entero. Muchos de los que leen este libro verán a este «hombre de paz» en la cadena noticiosa de televisión o en los noticiarios de todo el planeta cuando él empiece a tomar el control de los negocios, la banca y otros asuntos vitales.

Sin embargo, este conspirador en jefe solo lleva una máscara de pacificador. En realidad es un totalitario que no tendrá escrúpulo alguno en fomentar guerras civiles, depresiones económicas y odio racial cuando le convenga a sus propósitos. Su objetivo es un monopolio de control absoluto de los asuntos humanos y, a la larga, destruir el mundo que conocemos.

¿Tal parece que es un escenario insensato, estrafalario, irreal? De seguro que debe parecerlo en el mundo actual y en un tiempo de la historia cuando a la sociedad se le ha asegurado que «el hombre es la medida de todo».

No obstante, considere cómo la paz y la tranquilidad de la vida ha desaparecido en estos últimos cuarenta años. Considere cómo las tragedias, atentados con bombas, ataques con proyectiles, asesinatos y escándalos en el más alto grado de poder han moldeado de nuevo nuestro pensamiento respecto a la bondad innata de la humanidad. Considere cómo a por lo menos dos generaciones de estadounidenses se les ha programado de nuevo y están muy bien convencidos de que no hay verdad absoluta alguna. El alimento de una persona es veneno para la otra. Todas las realidades son iguales. En tal mundo, es fácil que nos engañen.

La primera tarea del conspirador en jefe es convencer a las naciones de que no existe tal conspiración. Cada conspirador debe ser un mentiroso curtido así como uno que planea a largo plazo. A nadie engañarían si el conspirador viniera al frente y dijera claramente que su intención es el control dictatorial absoluto sobre Israel mediante la falsedad y el engaño, y luego, al final, apoderarse del poder absoluto sobre todos los gobiernos del mundo.

En los primeros días de la subida al poder de Adolfo Hitler en Alemania, nadie hubiera creído que estaba conspirando para cometer un genocidio contra el pueblo judío. Sus métodos eran radicales, pero Hitler era un idealista con planes para cambiar el mundo. Alemania y la mayor parte de Europa se tragaron sus ideas y se mofaron de los que ofrecían las advertencias más sombrías. Después del hecho, sin embargo, todo el mundo reconoce que Hitler era un loco, un demonio, un hombre poseído por fuerzas diabólicas de las tinieblas. Su propósito central era la exterminación de los judíos y eso fue exactamente lo que hizo. Seis millones y medio de judíos pagaron con la vida debido a que el mundo se negó a creer que un astuto político alemán podía ser un conspirador malvado. Y los que lo creyeron, no hicieron nada.

Hoy Israel está atrapado en la trampa de la conspiración. El conspirador final tal vez no se deje ver para que el mundo lo juzgue, pero de todas maneras continúa con paciencia llevando a cabo sus planes, sistemáticamente, para destruir la seguridad y a la larga la libertad de esa nación.

Ya hay falsos profetas en la tierra, así como los hubo en días de Jeremías, que claman «paz, paz». Pero no hay verdadera paz. La firma de acuerdos de paz entre israelíes y palestinos, tramada y tan brillantemente coreografiada por Washington, no es el bosquejo de una nueva esperanza para el Medio Oriente, como tantos lo creen con tanta pasión. Es un engaño, una falsa esperanza y una peligrosa mentira. Los agentes de la paz son jugadores clave para socavar a la nación de Israel y traicionar a Jerusalén.

No es coincidencia que la O.N.U. repetidamente apruebe resoluciones contra Israel. No es coincidencia que las conferencias internacionales de paz se reúnan casi todas las semanas para darles a las naciones una plataforma a fin de ventilar su ira contra Israel y la Ciudad Santa. En realidad, esto tan brillantemente planeado y concebido es el cumplimiento de antiguas profecías, una tragedia que consumirá las naciones en su conspiración contra Jerusalén.

Dos

El próximo año en Jerusalén

E L EMBARGO petrolero de 1973 literalmente saqueó a Estados Unidos y al mundo occidental costándonos cientos de miles de millones de dólares y haciéndonos la vida insufrible por meses. Entonces los productores árabes de petróleo usaron los miles de millones de dólares arrebatados al pronunciar las astutas palabras: «¡La situación de Jerusalén debe determinarse mediante negociaciones!»

¿Recuerda los nombres de esta ciudad de fábula? La Ciudad de David, la Ciudad de Dios, la Ciudad de la Verdad, Jerusalén la alegre, Ciudad Fiel, el León de Dios, la Morada del Justo. Es una ciudad con 70 nombres, la capital más antigua del mundo, mencionada 657 veces en la Biblia hebrea y 157 en el Nuevo Testamento. Jerusalén, «el ombligo de la tierra». La ciudad amada de los judíos en todo el mundo como el centro de su esperanza y de su fe. Puente entre Asia, Europa y África. Ahora pisoteada por los gentiles.

Pero Dios dijo: «Si me olvidare de ti, oh Jerusalén, pierda mi diestra su destreza» (Salmo 137.5).

Jerusalén ha sufrido más aflicción en los últimos tres mil años que ninguna otra ciudad del mundo, a medida que veintiséis imperios la conquistaron y ocuparon, reduciéndola a escombros seis veces. Sin embargo, en medio de todo esto, los judíos exclaman: «¡El próximo año en Jerusalén!» Pronuncian estas palabras al *seder*, en vísperas de la Pascua. Exclaman de nuevo al final del Yom Kippur, el Día de Expiación, tres veces cada día. Los creyentes tradicionales miran hacia el este, ayunan y oran por el regreso de los judíos a la Ciudad Santa. En la Amidá, la parte silenciosa de la oración, dicen: «Que nuestros ojos contemplen tu regreso a Sion en misericordia».

En forma similar, al dar gracias después de las comidas, los judíos tradicionales oran: «Que el Todopoderoso reconstruya Jerusalén aceleradamente en nuestros días». En 1991, cuando ocurrió la «operación Salomón», llevaron de nuevo a la tierra de la Biblia a muchos judíos etíopes. Solo sabían dos palabras en hebreo: *Yerusalayim* y *shalom*: el nombre «Jerusalén» y el saludo que significa «paz». Durante dos mil años, todo en la vida del judío, la fibra escarlata del judaísmo en sí y del pueblo judío corre por el corazón de Jerusalén, la ciudad más sagrada tanto para cristianos como para judíos.

Dos de las siete *bra chot* (siete bendiciones), que se repiten en las ceremonias judías, son oraciones por el regreso de los hijos de Sion a Jerusalén. Oran que el sonido de la alegría se escuche de nuevo en sus calles. La costumbre de romper una copa al concluir una ceremonia es una conmemoración simbólica de la destrucción del templo de Jerusalén. Es una letanía trágica que nunca parece acabar: la humillación de los judíos, la destrucción de Jerusalén, y la al parecer perpetua guerra por el control de las tierras santas.

A Jerusalén la han destruido y ultrajado, pero es una ciudad santa y un día será restaurada. Juan, en Apocalipsis, declara en su poderosa visión del fin de los tiempos: «Y yo Juan vi la santa ciudad, la nueva Jerusalén, descender del cielo, de Dios, dispuesta como una esposa ataviada para su marido» (Apocalipsis 21.2). Por todo el estrés y tensión de los últimos cincuenta años, vendrá un nuevo día cuando Jerusalén experimente verdadera y duradera paz.

Como centro de la adoración de Israel, a Jerusalén la precedió Silo, donde Josué puso el tabernáculo y el arca de la

Ley, aproximadamente en el siglo trece a.C. Alrededor de tres mil años después el rey David hizo de Jerusalén su capital. Una vez que el hijo de David, Salomón, construyera allí el magnífico templo, todo aspecto de la vida judía se centró alrededor de Jerusalén. Fue el centro del comercio y la religión. Los judíos acudían a Jerusalén para el Pentecostés, la Pascua, la Fiesta de los Tabernáculos. Judíos de toda la región acudían a Jerusalén trayendo sus sacrificios, para estudiar la Torah y para alegrarse.

Incluso Jesús de Nazaret iba a Jerusalén todos los años, como Lucas declara: «Iban sus padres todos los años a Jerusalén en la fiesta de la pascua» (Lucas 2.41). Jesús vio de antemano la aflicción y las tragedias que vendrían sobre Jerusalén y lloró sobre ella. En verdad, para Él fue una ciudad de lágrimas. Los romanos, bajo Tito, destruyeron la ciudad en el año 70 d.C. y no dejaron «piedra sobre piedra», tal como Jesús anunció. Sin embargo, a través de los siglos se han acumulado sobre la antigua capital indignidades incluso mayores y con demasiada frecuencia Estados Unidos ha encabezado la jauría con exigencias implacables y nada naturales. Cuán terrible es que tanta injusticia mundial se concentrara allí, en esta ciudad, y sobre su pueblo.

Contrario a lo que oiga, cuando la ciudad vieja estaba bajo la soberanía de Jordania, entre 1948 y 1967, los musulmanes del mundo jamás se molestaban en hacer peregrinajes a la mezquita al-Aqsa en Jerusalén. Hoy los potentados dicen que el sitio de la mezquita musulmana es de gran importancia para los árabes; sin embargo, después de la Guerra de los Seis Días en 1967, el tránsito tenía lugar en una sola dirección. Los árabes israelíes viajaban en tropel por millares a Egipto, pero no viajaban a Jerusalén ni por goteo. Los quince millones de egipcios musulmanes no sentían ninguna urgencia de hacer el peregrinaje a Jerusalén para orar en la mezquita al-Aqsa. *No* tenían ninguna gana de ver la Cúpula de la Roca, como algunos han dicho, a pesar de que el pasaje en ómnibus era de apenas cuarenta dólares.

JERUSALÉN TRAICIONADA

UNA FALTA DE OBJETIVIDAD

Los decididos a violar de nuevo a Jerusalén pasaron por alto, o convenientemente olvidaron, la historia profética de Jerusalén. Los potentados tratan a la ciudad vieja con gran falta de respeto. Como un ejemplo, las embajadas estadounidenses nunca se ubican en una ciudad que no sea la capital acreditada de la nación. Jerusalén es el corazón y alma de Israel, y su verdadera capital, pero esta gran ciudad solo tiene oficinas consulares, una presencia estadounidense de segundo nivel. Por razones políticas nuestra embajada está situada en Tel Aviv. Y a pesar de la legislación que emitió el Congreso para obligar a la Casa Blanca a trasladar la embajada, la respuesta todavía es no.

Los especialistas estadounidenses sobre asuntos extranjeros tienen un deseo abrumador de aplacar al mundo árabe, asegurándoles que la situación de Jerusalén seguirá siendo cuestión de negociaciones. Sin embargo, es diplomacia más apropiada para el teatro de lo absurdo. Es pura hipocresía. Me encontraba en Dhahran cuando Estados Unidos gastaba miles de millones de dólares defendiendo a Arabia Saudí, una dictadura, y derramando sangre estadounidense para restaurar otra dictadura en Kuwait.

Allí conocí a un trabajador petrolero estadounidense que encarcelaron por introducir al país pornografía de contrabando. Cuando me mostró las manos, quedé pasmado al ver que le habían arrancado las uñas. Con expresión de intenso dolor, describió cómo sus carceleros le aplicaron electrochoques en sus genitales y usaron otras torturas inmisericordes. Al parecer, el material pornográfico que introdujo de contrabando a Arabia Saudí era un video llamado *El bote del amor*.

Les devolvimos Kuwait a los kuwaitíes y pagamos miles de millones de dólares al mundo árabe por su demostración de fuerza; y nuestro Secretario de Estado rindió homenaje a una de las naciones más notoriamente agresivas de la tierra, Siria, y a su presidente, Hafed al-Assad. Quedé pasmado al ver a los líderes estadounidenses arrastrándose ante estos terroristas.

Estuve cerca de la frontera entre Kuwait y Arabia Saudí con el general Khalid, mientras él pasaba revista al alto comando sirio, sin jamás pensar, ni siquiera en la más peregrina imaginación, que el dinero que les pagábamos se usaría para comprar misiles en Corea del Norte con un solo propósito: la movilización en guerra contra Israel, que es lo que hacen ahora, incluso mientras escribo estas líneas.

Sobre las piedras de Jerusalén se ha derramado más sangre que sobre cualquier otro punto de la tierra. Durante miles de años, en esta tierra se han librado y cometido guerras y atrocidades brutales. Pero estos intentos en toda la historia de profanar este lugar santo no son coincidencias. No son hechos fortuitos. Estoy convencido de que son actos diabólicos, nacidos en el mismo infierno. Son hechos que un día consumarán con la ira del Dios todopoderoso contra esos que se atreven a levantar sus manos contra Jerusalén y el pueblo escogido de Dios, los judíos. La Biblia nos asegura que la peor batalla de toda la historia, la batalla del Armagedón, se librará por el control de esta ciudad. Pero el que tiene el título y escrituras de la tierra *tendrá* la *última* palabra.

Si es cierto que las naciones musulmanas han tratado con justicia y democracia a los judíos que vivían en su medio, ¿por qué los judíos de esas naciones árabes se han visto obligados a huir a Israel en busca de seguridad? ¿Por qué se ha empujado a los judíos a que vuelvan a Palestina por siglos? Muy sencillo, se debe a las inenarrables persecuciones que han soportado a través de los años. Bajo la ley islámica, a los judíos y cristianos se les concede mínima protección bajo una norma llamada «dhimmi». Las prácticas discriminatorias contra cristianos y judíos se incluyen en una lista en el pacto «Shurut», atribuido al califa Omar alrededor de 634–644 d.C. Considere las implicaciones de apenas estas restricciones históricas, mencionadas en la *Enciclopedia Judaica*:

- Los tribunales islámicos no admitían el testimonio juramentado de judíos y cristianos.

- Sus tumbas tenían que estar a nivel de tierra, para que cualquier pudiera pisar encima.

- Sus casas y tumbas no debían ser más altas que las de los musulmanes. No podían emplear a musulmanes en su servicio.

- No podían elevar sus voces en las iglesias ni ser vistos en público con una cruz.

- Los judíos debían usar vestidos amarillos y los cristianos vestidos color azul.

- El color de los zapatos debía ser diferente al de los zapatos musulmanes.

- Debían hospedar a los viajeros musulmanes gratuitamente durante tres días.

- Los súbditos debían rendir honor a los musulmanes y ponerse de pie en su presencia.

- Si se les golpeaba, no debían desquitarse.

- No se debía enseñar el Corán a los súbditos protegidos.

- Se prohibía la construcción de nuevas iglesias y sinagogas.

- No podían viajar a lomo de caballo ni de camello, sino solo en burros, y sin silla.

- A los cristianos se les impedía doblar las campanas en sus iglesias, prohibición que permaneció en efecto durante mil años hasta mediados del siglo diecinueve.

- El muaddin, por otro lado, proclamaba a todo volumen *cinco* veces al día desde la parte más alta de cada minarete, que «No hay más Dios que Alá y Mahoma es su profeta».

Esta es el concepto de tolerancia. ¿Son estas normas islá-

micas tan solo asunto de siglos pasados? El cristiano que tiene
tal ilusión debería tratar de mudar su residencia a cualquiera
de las veinte dictaduras árabes en el Medio Oriente. ¿Qué le
ocurre al cristiano que practica su fe con entusiasmo en una
de estas naciones musulmanas? Su vida será corta en esta
tierra porque lo encarcelarán y lo más probable es que le
corten la cabeza. El islam no es una simple religión; es una
manera de vida. En una nación musulmana impacta cada
aspecto de la sociedad.

Las autoridades musulmanas clausuraron la Puerta Dorada de Jerusalén en 1514, y aún sigue así hasta el día de hoy.
Se cree que esto se debió a que se profetizó que el Mesías
entraría a Jerusalén por la Puerta Dorada y debido a que los
cristianos usaron esta puerta para sus procesiones del Domingo de Ramos. Es más, por esa misma razón se construyó un
cementerio fuera de la puerta. Más tarde se construyó un
cementerio musulmán sobre el monte Calvario por la misma
razón.

OPRESIÓN E INTOLERANCIA

Muchos han presenciado la profanación de la Ciudad Santa,
incluyendo algunos que admiten no amar a Dios ni sus mandamientos. El tristemente famoso Carlos Marx, padre del
comunismo, admitió lo siguiente en un artículo en el *International Herald-Tribune* publicado el 15 de abril de 1854: «La
población sedentaria de Jerusalén asciende a unas quince mil
almas, de las cuales cuatro mil son musulmanas y ocho mil
son judías. Nada iguala a la miseria y sufrimiento de los judíos
que son el objeto constante de opresión e intolerancia musulmana». Incluso Marx pudo ver la verdad.

No obstante, la opresión e intolerancia nunca han cesado.
El descuido y el abuso de los lugares santos judíos continuó
por décadas. Entre 1948 y 1967 las condiciones se consideraban deplorables, incluso según normas medievales. Se ex-
pulsó a los judíos residentes del área que Jordania controlaba.

Jordania transformó parte de su territorio en campo armado, con ametralladoras, minas terrestres y francotiradores.

Se prohibió que los judíos adoraran en el muro occidental. Se destruyó el sector judío de la ciudad vieja y se demolieron cincuenta y ocho sinagogas. Algunas se usaron como corrales para ganado, establos o servicios higiénicos públicos, mientras que otras se redujeron a escombros. Tres cuartas partes de las lápidas del sagrado cementerio en el Monte de los Olivos se arrancaron de su sitio y se usaron para construir un hotel y una vereda que llevaba a las letrinas.

Sin embargo, el mundo clama: «¡Que continúe el proceso de paz! ¡Entreguen territorio a cambio de paz!» Hasta 1967 los judíos no tenían tierra y sin duda no tenían paz. Ganaron su tierra al defenderla. Así que, ¿cómo podemos nosotros o algún otro pedirles que la entreguen ahora?

Destruyeron la sinagoga Sion Karaite. Se destruyó la sinagoga curda. Se destruyó la sinagoga en Varsovia. Estas son apenas unas cuantas de las sinagogas que los jordanos destruyeron. Sin embargo, los judíos no han destruido ni una sola mezquita musulmana. El mundo árabe declaró la guerra contra Israel en 1967 y el ejército israelí obtuvo una asombrosa victoria en apenas seis días. Las cosas fueron mejores para los judíos a partir de entonces, pero en los diecinueve años de administración jordana del territorio, de acuerdo a mi amigo y ex alcalde de Jerusalén, Teddy Kollek, los servicios municipales eran terriblemente inadecuados. El treinta por ciento de las casas no tenían electricidad. El veinte por ciento carecía de agua potable y pocas viviendas tenían adecuado sistema de alcantarillado. Un hedor insoportable emanaba del complejo de cisternas bajo las calles.

Una de las más grandes controversias de 1996 fue respecto a la resistencia de los asentamientos judíos en Hebrón; pero nadie habla más de la horrible masacre de judíos en Hebrón en 1929, ni de que hubo que trasladar a Hebrón Yeshiva al centro de Jerusalén, donde se halla ahora, para evitar más actos terroristas.

LA SUPREMA REALIDAD

El 11 de diciembre de 1996, cuando los terroristas mataron, disparando desde un automóvil en marcha, a los residentes de Beit El, Etta Tzhur y su hijo Efraín, de doce años, y cuando al esposo, Joel, y sus otros cuatro hijos, de entre cuatro a diecisiete años, quedaron heridos, el Primer Ministro de Israel acortó sus vacaciones en el sur para visitar a la familia en el hospital Hadasa. El alcalde de Jerusalén, Ehud Olmert, les extendió la mano en compasión. Toda la nación expresó su respaldo y solidaridad a la desolada familia. Sin embargo, ni una sola palabra de compasión salió de Washington ni de los potentados que se han dado el derecho de determinar la suerte de Israel. En la suprema realidad de la guerra y de la muerte, como siempre en tiempos de angustia, Jerusalén se halla sola.

En Éxodo, Jehová Dios declaró: «Y yo quitaré toda enfermedad de en medio de ti» (Éxodo 23.25). Muchos creían que llegaría el día en que acabaría la miseria. Pero hay una fuerza siniestra que procura destruir la ciudad vieja y su población. Algunos la llaman el ángel de la muerte, otros dicen que es un demonio; pero todos sienten que hay una fuerza siniestra que se cierne sobre Jerusalén, un demonio que mantiene afligida el alma herida de Israel. Una forma brutal de terrorismo que nunca acaba, con momentos de alegría y días con el corazón profundamente herido y desesperado. ¿Cuándo acabará? ¿Qué extraños misterios aún no se han descubierto en su suelo? ¿Cómo explicar las injusticias que ocurren todos los días?

La matanza de palestinos en Kuwait, después que terminó la guerra del Golfo Pérsico, fue mayor que las muertes en cualquier escaramuza en Israel. Pero, asombrosamente, los medios de comunicación masiva jamás lo informaron. Sin embargo, cualquier intento de los colonos israelíes por defender sus vidas y propiedades se pregona en los titulares del mundo entero. Hay muy poca verdad y ninguna objetividad en muchos de los reportajes de noticias sobre lo que sucede

en Israel, y encima de eso una buena parte de los incidentes
en que se lanzan piedras son en realidad orquestados por el
personal de reporteros para lograr sensacionalismo en los
noticieros vespertinos de Nueva York. Esta no es una acusación infundada; es un hecho documentado. La diseminación
de falsa información, rumores, verdades a medias y mentiras
ha llegado a ser asunto común en cuanto a los reportajes en
el Medio Oriente.

El ejemplo más enfático y reciente del prejuicio de los
medios de comunicación masiva es el referente al brote de
violencia en el Monte del Templo, a mediados de 1996,
cuando la prensa acusó a Israel de incitar una miniguerra
civil. A decir verdad, los judíos no tuvieron nada que ver en
el asunto. De nuevo, los árabes empezaron a atacar a los
adoradores judíos y a amenazar con más violencia. Si los
mismos incidentes hubieran ocurrido en Estados Unidos o en
cualquiera otra nación civilizada del mundo, quizás se hubiera declarado la ley marcial y se hubiera ordenado a la guardia
nacional que usara la fuerza para detener a los revoltosos.
Pero cuando los judíos respondieron con fuerza apropiada, el
mundo tildó la respuesta como excesiva y brutal.

El 13 de septiembre de 1993 estuve en las inmediaciones
de la Casa Blanca, observando a un valiente Primer Ministro
israelí esforzándose por sonreír y apretando los dientes mientras el Presidente de Estados Unidos le introducía el pulgar
en la espina dorsal, obligándolo a estrechar la mano a Yasser
Arafat, todo por la conveniencia política de un «momento
fotográfico». Para mí, *eso* es fuerza excesiva.

Pero Isaac Rabín era un caballero y dio el fatídico paso con
los ojos abiertos. Nunca olvidaré las palabras que pronunció
en la ceremonia en la Casa Blanca: «Hemos venido desde
Jerusalén, la antigua y eterna capital del pueblo judío». El jefe
Arafat nunca mencionó a Jerusalén durante su visita a la Casa
Blanca; pero en su discurso esa misma noche, trasmitido vía
satélite al mundo árabe, proclamó: «Por la voluntad de Dios
levantaremos nuestras banderas sobre las murallas de Jerusa-

lén, capital del estado palestino, por sobre todos los minaretes e iglesias de la ciudad».

Miles de árabes jubilosos ondearon la bandera palestina en los muros de la ciudad al oír las palabras del jefe. En la Conferencia de Paz en Madrid en 1991, presenté al secretario de estado James Baker el desafío de que reconociera a Jerusalén como la capital de Israel. Si Estados Unidos quiere ser protagonista sincero en un genuino proceso de paz, le dije, deben primero tener fe en Israel. He presentado el mismo desafío a cada líder político con que me he encontrado en los pasados quince años, en conferencias y reuniones cimeras en todo el mundo.

Cuando Isaac Rabín me invitó a su oficina, me habló de sus esperanzas por la restauración de su pueblo, el fin de las hostilidades y el principio de la paz en la tierra. Soñaba con que sus nietos no tuvieran que atravesar lo que él y su generación atravesaron. Fue un gran General y excelente Primer Ministro, pero se daba aguda cuenta de la enorme presión económica sobre su nación y tal vez demasiado dispuesto a hacer compromisos por esa causa. Lo consideraba mi amigo y sé que sus motivos no eran ni mezquinos ni ingenuos. Amaba a Jerusalén con todo el corazón y estaba dispuesto a dar la vida por la ciudad, si fuera necesario. En cierto sentido, la dio.

LA RELACIÓN CON EL «VUELO 800»

¿Cuándo fue la última vez en que Estados Unidos agasajó a un terrorista responsable de la muerte de diplomáticos, bombas en aviones de pasajeros y la matanza de niños y de heroicos atletas olímpicos? Nunca antes. Pero la administración de Clinton la hizo, con gran celebración, para Yasser Arafat.

El mensaje para el mundo es claro: Estados Unidos está dispuesto a dejar que los judíos mueran con tal de aplacar a los terroristas. Sórdido como suena, opino que esto es cierto. ¿Acaso nuestros diplomáticos no pueden encarar los hechos? ¿Pueden acaso decir la verdad? ¿Por qué no ven lo que en realidad sucede con los terroristas del mundo? ¿Confesarán que saben muy bien que Irán envía al menos tres aviones cargueros 747 llenos de armamentos y pertrechos militares a Siria todos los meses y que una gran parte de estas armas se entregan a las guerrillas hezbollah para la guerra que libran contra Israel?

Las armas incluyen misiles antitanques Sager, de fabricación rusa, que los hezbollah han usado con éxito contra Israel en meses recientes. El servicio secreto israelí informó a Estados Unidos que cada embarque contiene misiles modificados de largo alcance, katiuska, con un alcance de cincuenta kilómetros. Cualquiera de estos misiles puede llegar al sur, hasta Haifa, la tercera ciudad más grande de Israel. Son los mismos cohetes katiuska que empezaron a caer en el norte de Israel el 14 de diciembre de 1996.

En la franja de Gaza, el mismo día, el Movimiento Islámico de Resistencia, Hamás, realizó su primera concentración masiva en meses, valiéndose de un permiso de demostración expedido por el mismo Yasser Arafat. Durante la concentración los líderes radicales lanzaron amenazas de un incremento en la explosión suicida de bombas, a lo que llaman operaciones militares, quizás el mejor ejemplo del «teatro de lo absurdo» de nuestros días. Celebraron los atentados de bombas realizados por sus compañeros de guerrillas en Estados Unidos. Sin embargo, lo que sigue es, si acaso, aun más siniestro y terrible que lo que antecede, porque no solo tiene que ver con los que se inclinan al terror, sino con los que entre nosotros se inclinan a encubrirlo.

¿Cree en verdad el pueblo estadounidense que la tragedia del vuelo TWA 800 fue un simple accidente? Sin confirmación positiva de falla mecánica, existe la posibilidad de que la explosión fuera un acto intencional. En diciembre de 1996 hablé confidencialmente con un funcionario del servicio secreto, de alto nivel, que me dio información interna que a mi juicio es verdad; y esta información muestra que el avión de la TWA lo derribaron fundamentalistas musulmanes respaldados por Irán. De acuerdo a este funcionario la explosión que mató a todos los de a bordo en ese vuelo no fue un accidente, ni algo que se hizo en un repentino ataque de cólera, sino un acto deliberado de terrorismo, realizado de acuerdo a un detallado plan y en un momento en que se reveló previamente a las autoridades estadounidenses una advertencia detallada.

La verdad, según me informó esta fuente, es que la explosión del vuelo 800 no se debió a desperfectos mecánicos. Fue un acto intencional de terrorismo que luego Washington encubrió crudamente porque hubiera sido demasiado bochornoso pensar que el Presidente de Estados Unidos no puede lidiar con el terrorismo en su propio terreno.

Es más, los participantes en el encubrimiento creían que decir la verdad sobre lo que en realidad ocurrió hubiera dañado los viajes aéreos comerciales en esta nación, elevando los costos de seguridad; y hubiera desatado tal pánico y tal grado de indignación en el pueblo estadounidense, que el temblor hubiera estremecido los mismos cimientos de la Casa Blanca. Debido a nuestra débil política llamada «Riesgos por la paz» y nuestra camaradería con los terroristas y asesinos del Medio Oriente, se ha dejado al descubierto el punto débil de Estados Unidos. Y somos vulnerables.

Pero si buscáramos la verdad en lugar de una mentira conveniente, me pregunto cuántos más secretos finalmente saldrían a la luz. ¿Es posible que el mundo quizás se enteraría que en abril de 1992 los presidentes de Ruanda y Burundi murieron a bordo del avión presidencial de Ruanda, un Falcón 50, debido a un misil tierra-aire cuando el avión iba a aterrizar en el aeropuerto en Ruanda, desatando así la guerra civil entre hutus y tutsi en Ruanda?

¿O se sabría del incidente de septiembre de 1993 en el cual un separatista de Abjasia, de la ex República Soviética de Georgia derribó tres aviones TU-134 usando misiles tierra-aire disparándolos desde un barco en el Mar Negro? ¿O que en 1986 un avión sudanés lo derribó un misil tierra-aire y que a finales de 1970 derribaron dos aviones de Rodesia (hoy Zambia) por tres A-7? La verdad de nuestra situación destroza los mitos de la comunidad diplomática. Levanta demasiadas preguntas difíciles.

NI DESQUITE, NI RESPUESTA

¿Qué motivo tendrían los extremistas iraníes, o de cualquier otro país musulmán, para atacar aviones estadounidenses? La respuesta es sencilla. En junio de 1985 Estados Unidos empezó un embargo contra Irán debido a que este patrocinaba el terrorismo internacional. Estas sanciones han estado vigentes por más de una década, presionando a la economía iraní que sufre de inflación al ritmo del cincuenta por ciento. ¿Qué mejor razón para dirigir la atención del pueblo iraní hacia un enemigo externo, en este caso «el gran Satanás», Estados Unidos?

Irán ha trabajado noche y día para armar problemas en la región del Golfo. Sus líderes militantes quieren provocar un incidente internacional, bien sea con Estados Unidos directa o indirectamente al atizar problemas con sus vecinos y así producir una conflagración que incluya a Estados Unidos, Bahrain, Arabia Saudí, Kuwait y otros. Las facciones hezbollah ya se han infiltrado y en estos momentos se están sembrando las semillas de una tremenda explosión en el escenario mundial.

El 13 de noviembre de 1995, una organización respaldada por Irán y conocida como el Movimiento por el Cambio Islámico se atribuyó la responsabilidad de la bomba que explotó en la Guardia Nacional Saudí en Riyadh, en la que murieron cinco soldados estadounidenses y dos trabajadores de India. Este fue el primero de los dos ataques prometidos. El 3 de junio de 1996 Irán juró resistir el embargo que impuso Estados Unidos; y luego, el 9 de junio, el líder espiritual de Irán ordenó a las fuerzas armadas iraníes que se prepararan para la guerra.

Diez días más tarde la Cámara de Representantes estadounidense aprobó por unanimidad imponer sanciones más fuertes contra Irán. El principio se añadió a la legislación pendiente. La intención del proyecto de ley era desbaratar la capacidad de Irán y Libia para continuar su respaldo del terrorismo internacional. Una semana más tarde, entre el 20 y 23 de junio, Teherán celebró una conferencia de terrorismo internacional durante la cual se anunció que en los meses siguientes se incrementarían los ataques contra los intereses estadounidenses.

Dos días más tarde, el 25 de junio, ocurrió la explosión del carro-bomba en el campamento militar de viviendas en Dhahran, Arabia Saudí, que cobró la vida de diecinueve soldados de la fuerza aérea y dejó a centenares más heridos. El Movimiento Islámico por el Cambio, que ya había hecho pública su responsabilidad por el ataque en Riyadh, también asumió la responsabilidad de este ataque.

El 16 de julio Estados Unidos impuso su versión de sanciones contra Irán y Libia. Al día siguiente, el 17 de julio, el Movimiento por el Cambio Islámico envió un escalofriante facsímil al periódico árabe *Al-Hayat*, con sede en Londres, advirtiendo:

El mundo quedará atónito y asombrado por la hora y el lugar escogido por los mujaidín. Estos darán la más severa respuesta a las amenazas del Presidente estadounidense. Todo el mundo se sorprenderá por el volumen, el lugar escogido y el momento de la respuesta. Los invasores deben prepararse para ... morir porque su tiempo de lamentación está cerca.

Ese facsímil, interceptado por agentes secretos en el extranjero, se comunicó a las agencias estadounidenses, advirtiéndoles que Irán con toda probabilidad lanzaría un ataque contra un avión de Estados Unidos. La advertencia se pasó por alto; doscientos treinta estadounidenses murieron.

A las ocho y treinta y un minutos de esa noche nadie podía

olvidarse de la horrenda explosión del vuelo 800 de la TWA frente a la costa de Long Island. Luego, el 20 y 21 de julio, se celebró otra conferencia internacional de hezbollah en Teherán. Algunos analistas creen que esta fue una acción para revisar el ataque al avión de la TWA, quizás para evaluar la respuesta de Estados Unidos. Pero no hubo respuesta, a pesar de la inmediata intervención del FBI y otras agencias, nadie declaró el hecho como un acto terrorista. Nadie admitiría que Estados Unidos sufrió un cruel golpe.

A pesar de la renuencia de nuestros líderes militares y políticos para decirle al pueblo la verdad, apenas un día después de la explosión del vuelo 800 una organización noticiosa con sede en Londres, respaldada por Irán y llamada Shanti Riv, afirmó que el avión lo derribó un misil. Hasta ese momento nadie había siquiera pensado en la posibilidad de un misil. El vuelo 800 era un Boeing 747. Irónicamente, el avión debía haberse vendido a la Fuerza Aérea Iraní, pero debido a la tensa situación en el Medio Oriente, nunca lo entregaron.

El Boeing 747 es un diseño extremadamente resistente; sin embargo, pero el avión sufrió un ligero desperfecto. El vuelo 800 debía partir del aeropuerto John F. Kennedy (JFK) a las siete de la noche rumbo a París, Francia, pero el vuelo se retrasó debido a un medidor de presión defectuoso en uno de los motores. Fue necesario descargar el equipaje y volverlo a cargar. La nave despegó del aeropuerto JFK a las ocho y diecinueve. A las ocho y media la tripulación hizo su trasmisión final pidiendo permiso para elevarse a cinco mil metros.

Una semana más tarde volé de Nueva York a Jerusalén para una reunión con los líderes israelíes y para manifestar mi compasión hacia las víctimas del terrorismo en esa nación. Mientras el vuelo 802 de la TWA aterrizaba en la pista del aeropuerto JFK y luego ascendía por sobre Long Island, pensé mucho y seriamente en la posibilidad de que algo más que fallo mecánico derribó el vuelo 800.

Más tarde me enteré de las terribles noticias. En 1982,

durante la guerra de las Malvinas (Falklands), un misil argentino AM-39 dio contra al destructor inglés *Sheffield*. El misil no estalló, pero la energía de un arma volando a velocidad supersónica fue suficiente como para perforar un agujero en el casco y cortar las tuberías de combustible, permitiendo que el motor del malogrado cohete, aún funcionando, desatara un mortífero incendio y una explosión en la nave. ¿Sería posible que el vuelo TWA 800 sufriera una versión aérea de la misma suerte?

El misil usado para destruir el vuelo 800 quizás fue un RBS-90, de fabricación sueca. Muchos expertos han agrupado todos los misiles que un solo hombre es capaz de transportarlos, en la categoría del Stinger, que busca el calor (con la excepción del RBS-90), lo que permite al que lo dispara apuntar a la parte más amplia de la aeronave, la parte inferior del fuselaje debajo de las alas. El lanzador del proyectil tiene estabilizador de giroscopio y puede montarse en embarcaciones pequeñas, lo que posibilita dispararlo desde el mar incluso cuando el agua no está en calma. También cuenta con mira infrarroja para apuntar durante la noche y tiene motores virtualmente sin humo para evitar que lo detecten. Es supersónico.

Como resultado de lo aprendido en mi propia investigación, y de informantes y de reportajes noticiosos variados, estoy convencido de que el vuelo 800 lo derribaron terroristas iraníes, los mismos fanáticos que alimentan el terrorismo en Jerusalén y en todo el territorio de Israel.

A la luz de estos hechos, ¿cómo debería responder Estados Unidos? Antes que todo, debemos dejar de negociar con los terroristas y dejar de recompensarles por su conducta perversa. Los terroristas del mundo deben responder por sus crímenes y deben quedar expuestos a toda la opinión y el juicio de un mundo iracundo. Los presidentes estadounidenses no deben homenajearlos con banquetes y cenas palaciegas en la Casa Blanca.

Tres

Una conspiración de silencio

Ni yo ni nadie que conozca ve conspiraciones en todas partes. No me inclino a creer en engaños organizados. No veo demonios detrás de cada arbusto, ni busco complots maquiavélicos detrás de toda acción política. Esa no es mi naturaleza.

Pero a pesar de mis inclinaciones, cuando observo los extraños giros y vueltas de los sucesos en el proceso de paz del Medio Oriente, no puedo evitar ver elementos de confabulación y falsedad en todos los participantes. La evidencia de acuerdos tácitos entre las superpotencias mundiales, negociaciones secretas entre la O.L.P. y árabes prejuiciados y vocingleros dentro del gobierno de Estados Unidos, la C.I.A. y el Departamento de Estado en particular, junto con el tremendo incremento de influencia de que disfruta la O.L.P., todas estas cosas me hacen percatarme de que tiene que haber mucho más de lo que los ojos ven.

Todos reconocemos que hay conspiraciones peligrosas gestándose entre grupos terroristas y ciertos países árabes con el fin de destruir a la nación de Israel. También vemos la manipulación de las empresas y del gobierno de Estados Unidos, de los países productores y exportadores de petróleo (O.P.E.P.) mediante huelgas, escasez, boicots y otras formas de retorcer el brazo a nuestras regulaciones petroleras. Hemos observado los dolorosos efectos de descarado chantaje económico sobre Israel de los líderes del mundo occidental, con Estados Unidos a la cabeza de la jauría.

Pero también hay una conspiración de silencio, sea deliberada o pasada por alto, en la información que los medios de comunicación masiva dan sobre el conflicto árabe-israelí. Este silencio ha contribuido al mal entendimiento público de las tensiones reales y la ansiedad que existe. No debería ser así. Hay más reporteros y corresponsales extranjeros asignados permanentemente en Jerusalén que en ninguna otra capital del mundo. Incluso las más sangrientas de las guerras, hambrunas y terremotos en otras partes del mundo a menudo casi ni se mencionan, mientras que cualquier pedrada que se lanza en Israel ocupa titulares. Sin embargo, demasiado a menudo las noticias vienen con un giro de retroceso mortífero.

RED DE ENGAÑO

Parte del problema es la escasa información que dan los medios de comunicación masiva en inglés a lo que se informa en la prensa árabe y hebrea. Como resultado, obtenemos un cuadro distorsionado de la realidad.

Por ejemplo, Yasser Arafat concede una entrevista a un periódico estadounidense y el reportero escribe con precisión lo que Arafat dice. Pero al día siguiente Arafat concede otra entrevista a un periódico árabe y dice precisamente lo opuesto, asegurándoles a sus leales seguidores de que sus palabras significan una cosa para sus enemigos y otra muy diferente para sus amigos. La prensa estadounidense, no obstante, rara vez traduce la entrevista árabe.

Los periódicos árabes están repletos de ultrajes y a menudo usan caricaturas antisemíticas para promover el odio hacia su «enemigo sionista». La similitud de estos dibujos a las detestables caricaturas de los judíos que se publicaban en los periódicos nazis durante la década de los años treinta hacen que se estremezca incluso el observador menos sensible. El concepto islámico de paz es diferente al suyo y al mío. En la mente del chiita, los miembros del hezbollah y del hamás, y del que respalda lealmente a la *intifada*, el concepto de paz no es la ausencia de guerra, ni es el fin de las hostilidades, sino un temporal cese al fuego. No hay paz duradera con tal concepto, sino solo momentos de inactividad estratégica. Así que cuando los medios árabes de comunicación masiva se refieren al «proceso de paz», hablan del *insikhab*, palabra que sencillamente significa retiro temporal.

En casi todo discurso público ante árabes, Yasser Arafat, el líder de la O.L.P., pide una continuación de la *yihad*, o guerra santa contra Israel. Los dignatarios de la O.L.P. regularmente afirman que no tienen intención de ayudar a Israel a capturar a los terroristas musulmanes fundamentalistas en las áreas controladas por los palestinos. En Gaza, Ramalá, Hebrón y otros enclaves árabes se les asigna la más alta estima a los terroristas, los bombardeos suicidas y asesinos; a los que matan judíos se les trata como héroes. Como muestra más detallada, de lo que Arafat y otros líderes de la O.L.P. realmente le dicen a su propia gente, he incluido un apéndice a este libro bajo el título: «Con sus palabras».

Prefiero pensar que si el público estadounidense alguna vez viera el lado de Yasser Arafat y de la O.L.P. visible a los medios árabes de comunicación masiva, la noción de que verdaderamente desean paz con Israel se evaporaría como la niebla de la mañana.

EL TERRORISTA DE TEFLÓN

Otro aspecto de esta conspiración de silencio parece ser más intencional y consiste en la alternativa que tienen los medios masivos de comunicación respecto a qué incluir en los noticieros y qué dejar fuera. Permítame citar un par de ejemplos que deben causar alarma.

Hace algún tiempo el Senado estadounidense aprobó una

resolución exigiendo que la Autoridad Palestina (AP) extra-ditara al terrorista de la O.L.P. Abu Abbas a Estados Unidos, para que se le siguiera juicio por el asesinato de Leon Klinhoffer, el pasajero en sillas de ruedas asesinado en el secuestro del vapor *Achille Lauro* en 1985. Uno pensaría que un voto unánime del Senado, dirigido a un líder extranjero el mismo día de su reunión con el Presidente de Estados Unidos sería noticia de primera plana. No fue así.

El hecho es que *Reuters*, una agencia noticiosa con sede en Londres, en efecto puso la historia en su boletín del día, titulándola: «Un incómodo recuerdo del pasado». Pero los principales periódicos de los Estados Unidos obviaron casi por completo el hecho. El periódico *The Boston Globe* publicó una crónica de un minúsculo párrafo al pie de la página catorce.

En un discurso a un público admirador y demostrativo en el Club Nacional de Prensa en Washington, D.C., Yasser Arafat repitió su ultrajante acusación de que fanáticos en el gobierno israelí son los que están detrás de los bombardeos suicidas de los hamás y de los yihad islámicos. Ante tales comentarios, la Organización Sionista de Estados Unidos hizo una encuesta de reportaje de prensa después del discurso. De los veinte periódicos que informaron sobre el discurso de Arafat, ni uno solo mencionó su ultrajante acusación de que el gobierno israelí auspiciaba el terrorismo contra su pueblo. Ni una sola organización noticiosa se atrevió a mostrar la demencia de este celebrado personaje público.

Tales afirmaciones, sin embargo, son esenciales para entender como es debido a Yasser Arafat. Sus acusaciones patentemente falsas muestran que Arafat no es una persona digna de creer y que trata de alejar de sí y de sus seguidores la culpa del incremento de la actividad terrorista, y echársela a las víctimas del terrorismo que escuda. Si hubiera dicho tal afirmación ante el Congreso estadounidense, uno podría haber esperado que su subsidio de cien millones de dólares hubiera desaparecido de la noche a la mañana. Pero a menos que usted haya asistido a ese almuerzo del Club de Prensa ese día, nunca habría oído ni leído al respecto. Fue uno de los secretos de la prensa.

En la década del ochenta la prensa estadounidense calificó a Ronald Reagan como «el presidente de teflón». Parecía que ni la prensa ni los liberales detractores del Presidente lograron que alguna de las aparentes acusaciones se les pegara. La prensa mundial debería tener un nuevo candidato para esa etiqueta no adhesiva: Yasser Arafat, «el terrorista de teflón». Sin embargo, las acusaciones que podrían y deberían presentarse contra este líder militante, y las revelaciones que necesitan hacerse respecto a sus beligerantes palabras y acciones, no se le pegan porque nunca se informa de ellas.

Al no informar la verdad completa respecto a él, los medios noticiosos han dado la impresión de que Yasser Arafat es un hombre razonable y una persona respetable. Se le presenta como un importante líder internacional. Así que cuando los dirigentes israelíes u otros observadores bien informados destacan su inestabilidad, ineptitud, naturaleza violenta y falsedad, las acusaciones resbalan como si él estuviera hecho de teflón. La imagen pública del líder palestino, perpetuada por la prensa estadounidense, no obstante, dista mucho de la realidad.

UNA PALABRA DE CONOCIMIENTO

El gobierno de Estados Unidos, aun cuando históricamente fiel aliado de Israel, también ha sido un colaborador de los declarados enemigos de Israel en el mundo árabe, así como de los gobiernos de las naciones árabes y los terroristas de la O.L.P. Un vínculo secreto entre la C.I.A. y la O.L.P. quedó establecido ya en 1969, y esta peligrosa alianza continuó tanto oficial como no oficialmente hasta 1988 cuando empezaron las negociaciones abiertas con la O.L.P. En ese entonces, la O.L.P. pasó a ser parte de la corriente común. Se presionó a Arafat para que reconociera «el derecho de Israel a existir» e incluso a que hiciera una declaración pública de renunciar al terrorismo. El eslabón encubierto entonces se convirtió en su aprobación pública. Sin embargo, el tigre no ha cambiado sus manchas, solo las niega.

Para hacer más agudas estas observaciones, permítame ofrecer un ejemplo de la complicidad del gobierno estadounidense con los gobiernos árabes. Luego describiré nuestro trato oculto con la O.L.P. y los resultados que estos arreglos de trastienda han tenido en las relaciones de Estados Unidos con Israel.

En 1981 asistí a una reunión de seguridad en la Casa Blanca respecto a la propuesta venta de aviones con sistema de alarma y mando (AWACS, por las siglas en inglés) al gobierno de Arabia Saudí. Una gran mayoría del Congreso se oponía a la venta, pero la administración de Reagan aplicó todas las palancas habidas y por haber para conseguir el apoyo para la venta. En ese entonces sabía muy poco o nada en cuanto a los AWACS, pero sabía que en las manos de Arabia Saudí estos modernísimos aviones de vigilancia a gran altitud podían representar una amenaza a la seguridad de Israel.

Sospeché, como es natural, que había una buena posibilidad de que nuestra adelantada tecnología, el equipo de radar más avanzado del mundo, fuera a caer en manos de otros países árabes y tal vez incluso en Libia, nación alineada con la hostil Unión Soviética. En mi mente bullían estas cuestiones cuando empecé mi viaje.

Mientras esperaba abordar el vuelo comercial a Washington, me preguntaba por qué nuestro gobierno quería vender a los saudís el equipo militar más avanzado que teníamos. Apenas pocos días antes el gobierno de Arabia Saudí le obsequió a la O.L.P. un cheque por veintiocho millones de dólares. Ahora estábamos proponiendo vender aviones de alta tecnología a esta nación árabe, la cual estaba aún técnicamente en guerra con Israel. No tenía sentido.

Así que oré en silencio sentado en esa sala de espera del aeropuerto y le pedí al Señor que me mostrara que había detrás de estas cosas. Pocos momentos después de orar, varias ideas me vinieron como llovidas del cielo: *Los aviones a reacción israelíes volaron sobre espacio aéreo saudí al regresar después de bombardear el reactor nuclear en Irak en junio. La tripulación estadounidense de vigilancia lo vio en su radar, pero no informaron a los saudís que estaban ayudando a financiar el reactor. Esto abochornó a los saudís, quienes sintieron que se les había sometido a una gran indignidad. Protestaron enérgicamente ante el gobierno estadounidense y exigieron que se les vendiera estos aviones como una forma de compensación por su pérdida.*

«Señor», dije, «esto es increíble. Muéstrame, por favor, si en realidad estoy oyendo esto de ti o si es nada más que fruto de mi imaginación exageradamente activa. Es más, si es verdad, te pediría que me permitas conocer a alguien de la tripulación de los AWACS que volaban el avión que detectó la violación del espacio aéreo saudí».

Ahora sé que eso era algo que solo Dios podía hacer. La tripulación de los AWACS, como descubrí más tarde, están sujetas a rotación regular y ni el Pentágono ni el Departamento de Estado dan información específica alguna al respecto. Incluso si hubiera tenido el tiempo para llamar a alguien en autoridad, o escribirle, no hubiera servido de nada.

Pero sí tuve tiempo de anotar en un papel mi petición de oración y meterla entre las páginas de mi Biblia mientras estaba sentado en ese avión. Cuando lo doblé, el pasajero sentado junto a mí notó el papel y su ojo alcanzó a divisar la palabra AWACS. Así que me preguntó a qué se debía mi interés en los aviones AWACS. Le conté que me dirigía a una reunión en la Casa Blanca respecto a esos aviones, pero no mencioné mi petición de oración específica.

Imagínese entonces mi asombro cuando me contó que él pertenecía a la tripulación de uno de esos aviones. Mientras conversábamos, me enteré de que él era la respuesta precisa a mi oración. Había estado de servicio en junio y había estado en el vuelo que detectó el vuelo de los jets israelíes sobre espacio aéreo árabe. Resultó ser que toda la tripulación del avión, compuesta por diecisiete hombres, estaba sentada junto a mí en ese avión.

Así que tuve la oportunidad de preguntar a cada miembro de la tripulación sobre algunas de las cosas que sentía que Dios me había dicho. Me dieron muy pocas respuestas directas, y sin duda no revelaron ningún secreto militar, pero con sonrisas y gestos de asentimiento confirmaron algunos de los detalles. También me enteré de que solo las circunstancias más desusadas habían puesto a estos hombres en un vuelo comercial. Por lo general, los hubieran transportado en un avión militar, pero recibieron órdenes urgentes, ordenándoles regresar a su base para vigilar los vuelos cubanos en las afueras de la costa de Virginia. No había tiempo de hacer otros arreglos, así que acabaron viajando en ese vuelo junto conmigo.

En la reunión en la Casa Blanca se presentó la venta de los AWACS a Arabia Saudí como vital para la paz y estabilidad en el Medio Oriente. Pude hacer preguntas y decir algunas cosas contra la venta de los AWACS, basado en lo que el Señor me reveló y luego confirmó el testimonio de aquella tripulación.

Más tarde, un almirante literalmente me levantó por las solapas y me dijo: «¿Quién te crees ser y dónde conseguiste esa información? ¡En el piso de enfrente tienes a toda la Casa Blanca corriendo!»

Y NADA MÁS QUE LA VERDAD

Mi propósito no era dar lecciones de atletismo a la administración Reagan, sino hablar a favor de Israel, uno de los más importantes aliados de Estados Unidos. Ningún otro país del mundo, ni siquiera Inglaterra, ha votado en la O.N.U. con más constancia con Estados Unidos que Israel. Y a pesar de lo que tal vez haya oído respecto al «poderoso cabildeo judío» en Estados Unidos, Israel necesita de todos los amigos que pueda conseguir en Washington. No obstante, demasiado a menudo respaldamos políticas que socavan a este leal amigo.

Una semana antes del voto sobre los AWACS una clara mayoría de senadores se oponía fuertemente a la venta. Pero en la votación final los que estaban a favor de la venta ganaron por un estrecho margen de cincuenta y dos a cuarenta y ocho. ¿A qué se debió la diferencia? Por un lado, la campaña agresiva de la administración. Dos de mis amigos cristianos dijeron que el mismo Presidente los llamó a sus hogares después de la reunión. Les pidió que llamaran a sus senadores y les sugirieran que votaran a favor de la venta.

Otro factor, quizás crítico, que influyó en la votación fue un intenso esfuerzo de cabildeo en pro de los intereses comerciales árabes en Estados Unidos. Se aplicó increíble presión sobre las compañías que comerciaban con Arabia Saudí. Los saudís detuvieron toda negociación con cada empresa estadounidense durante el mes antes de la votación: No se firmó ningún contrato y se estancaron todas las conversaciones sobre futuros contratos hasta después de la votación. Los oficiales saudís en realidad investigaron a las empresas estadounidenses para asegurarse de que estaban cabildeando a favor de la venta de los aviones AWACS y no en contra de ella.

Algunos ejecutivos admitieron luego que habían tenido la clara impresión de que si la venta no se aprobaba, no se hubiera negociado ni renovado los contratos. Muchos de ellos no tenían ni idea de lo que eran los aviones AWACS ni de lo que la venta haría al equilibrio de poder en el Medio Oriente; pero se les dijo que cabildearan a favor de la venta y así lo hicieron. Entre las compañías a las que se les premió con lucrativos contratos en cuanto la venta se realizó estaban la Corporación Greyhound (noventa millones de dólares), National Medical Enterprises (ochenta y cuatro millones) y la Corporación Westinghouse (ciento treinta millones). Todas apoyaron la venta de los AWACS.

Sin embargo, la influencia más perturbadora en la votación fue la hipócrita desfachatez del Departamento de Estado estadounidense. El reportero investigador galardonado, Ste-

ven Emerson, quien en un tiempo trabajó en el Comité de
Relaciones Extranjeras del Senado, detalló el engaño en su
libro *The American House of Saud: The Secret Petrodollar
Connection* [La casa estadounidense de Saudí: La conexión
secreta del petrodólar]. Es un relato que en verdad abre los
ojos y perturba la conciencia a los pobladores de esta nación.

Emerson revela que un informe clasificado del Departamento de Estado, escrito en diciembre de 1980, se dio a
publicidad sin pasar por el proceso de cambiar su categoría
de clasificado, como memorándum informativo para el Congreso durante el debate de los AWACS en 1981. Sin embargo, antes de darse a la publicidad, el informe se alteró deliberadamente para eliminar las referencias negativas a la
corrupción en la familia real saudí, los problemas militares y
la potencial amenaza para la seguridad en el área.

En el documento original clasificado se advirtió a las
autoridades de que «la minoría chiita podría representar una
amenaza seria a la seguridad por los próximos dos a cinco
años». Sin embargo, la versión revisada del memorándum
informativo ofreció esta pasmosa inversión: «La minoría chiita
no presenta ninguna amenaza seria al régimen». Nada cambió, cultural, política, ni diplomáticamente en los seis meses
que pasaron para que garantizaran una nueva evaluación de
la amenaza potencial de tal conducta, excepto que la venta
de aviones AWACS llegó a ser políticamente conveniente.

«Lo que emergió», dijo Emerson, «es una historia de maldad, fraude y corrupción realizada por los árabes de alto nivel
en el gobierno de Estados Unidos». Emerson prosiguió diciendo que «altos oficiales de antigüedad del Departamento de
Estado participaron y aprobaron la preparación del memorándum deliberadamente inexacto y la duplicación selectiva del
informe secreto».

Este es apenas un ejemplo, pero representa la manipulación árabe de los asuntos estadounidenses y de los funcionarios gubernamentales que se ha estado realizando durante
mucho tiempo para conseguir equipo militar y otras conce-

siones económicas. Si alguna vez le tocó esperar por horas para comprar gasolina en la década del setenta, saboreó la clase de terrorismo económico favorito de las naciones de la O.P.E.P. en el Medio Oriente en sus negocios con el occidente.

BAILE CON EL DIABLO

A pesar de lo inquietantes que quizás sean estas revelaciones, aun más lo es descubrir que nuestro gobierno hizo un acuerdo secreto con la O.L.P. en 1973, y que de 1976 a 1988 los funcionarios de la C.I.A. y del Departamento de Estado estuvieron en continuo contacto con este grupo palestino radical. Mientras que externamente el gobierno pretendía asumir una posición rígida contra el terrorismo, hacíamos exactamente lo que habíamos dicho que jamás haríamos: negociar con los terroristas.

La carrera estelar de Oliver North quedó destruida cuando salieron a la luz las acusaciones de canje de armas por rehenes con Irán, en 1986. Pero el arreglo del coronel North con Teherán ni siquiera se equipara a una vela respecto al matrimonio de casi dos décadas de la O.L.P. con la C.I.A. Estados Unidos literalmente le pagó a un destacado funcionario de la O.L.P., destacado terrorista, y a su flamante esposa en su viaje de luna de miel al parque DisneyWorld en Florida. Como si la abierta subversión de la política nacional de los árabes en el Departamento de Estado no fuera suficiente, hemos consentido en las pequeñas diversiones y entretenimientos a los merodeadores que gustosamente nos destruirían.

Esta siniestra alianza empezó en 1969 cuando Robert C. Ames, agente estadounidense de la C.I.A., hizo contacto por primera vez con Alí Hassan Salameh, alto funcionario de la O.L.P. y fundador de la fuerza de diecisiete guardias de seguridad de Arafat. En ese entonces Ames servía clandestinamente en el consulado estadounidense en Beirut. Simpatizando con la causa palestina, Ames decidió que la facción Fatah de Arafat era el ala más moderada de la O.L.P. Cuando inició su trato con Salameh, lo hizo con la aprobación de Henry Kissinger, jefe del Consejo de Seguridad Nacional en ese tiempo, bajo el presidente Nixon.

La C.I.A. quedó impresionada con Salameh y en 1970 le ofrecieron incluirlo en la nómina con la suma de tres millones de dólares al año. Pero, para sorpresa, Salameh estalló en cólera cuando Ames le hizo la oferta de pago en efectivo; era un asesino experto, no un espía de alquiler. Argumentando que lo insultaron con la oferta, cortó toda relación con Ames y la C.I.A. Pero en pocos años Salameh se recuperó de su estallido de cólera moral y aceptó el trato; y cuando se casó con una reina de belleza de Líbano, la pareja disfrutó de una elegante luna de miel en Florida y Hawaii, con todos los gastos pagados por la C.I.A.

La C.I.A. tenía que haber estado enterada de las actividades terroristas de Salameh. En los años subsiguientes dirigió varios secuestros y fue el cerebro maestro de la matanza de los atletas israelíes en las Olimpiadas de 1972 en Múnich. Sin embargo, la C.I.A. volvió a establecer sus relaciones con Salameh en 1973, después que la organización Septiembre Negro asesinó al embajador de Estados Unidos en Sudán y a su secretario. Según Salameh, Arafat no aprobó el asesinato y ahora estaba dispuesto a trabajar con la C.I.A. para prevenir cualquier daño a los funcionarios estadounidenses en el futuro.

Así que el 3 de noviembre de 1973 el subdirector de la C.I.A., Vernon Walters, se reunió oficialmente con Alí Hassan Salameh para ultimar detalles sobre un acuerdo con la O.L.P. Pasarían diez años antes de que este acuerdo secreto entre la O.L.P. y la C.I.A. saliera a conocimiento público, cuando lo informó el periódico *Wall Street Journal*.

Según el artículo aparecido en el *Journal*, los funcionarios estadounidenses firmaron lo que equivalía a un pacto de no agresión con la O.L.P. Los términos del acuerdo estipulaban que la O.L.P. no mataría a ningún otro diplomático de estados Unidos y a cambio el gobierno estadounidense con el paso del tiempo reconocería los «derechos palestinos». Después de firmado el pacto, la O.L.P. guardó su parte del acuerdo. La muerte de diplomáticos estadounidenses debida a actos terroristas declinó dramáticamente. Pero el hecho de que Estados Unidos decidiera combatir el terrorismo haciendo un trato secreto con los terroristas, en lugar de combatir abiertamente el terrorismo como pudiéramos haberlo hecho en sus comienzos, fue una señal del dramático debilitamiento del sentido moral de Estados Unidos y un acto de traición contra nuestro aliado más allegado en el Medio Oriente.

LA VERDAD DESNUDA

Por táctica de EE. UU., entre 1975 y 1988 se prohibieron las conversaciones de importancia con la O.L.P. No obstante, la táctica no tuvo ningún efecto sobre la realidad. Esta táctica se originó con Henry Kissinger en una addenda a un acuerdo hecho en 1975 entre Israel y Egipto, que pedía el retiro de las tropas de Israel de los territorios tomados en el Sinaí en la Guerra del Yom Kippur. Kissinger le prometió a Israel que EE. UU. no reconocería ni negociaría con la O.L.P. mientras esta no reconociera el derecho de Israel a existir.

Por dos razones Israel pidió que el gobierno de EE. UU. le asegurara esto. Primera, Israel entregaría una posición estratégica, lo cual le imponía un riesgo mayor a su seguridad, y esta posición estratégica no solo incluía bases aéreas, sino valiosos campos petroleros. Segunda, en 1974 las naciones árabes declararon que la O.L.P. era la «única y legítima representante» de los palestinos. Un mes después de eso Yasser Arafat hizo su famosa aparición con pistola y rama de olivo ante la O.N.U.

La invitación de la O.N.U. sirvió para legitimizar a Arafat ante la opinión mundial y los israelíes necesitaban la seguridad de que EE. UU. no haría nada para aumentar su estatura. Sus heridas estaban aún frescas. Seis meses antes los israelíes habían sepultado a dieciséis escolares que los terroristas de la

O.L.P. mataron en Ma'alot. Ahora el responsable de esa acción lo presentaban como héroe.

El presidente Reagan añadió otra condición a la táctica de Kissinger diciendo que la O.L.P. tendría que renunciar específicamente al terrorismo si quería alguna vez hablar con EE. UU. Cuando en 1986 el Congreso convirtió en ley la táctica, la regla de «ninguna conversación seria con la O.L.P.» se oficializó para todo el personal gubernamental.

Sin embargo, continuaron los contactos entre funcionarios del gobierno y la O.L.P., la mayoría de ellos aprobados por la administración o el Departamento de Estado. Fue un grupo privado de negociadores, un grupo de estadounidenses coordinados por un diplomático sueco que trabajaba directamente con el secretario de estado George Shultz, el que finalmente convenció a Arafat a decir las palabras mágicas en Ginebra, las palabras que le darían el reconocimiento formal del gobierno de Estados Unidos.

En ese punto ya no hacía falta el secreto. Después de la conferencia de Ginebra, Estados Unidos abiertamente respaldó a la O.L.P.

La Cuadragésima Tercera Asamblea General de la O.N.U. tenía en su agenda atender la cuestión palestina en una sesión a principios de diciembre de 1988. Yasser Arafat pidió visa para viajar a Nueva York y hablar en una sesión especial de Estados Unidos. Aun cuando el secretario de estado Shultz trabajaba con el equipo secreto de negociadores que trataba de lograr que Arafat dijera las palabras mágicas y avanzó incluso al punto de enviar documentos marcados como «secretos» o «sensibles» a Estocolmo, donde sabía que se los mostrarían a Arafat, Shultz no sabía cómo manejar la petición de visa.

La legislación antiterrorista especificaba que no se haría ninguna excepción en los requisitos de visas, para alguien del que se supiera que participaba activamente en actividad terrorista. La mayoría del Senado se oponía con firmeza a la visa de Arafat. Muchos de los más altos funcionarios de la

administración, sin embargo, favorecían la concesión de la
vida, con mayor énfasis el general Colin Powell, quien en ese
entonces era el asesor nacional de seguridad del Presidente.
Pero Shultz, bajo dirección del presidente Reagan, decidió
vivir por la letra de la ley y negar la visa.

Cuando los líderes de la O.N.U. se enteraron de que se le
había negado la visa a Arafat, cambiaron la sesión en cuanto
a Palestina para una semana más tarde, en Ginebra. Me
preocupaba tanto esta sesión especial, que decidí asistir. Por
décadas había observado a la O.N.U. unirse en pandilla
contra Israel y sabía que en esa sesión, en la que se trataría
una cuestión tan explosiva, incluiría muy pocos que respal-
daran a Israel. Al orar en cuanto a asistir a la sesión de la
O.N.U., estoy convencido de que el Señor me dijo que fuera
y que confrontara directamente a Yasser Arafat. No sabía
cómo el Señor haría que esto ocurriera, pero sabía que me
estaba diciendo que fuera y sabía lo que Él quería que dijera.

DESENMASCARAR UNA AMENAZA

En Ginebra, Arafat convocó a una conferencia de prensa para
las siete de la noche del miércoles 14 de diciembre. El día
anterior había hablado durante más de una hora ante la
Asamblea General, pero no se había animado a decir las
palabras que Estados Unidos exigía para que el gobierno
reconociera formalmente a la O.L.P. Bajo intensa presión,
Arafat convocó su propia conferencia de prensa, en la que
finalmente dijo las palabras mágicas. Reconoció el «derecho
de Israel a existir», aceptó los términos de las Resoluciones
242 y 338 de la O.N.U. y renunció al uso del terrorismo.

Dijo algunas otras palabras, sin embargo, que todavía fueron
motivo de preocupación para los que aman a Israel. Dijo:
«Que quede perfectamente claro que ni Arafat ni nadie más
puede detener la *intifada*. El levantamiento árabe se detendrá
cuando se den pasos prácticos y tangibles hacia el logro de los
objetivos nacionales y el establecimiento del estado palesti-

no». Hizo el llamado a los estados de la Comunidad Económica Europea a que «jugaran un papel más eficaz para consolidar la paz en nuestra región». De nuevo, entrelíneas se exigía: *Por favor, aplique presión a Israel para que nos dé un estado.*

Sea como sea, en efecto pronunció la fórmula exigida: «Total y categóricamente rechazamos toda forma de terrorismo, incluyendo el individual, en grupo o de parte del estado». Cientos de reporteros participaron en la conferencia de prensa, grabando con ansiedad las históricas palabras del terrorista de teflón.

El corazón se me partió cuando oí a Arafat hablar porque sabía que mentía. Siempre ha usado las palabras como armas. Las palabras no significan nada para él. Arafat puede decirle en un instante que es hermano suyo, invitarlo a cenar y en el siguiente instante designar a alguien que entre el plato principal y el postre lo llame aparte para darle puñaladas por la espalda. Para hombres como él esto es asunto de todos los días.

Al concluir su conferencia de prensa en el Palacio de la O.N.U., tuve la oportunidad de confrontar personalmente a Arafat. Fue un encuentro inolvidable.

Arafat dijo que aceptaría que tres personas hablaran. Sabía que nunca me seleccionaría a mí, así que antes de que llamara a alguien, me puse de pie y le dije: «Jerusalén es la capital de Israel y el Mesías regresa a una ciudad de Jerusalén unida y bajo la autoridad del pueblo judío».

Arafat montó en cólera. Gritó: «¡Cállate! ¡Cállate! ¿Qué más debo hacer para que cierres la boca? ¿Desnudarme?»

Cuando todo terminó me preguntaba sobre su abrupto estallido. No era raro que Arafat hablara sin pensar; su voluble temperamento es legendario. Pero, ¿a qué venía todo eso de desnudarse?

Más tarde leí algo que hizo que el asunto cobrara algún sentido. Después de su discurso ante la Asamblea General, estando bajo presión por no haber dicho las palabras mágicas, Arafat había hablado con Hosni Mubarak, presidente de Egipto. Arafat, según se dice, le había dicho a Mubarak que había hecho todo lo posible; ya había hecho tantas concesiones que pensaba que lo habían dejado desnudo.

En ese momento, sin embargo, estaba más preocupado por salir vivo del salón de conferencias que en descifrar a qué se referían los gritos de Arafat. Debe haber habido más de un centenar de agentes secretos de la O.L.P. en el salón y los ojos de todos estaban clavados en el larguirucho tejano que acababa de provocar a cólera a su héroe. Vi en sus ojos la ira sin disfraz. Mientras oraba en silencio, el Espíritu Santo me dijo: «Sencillamente date la vuelta y sal del salón. Yo te protegeré. Habrá un taxi esperándote junto a la puerta principal».

Cuando me di la vuelta, para mi sorpresa, había un sendero abierto desde el frente del salón todavía atestado hasta la parte de atrás. Caminé con calma (o así lo esperaba) y salí. En efecto, había un taxi esperando frente al edificio. Cuando regresé a mi habitación en el Hilton, sonaba el teléfono. Era el Dr. Reuben Hecht, asesor principal del Primer Ministro de Israel.

«Mike Evans, ¿cuántos guardaespaldas tiene?», preguntó. «¿Sabe usted que la nación entera de Israel le escuchó cuando habló con Arafat?»

«Tengo muchos guardaespaldas», le dije. «Son ángeles».

SOBRE LA PAZ Y EL APACIGUAMIENTO

El prestigio de Arafat subió a las nubes después de la conferencia de Ginebra, es decir, por un tiempo. Saddam Hussein le invadió Kuwait el 2 de agosto de 1990. Tres días más tarde Arafat voló a Bagdad para estar al lado de su compinche. Pero, ¿qué más podía hacer? Hacía dos años que Irak financiaba la *intifada*. Según se informa, más de cuatro millones de dólares al mes fluían de los bolsillos de Saddam a los de Arafat.

Y sin embargo, Arabia Saudí, aliada con Estados Unidos en contra de Irak, siempre financió una sustanciosa porción del presupuesto anual de operaciones de la O.L.P., en la suma de trescientos cincuenta millones de dólares. Una manera en que Arafat mantenía la lealtad de los palestinos era mediante sus generosas donaciones. Con la excepción de Jordania, por décadas las naciones árabes han mantenido a propósito a los palestinos como refugiados; miles de ellos todavía viven en campamentos de refugiados. Por esto la O.L.P. ha provisto fondos para la educación, atención a la salud y otros servicios sociales para los palestinos, creando una clase de beneficencia pública totalmente dependiente de la generosidad de Arafat. Y Arafat mismo siempre ha tenido el control total de las cuerdas de la cartera de la O.L.P.

Los palestinos que viven en Israel siempre han sido elegibles para la ciudadanía. Pero debido a su largamente acariciado odio hacia la nación judía, la mayoría se ha negado a que la sociedad israelí la asimile. Allí donde la guerra abierta de las naciones árabes no ha logrado empujar a Israel de regreso a las fronteras anteriores a 1967, ahora parece que los palestinos que viven en esos territorios, Judea y Samaria (llamados la Margen Occidental) y Gaza, van a poder cumplir con la tarea al lanzar continuamente una piedra tras otra.

La opinión mundial a la luz de la *intifada* se volvía contra Israel, y la nación judía quedaba cada vez más y más aislada. Crecientes presiones se aplicaban contra Israel para que hiciera concesiones territoriales: «tierra por paz», como se ha llegado a conocer. La comunidad internacional estaba decidida a arrastrar a Israel a la mesa de las negociaciones y coaccionarla a firmar el acuerdo de paz del Medio Oriente sobre la base de las Resoluciones 242 y 338 del Consejo de Seguridad de la O.N.U.

Para comprender por qué los israelíes se mostraban renuentes sería útil saber, según la ley internacional, qué anda mal con este sistema de tierra por paz que ha dominado por tanto tiempo el proceso de paz en el Medio Oriente. En un principio parece ser complicado, pero acompáñeme durante unos minutos mientras trato de enfocar mejor este proceso de paz.

La Resolución 388 de la O.N.U. sencillamente declaró un cese del fuego en la guerra del Yom Kippur, en octubre de

1973, que comenzaron Egipto y Siria y que exigía que las partes trabajaran hacia una «paz justa y duradera» sobre la base de la Resolución 242.

La Resolución 242, aprobada después de la Guerra de los Seis Días en 1967, exigía que Israel se retirara «de los territorios ocupados» en esa guerra. Israel no se oponía a negociar la retirada de esos territorios, siempre y cuando se observaran dos principios: primero, que no se exigiera que Israel se retirara por completo de *todos* los territorios, lo cual dejaría sus fronteras imposibles de defender; y segundo, que no se obligara que Israel negociara con una parte que no estaba dispuesta a decir de frente que se apegaría a la otra provisión de la resolución, o sea, el reconocimiento de la soberanía de Israel.

Apenas dieciocho días después de la Guerra de los Seis Días, Robert McNamara, el entonces secretario de defensa, y el Comando Conjunto de las Fuerzas Armadas emitieron un documento delineando el territorio mínimo que Israel necesitaba retener con propósitos de seguridad. Hecho público el 29 de junio de 1967, el documento recomendaba que Israel retuviera el ochenta por ciento de los territorios, sin contar el Sinaí. Bajo su recomendación, la posesión de la mayoría de la Margen Occidental y las Alturas de Golán serían necesarias para la supervivencia de Israel. La única área que el Pentágono pensaba que Israel pudiera darse el lujo de no anexar eran las estribaciones orientales de Samaria que se dirigían al río Jordán. En 1988, veintiún años después de la recomendación del Departamento de Defensa, un centenar de generales y almirantes estadounidenses jubilados instaron al gobierno a que respaldara las exigencias israelíes sobre esos territorios, explicando que la conclusión del Pentágono hecha en 1967 es aun más válida hoy.

Ahora bien, la pregunta importante es esta: ¿Está Israel ocupando legalmente los territorios? Aparte de la base bíblica para los derechos de Israel, la nación tiene su tierra como asunto de ley internacional. La ley internacional no reconocer ningún derecho legal a poseer tierras ganadas por agresión (que es cómo Jordania y Egipto obtuvieron el control de la Margen Occidental y de Gaza en 1948); sin embargo, cuando el territorio se gana mediante una defensa en contra de una invasión, que es la manera en que Israel adquirió en 1967 el control de los mismos territorios, la ley internacional no exige el retiro de esas tierras.

El profesor de ley internacional Louis Réné Beres de la Universidad Purdue amplía este principio: «Como entidad legal no estatal, Palestina dejó de existir en 1948 cuando la Gran Bretaña cedió el mandato que le dio la Liga de las Naciones. Durante la guerra de la independencia en 1948 y 1949, Judea/Samaria y Gaza cayeron bajo el control ilegal de Jordania y Egipto respectivamente ... En 1967, casi veinte años después que Israel entró a formar parte de la comunidad de naciones, el estado judío, como resultado de su impresionante victoria militar contra los estados árabes agresores, obtuvo el control no buscado sobre Judea/Samaria y Gaza. Aun cuando la idea de lo inadmisible de la adquisición de territorio mediante la guerra es integral en la Constitución de la O.N.U., no existía soberanía autoritativa a las cual los territorios podían "devolverse". Difícilmente se podía esperar que Israel transfiriera estos territorios de nuevo a Jordania y a Egipto».

En otras palabras, ¿a quién Israel debía devolver los territorios? Para empezar, no pertenecían ni a Jordania ni a Egipto. Los territorios eran una porción no asignada del mandato británico y la entidad soberana con el mejor reclamo legal a estas tierras sigue siendo la nación de Israel.

LA MEJOR DEFENSA

Este principio de ley internacional respecto a la adquisición de tierras mediante la defensa personal tiene gran sentido. Después de todo, si un valentón lo ataca y usted se las arregla para adquirir propiedad en el acto de defenderse, no es probable que tenga sentido que sencillamente le devuelva al matón la propiedad y le diga: «Ah, está bien. Puedes conservarla». Eso no sería un freno a la agresión. Al contrario, le daría rienda suelta a todo matón del vecindario para aterrorizar con relativa impunidad al inocente.

De ahí lo que la O.N.U., respaldada hasta la empuñadura por Estados Unidos, le pide a Israel que haga. La sugerencia es absurda. En efecto, le dicen: «Miren, sabemos que estas naciones árabes te están atacando, una vez tras otra, pero no deberías haberte defendido ni tomado su tierra. Para empezar, sabemos que no les pertenecían, pero en realidad deberías devolvérsela de todas maneras. Además, no la quieren para ellos. La quieren para estos pobres a los que tú brutalmente oprimiste y con los que te has negado siquiera hablar, los que te han acosado con esos risibles ataques terroristas todos estos años».

«En realidad no quieren hacerte ningún daño», parecen decir los diplomáticos, «y ahora quieren tratarte bien. Así que, ¿por qué no vienes a nuestra mesa de negociaciones de una sola familia feliz y global, y firmas en la línea punteada? Y no te preocupes por tu seguridad dentro de tus reducidas fronteras. Nosotros te cuidaremos».

Por supuesto, la O.N.U. jamás será tan franca y, es cierto, hay un sinnúmero de palestinos inocentes que sufrieron terriblemente durante las décadas en que han estado atrapados en medio del conflicto. Pero entregar los territorios ocupados, candado, escopeta, pólvora y munición, no resolverá el problema. En lugar de eso, solo conseguiría agravarlo.

El apaciguamiento no detuvo la agresión de Hitler en Europa, ni detendrá la agresión árabe en el Medio Oriente. El resultado final será un Israel debilitado y, en cuanto el mundo árabe piense que el momento ha llegado, lanzará una nueva invasión, esta vez buscando una base palestina en el traspatio de Jerusalén.

Al finalizar la Guerra del Golfo Pérsico, Estados Unidos dio el timbrazo inicial para un encuentro de lucha libre sin restricciones a fin de conseguir que las naciones del Medio Oriente participaran en una conferencia internacional en busca de una «paz justa y completa» en la región. El resultado fue la Conferencia de Paz en Madrid, en 1991, que llegó a ser la base de todas las subsiguientes negociaciones de paz.

Durante las escaramuzas arregladas que precedieron a la conferencia en Madrid, la cantidad de presión aplicada a Israel para que se comprometiera al programa de tierras por paz fue sin precedentes. Mosé Arens, ministro de relaciones exteriores de Israel al principio de la administración de Bush y ministro de defensa durante la Guerra del Golfo, documentó en su libro *Broken Covenant* [Pacto quebrantado], publicado en 1995, las manipulaciones y descarado chantaje económico que la administración de Bush aplicó contra Israel.

Arens relata cómo el secretario de estado James Baker filtraba a los medios de comunicación masiva informes falsos sobre sus encuentros diplomáticos en Washington. Describe cómo Baker engañó a Israel para que creyera que las conversaciones sobre la paz que se avecinaban serían entre Israel y las naciones árabes, cuando Baker en efecto ya había hecho concesiones a los árabes y traído a la O.L.P. subrepticiamente a las negociaciones. Muestra cómo la administración Bush socavó el gobierno de Shamir al reunirse en secreto con los líderes del partido de oposición, Rabín y Peres, a quienes se halló más inclinados a la política de tierras por paz. Muestra precisamente cómo la interferencia de EE. UU. en los asuntos internos de Israel a la larga acarreó la caída del gobierno de coalición likud-laborista.

Sin embargo, el personaje de peso completo en el encuentro de lucha del proceso de paz fue realmente George Bush mismo. Bush aplicó una llave de estrangulación a Israel que le costó a Isaac Shamir la elección de 1992 y que tal vez le costó al mismo Bush su propia reelección, ya que sin duda no contó con los votos judíos y pro Israel.

LOS CUERNOS DE UN DILEMA

Esa estrangulación presidencial consistió en la congelación

de diez mil millones de dólares en garantías de préstamos pendientes en el Congreso y para el gobierno israelí. El dinero, que no era ninguna ayuda directa como Bush dio a entender, sino solo una serie de garantías de préstamos, estaba destinado a propósitos humanitarios, para ayudar al establecimiento de la afluencia de inmigrantes judíos procedentes de la ex Unión Soviética. Bush le pidió al Congreso que demorara la consideración de las garantías de préstamos «solo durante ciento veinte días» para que el debate sobre la cuestión no interfiriera con el proceso de paz. Sin embargo, las garantías de préstamos no tenían nada que ver con el proceso de paz, al menos se suponía que no debían tener nada que ver.

Baker fue a Israel para entregar en persona el bombazo final. En verdad, ligaban las garantías de préstamos al proceso de paz. Los gobiernos árabes le dijeron a EE. UU. que obligara a Israel a que detuviera los nuevos asentamientos en los territorios en disputa, o de lo contrario no vendrían a la conferencia de paz, tentativamente planeada para el mes siguiente. Los árabes se oponían a cualquier inmigración judía adicional y vieron en esta acción una manera de detenerla.

No obstante, con diez mil judíos soviéticos llegando a Israel cada mes, la única manera de poder absorberlos era construir nuevos asentamientos en Judea y Samaria. Y para hacerlo, se necesitaban desesperadamente las garantías de préstamos.

De acuerdo a Arens, Shamir protestó ante Baker. «No los obligamos a que estén de acuerdo con nuestra idea sobre los asentamientos», le dijo, «pero nos oponemos a que vinculen los asentamientos con las garantías». La rápida respuesta de Baker fue contundente: «Si quieren las garantías de EE. UU., tendrán que aceptar nuestra posición respecto a los asentamientos». Baker rehusó hablar más sobre las garantías de préstamos. Todo lo que dijo fue: «No financiaremos la actividad de asentamientos».

Dos semanas después de la visita de Baker la Fuerza Aérea

Israelí hizo un vuelo de reconocimiento sobre Irak. Estados Unidos se negó a darle a Israel la información recogida por satélites respecto a los lugares de lanzamiento de proyectiles iraquíes durante la Guerra del Golfo. Desde entonces, Estados Unidos no ha puesto al día a Israel respecto a los equipos de inspección de la O.N.U. en Irak.

Así que los israelíes, siendo los más vulnerables a una amenaza militar iraquí, decidieron recoger su propia información. Israel en forma rutinaria informaba a Washington después de sus vuelos de reconocimiento. Cuatro días más tarde Irak, junto con Estados Unidos, presentó ante la O.N.U. una protesta formal contra Israel por violar el espacio aéreo iraquí.

¿Qué anda mal en este cuadro? ¿El país contra el que acabábamos de librar una guerra se queja debido a que una nación inocente que han bombardeado repetidamente con proyectiles Scud, el mejor aliado nuestro, al cual obligamos a que no se desquitara rechazando darle la información militar que teníamos, tomó fotografías aéreas para ver si había proyectiles apuntando en su dirección y EE. UU. concuerda con nuestros enemigos para protestar contra esta acción israelí?

A pesar de la intensa presión aplicada sobre la administración israelí, era una conclusión incuestionable que Israel en efecto participaría en un encuentro de lucha libre internacional auspiciado por las superpotencias mundiales. Israel quería paz, quizás más que cualquier otro participante, y creía que la oportunidad para la paz era genuina. Aun cuando había una delegación palestina incluida entre la delegación de Jordania, al parecer no serían miembros de la O.L.P., lo cual satisfizo las exigencias del gobierno likud.

Así que Israel finalmente cedió e hizo sus maletas para viajar a Madrid.

Cuatro

Ilusión y realidad

En 1982 Ronald Reagan recibió una fotografía de un grupo del frente de la O.L.P. que precipitó un cambio en la política exterior de Estados Unidos. Era un retrato de una niña palestina sin brazos. La niñita, se le dijo al Sr. Reagan, perdió los brazos en el bombardeo israelí contra el Líbano.

Al borde de la guerra civil, el Líbano fue fácil presa de una invasión internacional de terroristas a principios de la década del setenta. Expulsados de Jordania cuando la organización guerrillera fomentó una guerra civil a punto de estallar, la O.L.P. mudó su cuartel al Líbano. Allí contaban con el respaldo de tropas sirias y armamento soviético, y el resultado fue que faltó poco para que Siria se apoderara del Líbano, sin que Siria declarara la guerra. Terroristas de todo el mundo acudían en masa a la base de la O.L.P. en Beirut. Finalmente, después de una docena de años de ocupación por parte de la O.L.P., los israelíes decidieron invadir el Líbano, no para conquistar a la nación, sino sencillamente para expulsar a los terroristas que causaban tanta destrucción en su frontera norte.

En un principio, la administración Reagan apoyó la estrategia israelí de limpiar el nido terrorista en Líbano. Sin embargo, la prensa mundial se ensañó con Menahen Begin por el bombardeo contra la base de la O.L.P. Y el Sr. Reagan recibió el retrato de la niña palestina sin brazos. La fotografía conmovió al Presidente y la conservaba en su escritorio en la oficina oval. Quedó tan conmovido, a decir verdad, que llamó al Primer Ministro Israelí y exigió que cesaran los bombardeos.

A Begin lo obligaron a ceder bajo presión creciente del occidente. A gran riesgo para las tropas israelíes estacionadas muy adentro del Líbano, para no mencionar el riesgo a los ciudadanos israelíes viviendo en Galilea que fueron blanco frecuente de los ataques procedentes del otro lado de la frontera, Begin detuvo los bombardeos. El pueblo de Israel vio frustrado cómo decenas de miles de bandidos de la O.L.P. salían de Beirut bajo escolta, con sus armas en la mano, a la seguridad de las bases de la O.L.P. en Túnez y otros estados árabes.

Solo que hubo un problema con la foto que indujo al presidente Reagan a abandonar su respaldo a la campaña israelí: La foto era una ilusión de imágenes, propaganda equivalente a un truco de magia usando humo y espejos. En efecto, la niña palestina perdió los brazos, pero fue muchos años antes, durante la guerra civil en Líbano, y fue víctima de fuego árabe no de disparos israelíes. El truco de humo y espejos, sin embargo, resultó a las mil maravillas. Así una imagen de la brutalidad israelí se imprimió indeleblemente en la mente del público estadounidense y de casi todo el mundo.

En los años subsiguientes la campaña de relaciones públicas de la O.L.P. tuvo éxito casi difícil de creer. Al leer algunos de los boletines de prensa, tal parece que la O.L.P. promovía el turismo y no el terrorismo. De súbito, Yasser Arafat se transformó de terrorista en diplomático.

Pero, ¿había en realidad cambiado Arafat, o era todo una ilusión artísticamente planeada? Por décadas Arafat perseguía dos objetivos políticos: un estado palestino independiente y la eliminación de Israel. Adoptó el terrorismo como medio de lograr esos objetivos. Arafat daba toda la apariencia de una vida normal y dedicaba cada momento a esta causa. Durante años nunca dormía dos noches seguidas en el mismo lugar,

que es la misma para muerte; así que invirtieron las siglas para que se leyera FATAH.

Los miembros del Fatah se ofendieron cuando Nasser empezó la O.L.P., considerándola únicamente como peón del gobierno egipcio. Pero a pesar de su desdén por los orígenes de la O.L.P., los miembros del Fatah se unieron bajo la teoría de que «el enemigo de mi enemigo es mi amigo». Para 1969 Fatah se había convertido en el grupo guerrillero más grande afiliado con la O.L.P. En la reunión del cuerpo ejecutivo de la O.L.P. ese año, el Concilio Nacional Palestino, Yasser Arafat logró el completo control de la O.L.P. Desde entonces ha permanecido como su jefe.

Bajo los acuerdos de Oslo firmados con Israel, Arafat estaba obligado a enmendar antes del 7 de mayo de 1996 el Pacto Nacional Palestino, que explícitamente exige la erradicación de Israel y del pueblo judío. A fines de abril el Concilio Nacional Palestino finalmente aprobó enmendar el Pacto; sin embargo, lo que se aprobó fue cambiar el Pacto solo en principio: «El Pacto se enmendará revocando todo lo que se oponga a las cartas mutuas de reconocimiento entre la O.L.P. y el estado de Israel».

No se hizo ningún cambio real en el Pacto, ni se especificó qué disposiciones del mismo (alrededor de la mitad de las treinta y tres disposiciones del Pacto piden la destrucción de Israel) se enmendarían, ni cuándo se haría la enmienda en sí. Este es quizás el hecho más significativo que afecta el resultado del presente proceso de paz. Sin embargo, es un hecho al que la prensa resta importancia. Una vez tras otra la prensa denigra a Israel por no cumplir los acuerdos de Oslo; y casi nunca se hace notar que los palestinos no han cumplido absolutamente nada de su obligación más básica bajo el acuerdo: la eliminación en el Pacto de su promesa de destruir a la nación de Israel.

Bajo la Declaración de Principios en 1993, Israel concedió a la O.L.P. reconocimiento diplomático a cambio de la promesa de que la O.L.P. enmendaría su Pacto. Israel cumplió con el acuerdo; la O.L.P. no. Bajo el acuerdo de 1994 firmado en El Cairo, Israel cedió a la O.L.P. el control de Gaza y de Jericó a cambio de la misma promesa. De nuevo, la O.L.P. no cumplió su parte en el trato. El Acuerdo Interino de 1995 le entregó a la O.L.P. seis ciudades principales de Judea y Samaria, además de control civil de más de cuatrocientas poblaciones y aldeas más pequeñas, a cambio de otra promesa de enmendar el Pacto de la O.L.P. Otro acuerdo, otra promesa rota. Entretejido en el Acuerdo de Hebrón de 1997 se halla la misma gastada promesa. ¿Por qué no se enfurecen los negociadores internacionales, ni la divulgación pública de la prensa?

Aquí está Yasser Arafat, teniendo una rama de olivo en una mano y una declaración de guerra en la otra. Sin embargo, es a Israel al que se le hecha la culpa de no cumplir los Acuerdos de Oslo. Esta sencilla verdad no se dice: La O.L.P. no ha cumplido la promesa de enmendar su Pacto.

OLEADA DE TERROR

No sorprende, entonces, que tantos israelíes se muestren escépticos en cuanto al proceso de tierra por paz. Con el Pacto Palestino todavía pidiendo su destrucción, tienen muy poca confianza de que en realidad recibirán paz a cambio de ceder más territorio. Israel continúa enfrentando toda una andanada de actividad terrorista de facciones de la O.L.P. y grupos islámicos fundamentalistas que operan desde áreas controladas por palestinos.

Es difícil describir los efectos de décadas de terrorismo sobre el pueblo de Israel. Una lista de las operaciones terroristas, con una descripción de toda las muertes y carnicería, no mostraría lo que es saber que uno nunca está a salvo de la violencia.

En un viaje a Israel, durante los días de más intenso terrorismo de la O.L.P., visité el puerto de Eilat. Allí me alegré al ver a una atractiva maestra de escuela llevando a su clase a una caminata. Parecía ser una excursión normal hasta que noté uno de los pequeños detalles que me decían que estaba aún en Israel: La maestra llevaba una ametralladora. Thomas Jefferson dijo una vez que el precio de la libertad es la eterna vigilancia. Esta joven maestra descubrió la verdad de sus palabras.

El terrorismo es tan aterrador precisamente porque es un ataque a propósito contra los inocentes: escolares y maestros fueron un blanco favorito de la O.L.P. desde el comienzo. En su reciente libro *Fighting Terrorism: How Democracies Can Defeat Domestic and International Terrorist* [Cómo luchar contra el terrorismo: Cómo las democracias pueden derrotar a los terroristas internos e internacionales], Benjamín Netanyahu lo define de esta manera: «El terrorismo es un asalto deliberado y sistemático contra civiles para inspirar temor con fines políticos».

Los terroristas de la O.L.P. tratan de victimar a los niños como una de sus armas más devastadoras de temor contra Israel. Tal vez estos dos ejemplos indican cómo operan estos grupos. En abril de 1974 tres terroristas entraron en una escuela en Quiriat Shmonah, una población al norte de Israel. Los terroristas no sabían que los niños estaban fuera, en una excursión. Así que los terroristas usaron las armas que trajeron para eliminar a los niños, en contra de los vecinos cercanos, matando ocho adultos y ocho niños en un edificio de apartamentos cercano a la escuela. Los soldados israelíes atraparon a los terroristas dentro del edificio, pero los palestinos murieron cuando explotaron sus propios explosivos.

En mayo de ese año terroristas palestinos atacaron otra población al norte, Ma'alot. En las primeras horas del día los terroristas dispararon contra conductores de vehículos, matando a una mujer árabe; luego asesinaron a toda una familia mientras dormía en su casa. Esa vez, cuando llegaron a la escuela, los terroristas hallaron cien niños y los tomaron como rehenes, junto con sus cuatro maestros.

Los terroristas exigieron la libertad de más prisioneros palestinos, otros terroristas que Israel capturó. El gobierno accedió al canje de prisioneros por los niños de la escuela, pero se negó a permitirles a los terroristas que tuvieran cautivos a los niños hasta que los prisioneros pudieran transportarse hasta Damasco. En el estancamiento, los terroristas se negaron a liberar a los niños, así que las tropas israelíes rodearon el edificio de la escuela. A la larga los soldados mataron a los terroristas, pero no antes de que los palestinos mataran a dieciséis niños e hirieran a otros sesenta y ocho.

De ahí que en Israel las maestras de escuela llevan sus armas automáticas al ir de excursión.

Sin embargo, la amenaza terrorista en Israel no procede únicamente de la O.L.P. En la década del setenta se desató toda una oleada de terrorismo internacional, no solo contra Israel, sino contra todas las democracias occidentales. No fue sino cuando ocurrió el colapso del comunismo y la división de la Unión Soviética que el mundo descubrió cuán profundamente habían estado involucrados los soviéticos en esta conspiración de terrorismo internacional.

LA RELACIÓN SOVIÉTICA

«La mayor parte del terrorismo internacional que ha azotado al mundo desde finales de la década del sesenta hasta mediados de la década del ochenta fue el producto de una alianza *ad hoc* entre el bloque soviético y los regímenes dictatoriales árabes», dice Benjamín Netanyahu en su libro *Fighting Terrorism* [Cómo luchar contra el terrorismo]. «El centro del terrorismo en la política externa soviética emergió en la década del sesenta con el estancamiento en la Guerra Fría y el surgimiento de los estados árabes independientes dispuestos a atar sus ingresos petroleros y su guerra contra Israel al terrorismo internacional.

»Puesto que un ataque directo contra las democracias era impensable, los soviéticos desarrollaron el terror internacional como una de sus armas del arsenal para llevar a cabo la lucha comunista en muchas de las fortalezas occidentales, mientras que mantenían una negación plausible en cuanto a su complicidad. Incluso menos capaces que los soviéticos de apoderarse del oeste directamente, los regímenes árabes se embarcaron en una subrepticia campaña de terrorismo contra blancos estadounidenses y occidentales».

En la década del setenta, el campamento de la O.L.P. en el Líbano se convirtió en un centro mundial de entrenamiento para terroristas, alojando en un momento u otro al I.R.A. [ejército republicano irlandés], los sandinistas, el ejército rojo japonés, los baader-meinhof de Alemania y otros destacados grupos. Algunas de estas células militantes ayudaron a la O.L.P. en sus ataques contra blancos israelíes y la O.L.P. ayudaba a otros grupos en sus operaciones en todo el mundo.

Un nuevo grupo terrorista iniciado por la O.L.P., Septiembre Negro, recibió el nombre después de su revuelta en Jordania, en 1970. Una de las más famosas operaciones de este grupo fue la masacre de atletas israelíes en 1972 durante los juegos olímpicos. Un año antes el grupo asesinó al Primer Ministro de Jordania, mientras este asistía a una reunión de la Liga Árabe en El Cairo. El golpe se perpetró en venganza de su expulsión del reino de Hussein.

En 1973 el grupo Septiembre Negro tomó como rehenes al embajador estadounidense y a su ayudante, junto con un diplomático belga, en Jartum. Los terroristas exigieron la libertad de Abu Daoud, líder militar capturado por las fuerzas de Hussein, y de Sirhan Sirhan, el palestino que asesinó a Robert Kennedy durante una intervención en su campaña política en California en 1968. Cuando no le concedieron sus demandas, los de Septiembre Negro ejecutaron a los diplomáticos rehenes.

Varias naciones árabes, sobre todo Siria, Libia e Irak, se convirtieron en estados patrocinadores de los grupos terroristas tales como Septiembre Negro, permitiéndoles que establecieran cuarteles en sus naciones y proveyéndole ayuda financiera y refugio de sus perseguidores. Todo lo que estos gobiernos pidieron a cambio fue que los terroristas realizaran unos pocos ataques contra enemigos designados. Según Netanyahu, esta clase de terrorismo patrocinado por el estado se usa «para librar una guerra por poderes como alternativa a la guerra convencional».

UNA VISTA DESDE ADENTRO

Durante el período del reducto de la O.L.P. en el Líbano, visité al mayor Saad Haddad, comandante del Ejército Libanés Cristiano en el Líbano del Sur. Haddad y sus tropas chocaban con frecuencia contra los terroristas de la O.L.P. que intentaban avanzar de sus campamentos en su área hacia la frontera israelí. Mi encuentro con Haddad tuvo lugar en la población de Metullah, dentro de la frontera israelí.

Su valentía me asombró. Haddad no trajo guardaespaldas. Sentados en un restaurante público bebiendo té, tenía que recordarme una vez tras otra que la O.L.P. le aborrecía y que tal vez ya había decidido asesinarlo. En cualquier momento un vehículo podía pasar a toda velocidad y un terrorista lanzar una bomba contra nosotros.

Le pregunté a Haddad si sus fuerzas habían capturado a muchos árabes de la O.L.P.

—¿Piensa que lucho contra los árabes en la línea del frente? Nada de eso —me dijo—. Lucho contra terroristas de todo el mundo. Corea del Norte, Cuba, América del Sur... hace apenas dos meses, dos checos murieron en una refriega. La O.L.P. tiene gente de casi todos los países comunistas y de todas las naciones islámicas también, Libia, Irán, Egipto.

—¿Y qué de las fuerzas de la O.N.U. que tiene al norte? —le pregunté—. ¿Le ayudan a mantener la paz?

—La O.N.U. no hace nada. Está allí solo como observador. Peor aun, algunas veces encubre a la O.L.P. La O.L.P. ha avanzado y tiene campamentos dentro del área de la O.N.U. desde donde lanzan sus acciones terroristas.

—¿Y qué en cuanto a Israel? —le pregunté.

—Es la única nación que se interesa en nosotros. Sin Israel ya nos hubieran exterminado hace mucho tiempo. Se supone que deberían ser nuestros enemigos, pero son los que nos ayudan.

Haddad me contó cómo sus tropas entraron en contacto por primera vez con los israelíes junto a la cerca levantada en la frontera entre Líbano e Israel. La O.L.P. aisló las fuerzas de Haddad en un área cercana a la frontera. Las aldeas del sur quedaron aisladas de todos los médicos u hospitales en el resto del Líbano. Un día, una mujer trajo a su hijo enfermo a la cerca y llamó la atención de los soldados. No podían entender su idioma, pero si pudieron deducir que estaba afligida por su hijo tan enfermo.

Los israelíes consiguieron que la mujer les entregara al niño por encima de la cerca y lo llevaron a un hospital. Al siguiente día los soldados abrieron un boquete en la cerca para que la mujer pudiera entrar a Israel y visitara a su hijo. Cuando más tarde la mujer regresó a su aldea con su hijo restablecido y contó lo ocurrido, los libaneses se dieron cuenta de que los israelíes no era sus enemigos.

—Cuando alguien se está muriendo de sed y uno le da una gota de agua, le da esperanza —dijo Haddad—. Enseguida empezaron a llamar a la cerca la «buena cerca». Ahora incluso permiten que algunos de los nuestros trabajen allá durante el día. Hoy es como tener relaciones regulares entre dos países que tienen un enemigo en común.

Pero el enemigo en común, dijo Haddad, no son los musulmanes libaneses, ni siquiera otra nación. El enemigo común son los terroristas internacionales respaldados por los soviéticos y que operan desde la seguridad de las bases de la O.L.P.

¿PISTOLA O RAMA DE OLIVO?

En noviembre de 1974 Yasser Arafat llegó a ser el primer y único orador ante la Asamblea General de la O.N.U. llevando una pistola al cinto. Levantó una rama de olivo y dijo a los delegados: «En una mano llevo una rama de olivo, mientras que la otra empuña la pistola de la revuelta. No dejen que la rama de olivo caiga de mi mano». Los aplausos frecuentes apoyaron el discurso de noventa minutos que concluyó con una aclamación resonante.

Sin embargo, hubo al menos una persona en ese público que no aplaudió. El escritor británico John Laffin no podía dejar de recordar la última vez que vio a Arafat con las manos levantadas y en triunfo. Fue apenas un año antes cuando acompañó a Arafat en una visita una tarde de agosto a un campamento militar de entrenamiento de la O.L.P. en Líbano.

En uno de los ejercicios de entrenamiento que presenció, un joven palestino metió la mano en una canasta llena de pollitos vivos, escogió uno y diestramente le retorció el pescuezo.

«¡No, no!», exclamó Arafat furioso, según Laffin narra en su libro *The PLO Connections* [Las conexiones de la O.L.P.].

Luego Arafat metió su mano en la canasta, sacó un pollito que se retorcía y procedió a desmembrarlo. «*Así* es como enseñamos a nuestros muchachos a tratar con los israelíes», le dijo a Laffin.

El año de 1974 fue importante para Arafat y la O.L.P. Ese año se transformó en una palabra de código para la fórmula a que llegó el Concilio Nacional Palestino en su reunión anual, el «plan por etapas», que propone la destrucción gradual de la nación de Israel. A pesar de las palabras de Arafat y su situación de celebridad, nada ha cambiado para modificar su plan durante el «proceso de paz» de los años pasados.

Después de la guerra de 1967, surgieron dos diferentes escuelas de pensamiento entre los árabes respecto al dilema de qué hacer con Israel. Con el aumento del territorio que Israel ganó debido a la guerra, se creía imposible derrotar a Israel mediante medios convencionales. Donde las fronteras oriental y occidental de Israel habían estado apenas a quince kilómetros de distancia en su punto más estrecho, después de 1967 era considerablemente mucho más grande. Las fronteras ya no eran vulnerables a una penetración rápida.

La primera escuela de pensamiento sostenía que puesto que

ya no era posible derrotar a Israel usando medios convencionales, no había otra alternativa que la paz formal con la nación judía. Esta opinión la sostenía Anuar el-Sadat de Egipto, quien aceptó la invitación de Menahen Begin para ayudar a negociar un arreglo con Israel. El tratado de paz, llamado el acuerdo de Camp David, se preparó en 1978 y se firmó a principios de 1979.

Con el correr del tiempo el rey Hussein de Jordania, que tal vez tuvo esta opinión por mucho tiempo pero que la presión política intensa le impidió actuar, hizo lo mismo firmando un acuerdo formal de paz con Israel en 1994.

La segunda escuela de pensamiento sostenía que puesto que ya no era posible derrotar a Israel dentro de sus fronteras existentes, el curso de acción debía ser reducir a las fronteras anteriores a 1967 y *entonces* destruirlo. Los medios para reducir las fronteras de Israel sería una combinación de una campaña continua de terrorismo de la O.L.P. y la presión política de los estados árabes sobre Estados Unidos y Europa.

Esta alternativa la adoptó oficialmente la O.L.P. en su conferencia en El Cairo, en 1974. Se formalizó en un documento conocido como el Plan por Etapas. El Dr. Aarón Lerner, analista del Medio Oriente, resume los objetivos de este plan de la O.L.P. como sigue: «Primero, establecer una autoridad combativa nacional sobre cada parte del territorio palestino que se libere (artículo 2); segundo, usar ese territorio para continuar la lucha contra Israel (artículo 4); finalmente, empezar una guerra panárabe para completar la liberación de todo el territorio palestino [i.e, eliminar a Israel] (artículo 8)».

La cuestión de fondo es que la O.L.P. finalmente decidió que sería aceptable librarse de Israel en etapas, si no podía hacerlo de una vez por todas. Aún no han renunciado a esto. En lugar de eso, Arafat les ha dicho públicamente a sus seguidores, en numerosas ocasiones, que la Declaración de Principios firmada con Israel en 1993 es en realidad una parte del Plan por Etapas de la O.L.P.

Por ejemplo, en noviembre de 1994 en un discurso marcando la celebración del Día Nacional de Palestina, Arafat dijo: «Lo que era un sueño se ha convertido en realidad. En 1974 el P.N.P. decidió establecer una autoridad palestina en cada pedazo de tierra del cual el enemigo se ha retirado o que hemos liberado».

Se ha dado gran importancia a la forma en que Arafat se refiere a Israel como «el enemigo», expresión difícilmente compatible con el acuerdo de paz de la O.L.P. con Israel. Pero incluso más espeluznante es su referencia a 1974 y a su Plan por Etapas que aún sigue siendo el anteproyecto para la destrucción de Israel.

MAPAS Y MODELOS

Otros líderes de la O.L.P. han hecho referencias similares al Plan por Etapas de 1974. Un alerta grupo de prensa en Israel, Reseña y Análisis de la Prensa Independiente, informó de una entrevista a un oficial palestino, realizada en 1996 en Damasco. Su informe indica: «En una intervención en la televisión siria en el programa en inglés "Focus", a las nueve y media de la noche del lunes, 9 de septiembre, Faisal Husseini, que está a cargo de la cartera de Jerusalén para la Autoridad Palestina, se le preguntó cuáles eran las fronteras de Palestina.

«En respuesta, Husseini replicó que todos los palestinos concuerdan en que las fronteras justas de Palestina son el río Jordán y el Mar Mediterráneo. Explicó que, de manera realista, cualquier cosa que se pueda obtener ahora debe aceptarse y que posteriores acontecimientos tal vez en los próximos quince o veinte años darán la oportunidad de poner en práctica las fronteras justas de Palestina».

Otro indicio de que la O.L.P. no ha renunciado del todo a su idea de eliminar a Israel, sino que solo lo ha pospuesto, es el hecho de que el papel con el membrete oficial de la O.L.P. aún tiene como logotipo un mapa de la nación de Israel rotulado «Palestina». Cuando en marzo de 1996 un representante de la O.L.P. testificó ante un comité del Congreso de Estados Unidos que revisaba el cumplimiento de la O.L.P. en cuanto a los acuerdos de Oslo (requeridos para renovar los fondos anuales de los palestinos), presentó su testimonio escrito con una cubierta de presentación en papel con el membrete de la O.L.P.

El papel membreteado de la O.L.P. no es el único artículo con un mapa de Israel con un rótulo diferente. Faisal Husseini, líder de la O.L.P. en Jerusalén y jefe del Instituto de Estudios Árabes, publicó un mapa mostrando a Tel Aviv y a Haifa como «asentamientos judíos». Los libros de texto en las escuelas egipcias y jordanas, así como los que se usan en las palestinas, ni siquiera muestran a la nación de Israel en sus mapas. ¿Sorprende que una encuesta reciente realizada por el Centro de Investigación Palestino mostrara que solo el veintiséis por ciento de palestinos creen que Israel tiene el derecho de existir?

El modelo presentado por Arafat dice mucho en cuanto a la clase de hombre que es. La O.L.P. se enfureció contra el presidente egipcio Anuar el-Sadat cuando este ofreció hacer la paz con Israel. Después que Sadat valientemente viajó a Jerusalén a fines de 1977, en una genuina apertura hacia la paz, la O.L.P. atacó con venganza. El año siguiente fue uno de los más sangrientos en Israel en términos de crueles asesinatos y ataques terroristas.

El 11 de marzo de 1978 una banda de terroristas de la O.L.P. se abrió paso hacia una playa de unos veinticinco kilómetros al sur de Haifa. Eran trece al empezar. Dos se ahogaron en el Mediterráneo.

Finalmente llegaron a la playa y sorprendieron a una turista estadounidense que tenía una cámara. Cuando ella se percató de quiénes eran y qué hacían allí, fue demasiado tarde. Uno de ellos disparó su ametralladora y la turista cayó muerta. Los asesinos pasaron pisoteando el cadáver y se dirigieron a la carretera donde secuestraron dos ómnibus llenos de israelíes que regresaban de vacaciones. Los terroristas entonces hicieron que todos se subieran a uno de los ómnibus y ordenaron al conductor que se dirigiera al sur, hacia Tel Aviv.

El sobrecargado ómnibus se convirtió en un vehículo mortal en movimiento. Los terroristas se divertían disparando por placer contra los automóviles que pasaban. Cuando la noticia de la crisis llegó a conocimiento de las autoridades, personal de seguridad rápidamente erigió una barrera de emergencia como a diez kilómetros al norte de Tel Aviv. Cuando el ómnibus apareció a la distancia, los terroristas abrieron fuego. Es obvio que no se trataba de una situación de rehenes por rescate.

Preparándose para lo peor, los israelíes trataron de devolver el fuego sin llenar el ómnibus con balas. Incluso por encima del atronador tiroteo, los gritos y alaridos de las mujeres y niños llegaban a sus torturados oídos.

Entonces ocurrió: Una ensordecedora explosión y el ómnibus estalló en llamas. La O.L.P. detonó una bomba incendiaria. Milagrosamente, setenta personas sobrevivieron, pero treinta y siete inocentes murieron en el infierno. El personal de seguridad llegó corriendo y tomó prisioneros a dos terroristas. Otros nueve de ellos yacían muertos en medio de los calcinados escombros.

La masacre de la carretera costera, como llegó a conocerse el episodio, fue uno de los más horrorosos incidentes en la historia reciente. Imagínese la sorpresa de los israelíes, entonces, al oír a Yasser Arafat llamar a Dalal Magribi, que encabezó el asalto, «la estrella de los héroes que realizaron la operación de asalto por la costa». El 18 de junio de 1995, ante la Asociación de Mujeres Islámicas en Gaza, dijo: «Ella fue la comandante del escuadrón que impuso la primera república palestina en ese ómnibus. Así es la mujer palestina, con todo su significado e implicaciones, la mujer de la que estamos orgullosos y que se enorgullece y compite con gloria».

Para los israelíes Magribi no es ninguna heroína, sino un monstruo. Una escena de la masacre de la carretera costera quedó grabada para siempre en la memoria de los sobrevivientes: Una de las pasajeras trató de salvar a su bebé lanzándolo fuera del ómnibus incendiado; Magribi levantó al niño y lo lanzó de nuevo al fuego. Este es el modelo que Arafat también les mostró a las niñas de la escuela Fatah en Gaza, en su ceremonia de apertura. «Sigan los pasos de Dalal», les dijo a las niñas.

«RESULTADOS BASTANTE BUENOS»

En su nueva y mejorada imagen de relaciones públicas, Yasser Arafat ahora aparece ser moderado. Con el establecimiento de la Autoridad Palestina (A.P.) y su control sobre Gaza, Jericó y muchas otras regiones, Arafat ha tenido al menos que aparentar como que ha renunciado al terrorismo. Pero, ¿es esto otro truco con humo y espejos?

Aun cuando Arafat ya no esté «oficialmente» interviniendo en ataques terroristas, permite que grupos que son incluso *más* radicales que la O.L.P. continúen librando batalla contra Israel y el pueblo judío. Los dos grupos terroristas más prominentes de estos días son los hamás (siglas árabes del Movimiento Islámico de Resistencia) y los yihad islámicos. Estos dos grupos son responsables de la oleada de ataques suicidas con bombas desde que se firmaron los acuerdos de Oslo en 1993 y la muerte de más de doscientas personas en Israel desde entonces.

Israel y Estados Unidos han pedido repetidamente que Arafat y la A.P. repriman el terrorismo de los hamás y de la yihad islámico. Se han hecho unos pocos arrestos, «peces de poca monta» nunca los líderes reales, y luego ponen en libertad a los terroristas al poco tiempo. Virtualmente todos los terroristas que arrestó la O.L.P. después de la oleada de atentados suicidas con bombas a principios de 1996 los pusieron en libertad en septiembre.

Y sin embargo el presidente Clinton, cuando se le preguntó respecto al cumplimiento de la O.L.P. sobre la exigencia de lidiar con el terrorismo, dijo: «Hemos obtenido resultados bastante buenos al trabajar de cerca con los palestinos en pro de un mejor cumplimiento». Si estos resultados son «bastante buenos», detestaría ver los «pésimos».

Arafat no ha eliminado el terrorismo en su gobierno. En lugar de eso, lo ha elevado dándole carácter oficial. En mayo de 1996 Arafat separó cuatro asientos en la Autoridad Palestina para los representantes de los grupos terroristas más activos: hamás, yihad islámico y dos facciones de la O.L.P., el Frente Popular de Liberación de Palestina (F.P.L.P.) y el Frente Democrático de Liberación de Palestina (F.D.L.P.). La ley de EE. UU. que brinda ayuda financiera a la PA especifica que se cortará la ayuda si la O.L.P. permite que los terroristas se incluyan en las agencias gubernamentales. Pero hasta la fecha el Congreso no ha hecho nada para dar por terminados los cien millones de dólares anuales de ayuda financiera a los palestinos.

Los hamás y los yihad islámicos son parte de la «guerra por otros medios» que todavía libra una conspiración internacional de terroristas contra Israel y las democracias occidentales. Estos dos grupos islámicos fundamentalistas reciben financiación, entrenamiento y armamento de Irán y Siria. El hezbollah, o Partido de Alá, que opera contra Israel particularmente desde el sur del Líbano controlado por Siria, también recibe el patrocinio de Irán. Estos grupos están rotundamente opuestos a la paz con Israel y, por cierto, se dedican con fanatismo a librar una continua «guerra por otros medios» contra *todas* las naciones que no son musulmanas.

En *Fighting Terrorism* [Cómo luchar contra el terrorismo], Benjamín Netanyahu dice: «El hezbollah de Irán y sus organizaciones satélites han reemplazado rápidamente al comunismo y al fascismo panárabe como la fuerza impulsora detrás del terrorismo internacional ... Un destello del poder potencial de esta política [de nueva clase islámica militante] se mostró cuando Irán convocó a una conferencia islámica especial que se realizó en Teherán en octubre de 1991, en vísperas de la Conferencia de Paz en Madrid entre Israel y sus vecinos árabes; a la conferencia de Teherán asistieron los movimientos islámicos radicales y grupos terroristas de cuarenta países, y declararon estar en contra de cualquier clase de paz con el estado judío».

Debido a que los medios de comunicación masiva tan a menudo enfocan a Israel como el blanco de estos grupos, tendemos a pensar que es un problema estrictamente árabe-israelí. Pero los grupos musulmanes radicales eran antiestadounidenses mucho antes de que Israel siquiera existiera. Y recuerde, fue el movimiento islámico fundamentalista el que estuvo detrás de las bombas que explotaron en el World Trade Center en Nueva York, hace pocos años. Así que todavía luchamos contra el terrorismo patrocinado por el estado, aun cuando las naciones occidentales parecen haber debilitado considerablemente su posición.

Desde la década del ochenta Estados Unidos ha tomado la iniciativa aprobando legislación antiterrorista severa y usando sanciones económicas contra las naciones que lo auspician. En 1996 el Congreso aprobó legislación que impondría multas a las empresas extranjeras que hicieran grandes inversiones en Irán y Libia, y el presidente Clinton pidió a los aliados europeos que «se unieran a nosotros para incrementar la presión contra Irán y Libia para que dejen de respaldar el terrorismo».

Sin embargo, las naciones de la Unión Europea quieren comerciar con naciones como Irán y tratan de dar rodeos o eliminar cualquier sanción contra los estados que patrocinan el terrorismo. Un informe en el periódico *Jerusalem Post*, publicado poco después de que EE. UU aprobara las sanciones, detallaba las actividades comerciales de las naciones de la Unión Europea en los últimos años. «Franceses, alemanes, italianos, japoneses y otros "aliados" de EE. UU. les han dado a los imanes de Teherán un espectacular crédito de treinta mil millones de dólares», decía el informe.

«Los iraníes le han pagado a Rusia para que construya un reactor nuclear, como el primer paso para fabricar armas nucleares. Industriales de Alemania, Francia e Italia, enfrentando a millones de desempleados inquietos, le suplen a Teherán con abundantes cantidades de materiales en bruto y las herramientas para crear armas químicas y biológicas ... Alemania, por ejemplo, vende a Irán mil seiscientos millones de dólares de sus productos, una gran parte de esto para uso militar. Las ventas de Francia ascienden a más de quinientos millones de dólares en equipo».

De acuerdo a este informe de investigación, Alemania, que es el más grande socio comercial de Irán, dice poder «influir en los iraníes» al continuar negociando con ellos. Francia abiertamente desafió las sanciones económicas de EE. UU., advirtiendo al presidente Clinton que había sentado un «peligroso precedente». El peligroso precedente, sin embargo, lo ponen en vigencia hoy en día los líderes mundiales que están dispuestos a hacerse los ciegos ante el terrorismo mundial con tal de llenar sus cofres con preciosos petrodólares pagados por los auspiciadores de la locura genocida.

LA SABIDURÍA DE LA HISTORIA

Hay un antiguo refrán que dice que los que pasan por alto la historia están condenados a repetirla. Si miramos al pasado, quizás podamos explicar la renuencia actual de Yasser Arafat a lidiar con el terrorismo de hamás y la yihad. Durante su juventud en El Cairo, la familia de Arafat tenía estrechos vínculos con un grupo llamado la Hermandad Musulmana, grupo islámico fundamentalista activo en Egipto y en el Medio Oriente.

En su adolescencia, Arafat luchó con sus Hermanos Musulmanes en Jerusalén en 1948 y, durante sus años universitarios, a menudo fue en misiones secretas con los Hermanos cuando luchaban contra los británicos en el Canal de Suez. Muchos de los primeros miembros del Fatah tienen sus raíces en la Hermandad Musulmana, que una vez trató de asesinar al presidente egipcio Gamal Abdel Nasser.

La constitución del Movimiento de Resistencia Islámica

(hamás), presentado al público en 1988, indica que «el hamás es uno de los eslabones en la cadena de la yihad en la confrontación contra la invasión sionista. Los liga a ... la Hermandad Musulmana que luchó en la Guerra Santa de 1936; además la relaciona con otro eslabón de la yihad palestina y los esfuerzos de los Hermanos Musulmanes durante la guerra de 1948, y a las operaciones de la yihad de los Hermanos Musulmanes en 1968 y después». Así, los jefes actuales del terrorismo afirman su vínculo histórico con la Hermandad Musulmana. Es un eslabón que los une directamente a Yasser Arafat.

En su biografía del líder de la O.L.P., *Arafat: In the Eyes of the Beholder* [Arafat: Según quien lo vea], Janet y John Wallach dicen que «los musulmanes fundamentalistas [de la Hermandad] buscaban un estado independiente en que la ley islámica, llamada Sha'ria, prevalecería, y no vacilaban en usar medios violentos y brutales para conseguir sus fines». Según los Wallach, «la simpatía nacionalista y religiosa de Yasser Arafat está depositada en los fundamentalistas islámicos».

Así que tal vez no debería sorprendernos hoy cuando Arafat elogia a los que participan en atentados suicidas con bombas, aclama a los terroristas como «héroes y estrellas», los arresta para decir que lo hace y luego los deja en libertad, permitiéndoles servir en su fuerza policial e incluso los nombra para cargos de su gabinete. Tal vez esto sencillamente significa que Yasser Arafat es todavía uno de los Hermanos, después de todo.

Cinco

El punto focal de la fe

traidor

En la navidad de 1995, Bill Clinton e Isaac Rabín contribuyeron para darle a Yasser Arafat un buen regalo: Belén. Bajo el acuerdo firmado con la O.L.P. en 1995, Belén, el lugar donde nació el Mesías, y otras cuatrocientas sesenta poblaciones y aldeas en Israel se transfirieron a la Autoridad Palestina. La transferencia ocurrió pocos días antes de Navidad.

Cada año los turistas acuden en masa al sitio tradicional del pesebre de Niño Jesús. Al llegar los peregrinos a la Plaza del Pesebre, sin embargo, sus imágenes mentales de un establo paupérrimo con piso cubierto de paja, quedan destrozadas. Esta plaza, grande y abierta, con sus enormes paredes de piedra es el centro de la población. Dentro de las paredes se halla la ornamentada iglesia de la Natividad, una capilla ostentosa que dista enormemente de las sencillas imágenes de nuestras dramatizaciones de Navidad, con pastores vestidos con batas de baño y ángeles con alas de cartulina.

Después de la fiesta de 1995, se cuenta que un almacenero de Belén dijo: «¿Qué clase de Navidad es *esta*? Belén no está celebrando el nacimiento de Jesús este año. Está celebrando a Arafat y el nacimiento del estado palestino».

A mil doscientos judíos y cristianos se les impidió que entraran a Jerusalén en la Nochebuena, pero Yasser Arafat pronunció un discurso a su rebaño de la O.L.P. reunido para la ocasión en la Plaza del Establo. «Este año oramos en Belén palestino», dijo. «Oraremos más adelante en Jerusalén, la capital del estado palestino ... Hoy nos abrazamos en la iglesia de la Natividad, y mañana nos abrazaremos en la iglesia del Santo Sepulcro en Jerusalén».

Desde el porche posterior de Jerusalén (Belén se halla solo a ocho kilómetros al suroeste), Arafat dejaba bien en claro cuál sería su posición en las negociaciones finales. Intenta dividir la ciudad por la mitad y hacer de Jerusalén oriental su capital.

En su discurso la noche de Navidad, Arafat afirmó en forma inaudita que Jesucristo era un palestino. La arrogancia de tal absurda mentira me hizo recordar una acalorada discusión que tuve con la Dra. Hanán Ashrawi, delegada palestina a la Conferencia de Paz de Madrid en 1991, quien pronunció un enérgico discurso respaldando a Arafat y a la O.L.P., y mencionó que era cristiana. Así que durante el período de preguntas que siguió, me levanté para cuestionar su posición. Nuestro diálogo fue como sigue:

Mike Evans: «Dra. Ashrawi, soy un cristiano evangélico estadounidense. ¿Cuál es la lógica del término "tierra por paz" como garantía de paz puesto que el mundo árabe empezó tres guerras contra Israel cuando estaba en posesión de Judea y Samaria?»

Dra. Hanán Ashrawi: «Antes que todo, hallo la referencia a Judea y Samaria extremadamente parcial y por consiguiente ofensiva. Soy una cristiana palestina ... y desciendo de los primeros cristianos en el mundo. Jesucristo nació en mi país, en mi ciudad, Belén era una población palestina...»

Mike Evans: «Una población judía...»

Dra. Ashrawi: «... así que no acepto esta ofensiva implicación en cuanto al cristianismo ... ni aceptaré una distorsión de mi religión, la cual, una vez adoptada por el occidente, se ha convertido en cierto sentido en una religión occidental. Pero por favor, déjeme explicarle de nuevo que el cristianismo es una religión oriental y que nosotros, como palestinos, exigimos nuestro derecho de continuar existiendo en la tierra del cristianismo, en la tierra del nacimiento y la resurrección de Cristo, y estamos allí legítimamente. Usted no puede hacer nada mejor que eso y no puede divorciarnos de la tierra».

Ashrawi solo repetía la aseveración que los palestinos han usado en años recientes para respaldar su exigencia de la tierra. Estos árabes cristianos dicen que son diferentes de todos los demás árabes y trazan sus raíces a que los cananeos estaban en la tierra antes de los hebreos.

HISTORIA CON PREJUICIO

Una vez me reí con gusto junto con el primer ministro Menahen Begin por las exigencias de estas personas. Acababa de ver una publicación del servicio estatal de información, impresa en El Cairo, Egipto, que se titulaba «Jerusalén, ciudad árabe». Esta publicación estatal establecía su principal primer argumento con la declaración de que «los árabes cristianos invadieron Jerusalén en el año 90 a.C. y permaneció bajo su dominio hasta que la ocuparon los romanos en el primer siglo d.C.» En otras palabras, los árabes ahora tenían derecho a Jerusalén porque los árabes *cristianos* invadieron Jerusalén noventa años *antes* del nacimiento de Cristo.

Nos reímos porque la nación de Israel se ve forzada a tratar con información falsa como esta todos los días. No hay ninguna evidencia bíblica ni histórica para la afirmación palestina. Durante años el primer ministro Begin tuvo un grupo de estudio bíblico los sábados por la noche en su casa, y a menudo lo criticaron por citar la Biblia en público. Cuando le pregunté al respecto, me dijo que no se disculpaba por hacerlo.

«Cuando enfrentamos nuestros diversos problemas», dijo, «debemos siempre esforzarnos por vivir según la Biblia. Esto es válido para toda la humanidad. La Biblia ha mantenido vivo al pueblo judío, esa es mi convicción. Estoy orgulloso de citar la Biblia al justificar nuestros derechos. Si alguien lo trae a colación, les digo que me declaro culpable de citar la Biblia en cuestiones de política pública, pero no pido disculpas.

»Ben Gurión repetía un refrán maravilloso», me dijo. «Era mi oponente, por supuesto, pero de todas maneras es un refrán maravilloso. En su comparecencia ante la Comisión Real Británica, dijo: "Algunas personas dicen que el Mandato es nuestra Biblia, pero no lo es. La Biblia es nuestro mandato"». Cuando leo mi Biblia descubro que los judíos en verdad tienen un mandato sobre la tierra que se llegó a llamar, erróneamente, Palestina. Pero Yasser Arafat y la O.L.P. no tienen tal mandato.

La Conferencia de Paz de Madrid en 1991 llegó a ser el marco de trabajo para todas las subsiguientes negociaciones de paz en el Medio Oriente. Madrid inició conversaciones bilaterales entre Israel y Siria, Israel y Líbano, e Israel y Jordania (el cual es el único diálogo que ha resultado en un tratado formal de paz, firmado en octubre de 1994). También inició conversaciones bilaterales entre Israel y los palestinos, procurando llegar a un arreglo en dos etapas: un acuerdo interino para el gobierno autónomo (firmado en 1995), y las negociaciones de situación final para un acuerdo permanente (empezadas en mayo de 1996).

Como lo hice en Ginebra, fui a Madrid para salir a favor de mis amigos en Israel. Tal vez la conferencia de prensa más importante a la que asistí fue la que convocó el secretario de estado James Baker. Aun cuando había miles de representantes de prensa de todo el mundo, el Señor me concedió el favor y pude presentarle la primera pregunta al secretario Baker.

Primero le pregunté por qué Estados Unidos continuaba negándose a reconocer a Jerusalén como la capital de Israel, y sugerí que ese reconocimiento sería un gesto hacia la paz. «Consideramos que esa es una cuestión que debería determinar las negociaciones», dijo Baker. «Esa ha sido por largo tiempo la posición de la política de Estados Unidos ... No voy a participar en un debate con usted ni con nadie más acerca de cuestiones específicas de política ni posiciones específicas de EE. UU. ... Ese no es el asunto real aquí. El asunto es si los árabes e israelíes pueden reunirse y ... empezar a hablar a fin de poder resolver estas diferencias muy, muy difíciles y fundamentales».

La segunda parte de mi pregunta a Baker fue en cuanto a ofrecer ayuda militar a Israel debido a las amenazas a su seguridad y el alto precio que Israel pagó durante la Guerra del Golfo Pérsico. Baker convenientemente obvió esto.

Durante los dos días siguientes asistí a docenas de reuniones en la Conferencia sobre la Paz en el Medio Oriente. En las reuniones israelíes, mis preguntas estaban dirigidas a Benjamín Netanyahu, el entonces viceministro de relaciones exteriores. Vale la pena repetir en detalles algunos de sus comentarios y, al revisarlos, llega a ser obvio por qué este hombre estaba destinado a ser el primer ministro de Israel en un tiempo tan crítico de su existencia.

Primero le hice una pregunta sobre los derechos humanos que fueron una cuestión importante en la Conferencia de Madrid. «Para no parcializar los derechos humanos», le dije, «los judíos tendrán que tener la misma libertad que los árabes respecto a asentarse en los territorios en que prefieran hacerlo, sea Riyadh o Ammán, etc. ¿Ha habido alguna conversación sobre esto?»

Netanyahu respondió: «Respecto a la cuestión de derechos individuales de árabes y judíos, no hay simetría ahora. Es decir, si los árabes desean vivir entre judíos, como lo hacen y tienen derecho de hacerlo, los judíos deben tener el derecho de vivir entre árabes. El hecho es que a los judíos no se les permite vivir en Jordania ni Arabia Saudí y es este tipo de concepto, una paz de *apartheid*, si se quiere, que no podemos tolerar y que no toleraremos en esta última parte de este siglo».

«En cuanto al asunto del territorio por paz, en toda la historia los agresores han entregado territorio, tales como Alemania, Polonia, Francia. ¿Qué territorios han estado los árabes dispuestos a ceder por la paz?», le pregunté.

«En referencia a los territorios por paz», dijo Netanyahu, «es un tema que debe dejarse sin condiciones previas a las negociaciones. Pero pienso que cuando hablamos del concepto de compromiso, Israel, que ya ha cedido un total del noventa y un por ciento de los territorios que ocupó en la guerra en defensa propia, que ya ha hecho enormes sacrificios, incluyendo todo el petróleo que tenía en posesión, entregándoselo a los egipcios, debe pensar en un concepto de compromiso diferente a la idea de que un lado entrega el ciento por ciento y el otro lado no entrega nada».

En la siguiente conferencia le hice esta pregunta: «Puesto que esta es una conferencia de paz, ¿cuántas naciones árabes se han comprometido a revocar la resolución de la O.N.U. que igualan el sionismo con el racismo?»

Netanyahu replicó: «La O.N.U. perdió mucho, no todo, perdió gran parte de su valioso capital moral como resultado de la tenaz campaña árabe contra Israel para que adoptaran todas estas resoluciones. Uno de mis predecesores en la O.N.U., el Sr. Eban, dijo que si los árabes hubieran querido que se aprobaran resoluciones declarando que la tierra era plana, lo hubieran logrado.

»Sin embargo, eso es en efecto lo que han hecho. En la O.N.U. se han adoptado treinta y cinco resoluciones que en realidad exigen la aniquilación de Israel, y ahora a estas resoluciones las llaman la base de la ley internacional. La cristalización de esta actitud negativa es la idea de que el sionismo es racismo. El sionismo, que acaba de transportar a miles de judíos etíopes, personas de piel negra, desde el suelo del África; el sionismo, que es el único movimiento en la historia que ha transportado a negros fuera del África, no para esclavizarlos sino para libertarlos; a este sionismo lo presentan como racismo. Lo importante, pienso, es esto: los árabes ahora tienen una alternativa: aferrarse a la retórica del pasado o avanzar hacia el futuro. Espero que escojan el futuro».

UN ATRACO INTERNACIONAL

Durante toda la Conferencia en Madrid, las palabras de las Escrituras bullían en mi espíritu, sobre todo las profecías que indican que en los últimos tiempos Israel será el centro de la atención mundial, con sus problemas imposible de resolver mediante múltiples intentos de paz. Pensé en la profecía de Zacarías en cuanto a Jerusalén siendo una «piedra pesada» cuando la asedien todas las naciones del mundo en los momentos finales de la historia. De seguro estaba viendo al precursor de estos acontecimientos.

Esa semana tuve muchas oportunidades de hacer preguntas en conferencias de prensa y conversar con líderes mundiales. Una vez tras otra, insistían: «Israel no es la Tierra Prometida y la Biblia no tiene nada que ver en este asunto». Mi respuesta constante era: «Usted está equivocado. Dios tendrá la última palabra».

El Ministro de Relaciones Exteriores de Egipto me dijo: «No acepto que Israel sea la Tierra Prometida».

A lo cual repliqué: «Pudiera referirle, señor Ministro de Relaciones Exteriores, al más grande Ministro de Relaciones Exteriores que jamás ha servido a su nación. Le dio un vuelco completo a su economía. Equilibró su presupuesto. Creyó en las promesas de Dios y sabía que, en verdad, Dios le había dado una tierra preciosa a los judíos. Se llamaba José».

Durante las reuniones, oraba en silencio contemplando el

cielo raso del imponente Salón de Columnas donde las naciones del mundo se hallaban reunidas con su versión de la paz. El magnífico auditorio estaba ornamentado con las imágenes de falsos dioses: Apolo, Aurora, Céfiro, Ceres, Baco, Diana y Pangalatea. Desde sus elevados pedestales estos falsos dioses miraban hacia abajo a los procedimientos oficiales en pro de una falsa paz. Como el apóstol Pablo en la colina de Marte, me hallé orando al único Dios verdadero bajo este cielo de idolatría.

Qué irónico, pensé, *que a Israel lo hayan obligado a la fuerza a venir, de todos los lugares, para una conferencia internacional de paz a España, donde una tercera parte de la población la asesinaron en la inquisición.* Contemplé cómo una nación tras otra subía a la plataforma para insultar y acusar a Israel, y exigir que entregara la mayor parte de su tierra.

Sus voces retumbaban en las paredes de mármol mientras decían: «Aceptaremos el territorio a cambio de paz». Y lo que en verdad decían era: «Esto es un asalto. Entrégame todo tu dinero y no te haré daño». La Conferencia de Madrid, de cualquier modo, fue un atraco internacional. Y el mundo fue el mudo testigo demasiado intimidado como para informarlo a la policía. La mayoría de ellos pretendían que ni siquiera vieron la «pistola» apuntando a la cabeza de Israel.

Observando a estos atracadores internacionales trabajando, recordé una conversación que tuve en Jerusalén con un prominente funcionario israelí. Me dijo que tenía una profunda convicción de que volvíamos a vivir la década del treinta. «Estamos viendo el surgimiento de un nuevo nazismo», dijo. «En la década del treinta la fuerza y el poder de la Alemania nazi estaba en su acero y carbón. Ahora tenemos a los árabes con su petróleo. Pero su empuje es antisemita ahora, así como lo fue entonces. Y la actitud de las democracias occidentales es de apaciguamiento, lo mismo que lo fue entonces.

»El sentir intelectual de moda del Occidente fue apaciguar a los nazis y decir: "¿Qué le preocupa? Los nazis están logrando que los trenes lleguen a su hora. Básicamente necesitamos asegurarnos de tener acero y carbón para nuestra economía, así que no debemos levantar olas. Si quieren tragarse a Checoslovaquia, ¿a qué tanta algarabía?"»

El funcionario israelí hablaba sobre cómo el primer ministro inglés Neville Chamberlain estuvo dispuesto a sacrificar a Checoslovaquia para evadir la confrontación, y cómo Estados Unidos sencillamente no quería verse involucrado. «Así los nazis se apoderaron de toda una nación sin interferencia. Pues bien, Israel está simplemente tratando de lograr que el mundo comprenda que el mensaje en cuanto a Jerusalén es: "No somos Checoslovaquia". No permitiremos que se nos subaste».

El primer ministro Begin dijo algo similar acerca del apaciguamiento. Tuve el privilegio de desarrollar una maravillosa amistad con él en más de una docena de encuentros en varios años. En nuestras reuniones hablábamos más acerca de Jerusalén y de la Biblia que de ninguna otra cosa.

Pero cierto día en particular hablamos de las perspectivas de paz. Begin me dijo que en las reuniones del Camp David el presidente Carter le prometió que se opondrían a un estado palestino independiente. «Pero algunas naciones europeas están tan sedientas de petróleo y petrodólares que preferirían rendirse», dijo. «Y no sería la primera ocasión en que se rindan ante la presión. Ocurrió en los años treinta y acarreó desastre al mundo.

»Un estado palestino es un peligro mortal para Israel», dijo Begin, «y un gran peligro para el mundo libre. En Camp David nunca se llegó a un acuerdo respecto a un estado palestino. Lo que se acordó fue la autonomía como una manera de resolver el problema de los árabes palestinos. Con autonomía, podrían elegir sus propios ministros del Consejo para tratar los asuntos diarios. Esto sería un gran cambio histórico para ellos. Bajo la ocupación turca, británica y jordana vivían bajo el látigo. Lo único que queríamos retener era cuestión de seguridad. Si no, la O.L.P. nos caería encima».

Qué tristes se pondrían Menahen Begin y Anuar el-Sadat

al ver cómo los acuerdos de Camp David, forjados en la amistad de dos valientes pacificadores, uno judío y otro árabe, se hayan puesto patas arriba. Esos dos grandes líderes dejaron un legado que se ha despilfarrado. Ahora, así como el Sr. Begin temía, «la O.L.P.» les «ha caído encima». La responsabilidad por la seguridad en muchas de las tierras bíblicas que el Sr. Begin amaba tanto se ha entregado a la O.L.P. El próximo asunto de discusión es el mayor premio de todos: Jerusalén.

UNA EMBAJADA EN JERUSALÉN

Pero considere solo la ironía de la situación. París es la capital de Francia, y tenemos una embajada de EE. UU allí. Moscú es la capital de Rusia y tenemos allí una embajada tambíen. Jerusalén es la capital de Israel, pero nuestra embajada se halla en Tel Aviv.

Estados Unidos mantiene relaciones diplomáticas con más de ciento sesenta naciones y en cada una el Departamento de Estado mantiene una embajada de EE. UU. en la capital. Es decir, en cada una de esas naciones, excepto Israel. Bajo presión del mundo árabe, EE. UU. ha mantenido su embajada en Tél Aviv desde 1948.

Jerusalén nunca ha sido capital de ninguna otra nación y bajo la ley internacional todo país tiene el derecho de escoger su propia capital. Durante ochenta y ocho años, sin embargo, hemos violado la decisión de Israel por temor a antagonismos con una o más de las naciones árabes que no reconocen el derecho de Israel a existir, mucho menos para escoger su propia capital.

Jerusalén, una de las capitales más antiguas del mundo, celebró en 1996 sus tres mil años de ser la capital de Israel. Sin embargo, ninguna otra capital del mundo se ha visto sujeta a la indignidad que Estados Unidos le aplicó a la capital de Israel, un país que siempre ha sido aliado nuestro y jamás nuestro enemigo.

Para rectificar esta injusticia, el Congreso de EE. UU. en

1995 finalmente aprobó el Acta de la Embajada en Jerusalén, que establecía que la embajada se trasladaría a Jerusalén el 31 de mayo de 1999. La ley aprobada provee fondos para la construcción que debía empezar en 1997. Hubo un amplio respaldo de ambos partidos tanto en la Cámara de Representantes como en el Senado, y la medida se aprobó con una mayoría del noventa por ciento.

Trasladar la embajada no es asunto nuevo. En varias ocasiones fue plataforma de combate de demócratas y republicanos, y algo que el pueblo estadounidenses respaldó durante años. En su campaña presidencial en 1992, Bill Clinton dijo: «Reconozco a Jerusalén como la capital de Israel y debe permanecer como ciudad sin división». Incluso, lo puso por escrito. En una carta de 1992 al Consejo Rabínico de Estados Unidos, escribió: «Reconozco a Jerusalén como una ciudad indivisa y como la eterna capital de Israel».

Sin embargo, en 1995 el Presidente cambió su tonada. Su administración se opuso al Acta de la Embajada en Jerusalén, y rehusó firmarla cuando se aprobó. Clinton no podía vetar la ley, debido a la mayoría del noventa por ciento que respaldó su aprobación. Su veto se hubiera fácilmente anulado, así que dejó que la ley entrara en vigor sin su firma.

A pesar de todo, nada se ha hecho en cuanto a trasladar la embajada de EE. UU. a Jerusalén. En el proyecto de ley se incluyó una cláusula que le permitía al Presidente detener la construcción de la nueva embajada, en intervalos de seis meses, si consideraba que los intereses de la seguridad nacional corrían riesgos y lo informaba así al Congreso. La mayoría de las leyes concernientes a la política externa contienen cláusulas similares, pero esta se escribió con mucho más rigor que de costumbre. El auspiciador de este proyecto de ley advirtió que «ningún Presidente debería ni podría tomar una decisión de ejercer a la ligera este derecho».

Pero la administración de Clinton inmediatamente aprovechó la cláusula, argumentando que los intereses de seguridad nacional peligrarían al trasladar la embajada, ya que podría alterar el proceso de paz en el Medio Oriente. Pero, ¿resultará esto ser otro costoso compromiso para el Presidente estadounidense?

Puesto que la embajada debe construirse en Jerusalén occidental, en un área que los palestinos nunca han disputado, no hay ninguna amenaza a la seguridad de EE. UU., ni al proceso de paz. Sin embargo, eso fue lo que exigió la administración de Clinton, conforme lo expresó el portavoz de la Casa Blanca, Mike McCurry, quien dijo que el Congreso «debería dejar de entrometerse por causa del proceso de paz».

Bob Dole, en ese entonces líder de la mayoría del Senado y principal promotor del proyecto de ley, replicó: «Esta legislación no es acerca del proceso de paz, sino de reconocer la capital de Israel». Y, a pesar de que el candidato Clinton reconocía a Jerusalén como la capital de Israel, el presidente Clinton asumió una posición completamente diferente. No está dispuesto a reconocer a Jerusalén como la capital de Israel, de ahí que no permitirá que el Acta de la Embajada en Jerusalén entre en vigor.

En marzo de 1996 el presidente Clinton visitó Israel, pero se negó a que se le diera la bienvenida oficial en Jerusalén, lo que motivó que el Presidente y el Alcalde de Jerusalén boicotearan su llegada al aeropuerto de Tel Aviv. Los portavoces de prensa del Presidente admitieron que la decisión de no permitir que la bienvenida fuera en Jerusalén se calculó para no dar la impresión de que EE. UU. reconoce a Jerusalén como la capital de Israel.

Durante casi cinco décadas ya hemos rehusado reconocer oficialmente a Jerusalén como la capital de Israel. Israel, por supuesto, no reconoce tal falta de reconocimiento. Jerusalén, su «antigua y eterna capital» siempre ha sido la sede de su gobierno, tanto en la antigua nación de Israel bajo el rey David, como para la moderna nación de Israel.

PRINCIPIOS POR LOS QUE VALE LA PENA LUCHAR

A principios del siglo veinte, durante las largas negociaciones en cuanto al establecimiento de la patria de los judíos, se desarrolló una amistad entre el Dr. Chaim Weizmann, estadista judío, y Lord Balfour, secretario británico de relaciones exteriores. Balfour no podía entender por qué los judíos insistían en que aceptarían únicamente a Palestina como su territorio permanente. Volviéndose un día al Dr. Weizmann, le pidió que le explicara.

—Pues bien, Lord Balfour —replicó el Dr. Weizmann—, si le ofreciera París en lugar de Londres, ¿aceptaría usted?

—Pero —respondió Balfour algo sorprendido—, Londres nos pertenece.

—Lord Balfour —dijo Weizmann—, Jerusalén nos pertenecía cuando Londres era nada más que un pantano.

En efecto. Durante tres mil años el pueblo judío ha considerado a Jerusalén como su capital, aun cuando la mayoría de ellos estaban exiliados, lejos de la ciudad.

Cuando se expulsaron a los judíos de su tierra, en varias ocasiones, dondequiera que se hallaban siempre miraban hacia Jerusalén al orar. Sus sinagogas se orientaban hacia esa ciudad y cuando un judío construía su casa dejaba una parte de una pared sin terminar, simbolizando que era solo una vivienda temporal hasta que pudiera regresar a su hogar permanente, Jerusalén.

Nunca fue tan grande como las grandes ciudades, siendo hasta tiempos modernos apenas un poco más de seis kilómetros cuadrados dentro de los muros de la ciudad, con la mayoría de los lugares santos confinados a un kilómetro cuadrado en la ciudad vieja. Pero sin duda es el pedazo de tierra más codiciado y disputado de todo el mundo.

¿Qué ha hecho de Jerusalén un premio por el que vale la pena luchar casi desde sus orígenes? Comparada con las grandes ciudades de Europa, Jerusalén es muy pequeña. No se levanta a la rivera de ningún gran río, como Londres, París o Roma. No tiene ni puerto, ni grandes industrias, ni riqueza mineral, ni siquiera suficiente provisión de agua. La ciudad tampoco se levantaba junto a una gran carretera del mundo antiguo, ni dominaba ningún cruce estratégico de caminos. Se hallaba lejos de las principales rutas comerciales. ¿Por qué no permaneció como una aldea sin importancia que, como tantas otras con el correr de los tiempos, han desaparecido?

¿Por qué ha captado los corazones de los adeptos de las tres religiones monoteístas del mundo? La grandeza moral y sabiduría espiritual de los profetas bíblicos que hablaron desde Jerusalén le dieron al mundo lo que le ha ganado a la ciudad su lugar único en los corazones de los seres humanos.

La talla espiritual de Jerusalén compite con su situación física; la ciudad se levanta sobre colinas muy alto por sobre el paisaje que la rodea. Entre los judíos, encaminarse hacia Jerusalén siempre era «subir a Jerusalén». Los que salían de ella, habiendo vivido en Israel, se les consideraba, más que un simple sentido físico, que «descendían».

Jerusalén es una ciudad de muchos nombres, tantos, a decir verdad, que no hay un registro exacto. Entre ellos se incluyen: Ciudad de David, Ciudad de Dios, Ciudad de la verdad, Ciudad alegre, Ciudad de justicia, Ciudad fiel, Ciudad de perfecta hermosura, Morada de quietud, Monte de Santidad, Ariel, Sion, Moriah. Pero solo el nombre de Jerusalén ha prevalecido a través de los siglos.

En hebreo el nombre es *Yerusalayim*. Literalmente significa «ciudad de paz», por las palabras *yerah* (ciudad) y *shalom* (paz); designación más bien irónica dada la cantidad de violencia y derramamiento de sangre que ha visto a través de los siglos.

Aun cuando sus orígenes se pierden en la niebla de la antigüedad, los arqueólogos han hallado evidencia de habitat que se remonta a cuatro mil años. Los israelitas ocuparon Jerusalén por primera vez en los días de los jueces, pero los jebuseos persistieron allí frente a los asaltos de las tribus de Judá y de Benjamín.

Fue el gran rey David que de una vez por todas desalojó a los jebuseos de la ciudad, haciéndola su capital. Desde ese entonces, hace alrededor de tres mil años, Jerusalén ha sido la capital del pueblo judío.

EL CRISOL DE LA FE

Para comprender mejor las circunstancias singulares de la Ciudad de Dios, miremos brevemente el lugar en que se halla Jerusalén en las tres religiones monoteístas de la humanidad, así como lo que significa para ellas. ¿Qué significa? ¿Qué lugar ocupa en su pensamiento y en su fe?

Para los cristianos, Jerusalén es el lugar en que tuvo lugar el gran drama final del ministerio de Jesús, su crucifixión y resurrección. Se honra como lugar de peregrinaje, pero en ningún sentido ocupa una posición central en la vida del cristiano. El peregrino va, no tanto a Jerusalén, sino más bien a los lugares santos que se hallan en la ciudad o cerca de ella.

El antiguo canto que dice «Hoy anduve por donde Jesús anduvo» expresa el sentimiento del peregrino cristiano; anhela poner su pie en los lugares en que Jesús de Nazaret vivió y ministró, especialmente en la ciudad donde pagó el precio máximo por nuestra salvación. El cristiano considera a Jerusalén como un tesoro, así como a toda la tierra de Israel, porque atesora la Palabra de Dios. Pero la ciudad no es el punto central de su adoración.

Para el islam, Jerusalén tiene un significado diferente y menor. En las Escrituras judías (el Antiguo Testamento del cristiano), se menciona a Jerusalén más de setecientas veces, pero en el Corán, el libro sagrado del islam, no se menciona por nombre ni una sola vez.

Para respaldar su exigencia de la ciudad, los musulmanes apuntan al hecho de que durante trece años Mahoma y sus seguidores miraban hacia Jerusalén al orar. Sin embargo, este episodio fue de corta duración; después que los judíos cayeron del favor de Mahoma, todo cambió, y los musulmanes fieles, desde entonces y en adelante, han orado con sus rostros mirando hacia La Meca.

Así que para los musulmanes, La Meca y Medina son sus dos ciudades santas. En su jerarquía, Jerusalén se halla en un tercer lugar. Mientras que miles de musulmanes fieles hacen su peregrinaje a La Meca cada año, Jerusalén no es lugar de tal peregrinación y la relación islámica con Jerusalén no empezó sino en el siglo séptimo d.C.

La historia de los judíos en Jerusalén, sin embargo, empezó hace más de tres mil años, y su capítulo final aún no se ha escrito. Jerusalén es el punto central de la historia judía. Es el lugar de nacimiento del judaísmo y santuario central de su fe. Su pueblo siempre la ha honrado como residencia propia. La declaración «El próximo año en Jerusalén», siempre se usa para marcar el fin de la Pascua, la fiesta de la redención nacional, y para concluir la celebración del Yom Kippur, la fiesta de redención personal.

A diferencia de los vínculos cristiano e islámico con la ciudad, la unión del pueblo judío con Jerusalén ha sido histórico, religioso, cultural, físico y fundamental. Nunca lo han roto voluntariamente; cualquier ausencia de judíos de la ciudad ha sido el resultado de persecución extranjera y expulsión.

«Sin Jerusalén somos un cuerpo sin alma», dijo el gran héroe David Ben Gurión, el primer ministro del moderno Israel. Jerusalén permanecía viva en los corazones de los judíos, aun cuando no se les permitía vivir ni adorar allí. Ninguna cantidad de opresión borraría el anhelo del pueblo judío por su *Eretz Yisrael*, la tierra de Israel, y *Yerusalayim*, la ciudad de paz.

Cuando usted oye apenas una vez los hechizantes versos del *Hatikvah*, el himno nacional de Israel, nunca puede olvidarlos. Las palabras, sencillas, incisivas, expresan lo que ha sido el ardiente deseo del corazón de millones de judíos, de todo rincón de la tierra, por milenios y milenios:

Tan amplio como profundo en el corazón,
El alma del judío anhela,
Y mira al Oriente,
Con los ojos puestos en Sion,
Nuestra esperanza no se ha perdido,
La esperanza de dos mil años,
De ser un pueblo libre en nuestra tierra,
La tierra de Sion y Jerusalén.

Ese sueño «de ser un pueblo libre en nuestra tierra, la tierra de Sion y Jerusalén» finalmente se convirtió en realidad, después de dos mil años de sufrimiento, cuando Israel recuperó su independencia y luego restauró su soberanía sobre la ciudad de paz. Durante todos esos años Jerusalén permaneció como símbolo de un pueblo que vilipendiaron, humillaron, esclavizaron e incluso aniquilaron. Pero como pueblo nunca perdieron la esperanza de la promesa divina de restauración.

LA SITUACIÓN FINAL

Las conversaciones entre Israel y los palestinos respecto a la situación final empezaron el 5 de mayo de 1996. Nada sustantivo se trató en la reunión, pero se llegó a un acuerdo en cuanto a los asuntos que se negociarían en el convenio permanente. La situación de Jerusalén y las fronteras exactas de autonomía palestina son las dos grandes cuestiones a decidirse.

En este momento el futuro de Jerusalén se halla en la balanza. Israel ahora se levanta sola, *completamente sola*, para defender su derecho histórico, legal y bíblico a la Ciudad Santa. Estados Unidos ha traicionado a Jerusalén.

A pesar del abrumador respaldo del Congreso para que se reconozca a Jerusalén como la capital de Israel, el presidente Clinton resueltamente tantea la línea del nuevo orden mundial y se niega a permitir que entre en vigencia la legislación que reconocería ese sencillo hecho. No solo trastornó la voluntad del pueblo en cuanto al traslado de la embajada a Jerusalén, sino que la embajadora a la O.N.U. se negó a ponerse de parte de Israel cuando el resto del mundo, literalmente, dijo que Israel no tenía derecho legal sobre Jerusalén.

Apenas dos meses después de la emocionante votación del Congreso para finalmente reconocer a Jerusalén como la capital de Israel, la Quincuagésima Asamblea General de la O.N.U. aprobó una resolución castigando a Israel por sus exigencias sobre todo de Jerusalén. La resolución se aprobó por una votación de ciento treinta y tres a uno, siendo Israel la única nación que votó en contra. Estados Unidos, una vez ferviente aliado de Israel, se abstuvo de votar.

La Resolución de la O.N.U. llamó a Israel el «poder de ocupación» en Jerusalén y dijo que las pretensiones de Israel en cuanto a Jerusalén como capital era «nulo y se debía revocar de inmediato». La resolución seguía diciendo que «la decisión de Israel de imponer leyes, jurisdicción y administración sobre la santa ciudad de Jerusalén es ilegal y, por consiguiente, nula y sin validez alguna».

La O.N.U. ha dejado en claro que la única acción aceptable de Israel es renunciar a su exigencia sobre la ciudad vieja, donde se hallan todos los lugares santos, inclusive el Monte del Templo y el muro occidental. La O.N.U. y el grupo del orden mundial presionarán a Israel implacablemente hasta que el alambre de púas se halle en el mismo corazón de *Yerusalayim*, la ciudad de paz.

El primer ministro Netanyahu ha afirmado contundentemente que jamás permitirá que en Jerusalén se levante un muro de Berlín. Pero Yasser Arafat está al acecho, listo para ondear su bandera palestina sobre las mezquitas e iglesias de la Ciudad Santa, así como con tanta frecuencia lo ha prometido a los que han respondido a su llamado para una *yihad*.

A menos que Estados Unidos despierte, Jerusalén está destinada a ser una ciudad amargamente dividida y el pueblo judío una vez más lo cercenarán de su herencia bíblica.

Segunda parte:
Dispersión y
discordia

Seis

❦

Ciudad de piedras, piedra pesada

V<small>ISTO</small> desde el Monte de los Olivos, el amplio panorama de Jerusalén es asombroso. El paisaje, salpicado de torres, es un espléndido drama escrito en piedra, drama que ha recibido elogiosos comentarios de incontables peregrinos que visitan al Tierra Santa.

Uno puede verlo todo desde allí: las antiguas ruinas de la ciudad de David, la cúpula dorada del monumento en la *Haram esh-Sharif*, la Cúpula de la Roca, las lápidas que salpican las faldas de la colina más allá de los muros almenados de la ciudad vieja. Estos gruesos muros de piedra, con sus almenas intactas, han sobrevivido orgullosamente el asedio de los ejércitos invasores. Los parapetos de estos muros una vez escudaban a los arqueros; hoy los soldados patrullan los mismos parapetos con rifles automáticos.

La vista de los olivos lo insta a descender a la ciudad misma. Jerusalén es una ciudad de piedras y visitar la ciudad vieja con su sector judío es perderse entre las piedras. Al deambular por entre el enredado laberinto de estrechos callejones, uno casi puede tocar las paredes de piedra a ambos lados. Hay arcos de piedra por encima de la cabeza y empedrado a los pies. Piedras, piedras, piedras. Desde las ruinas antiguas a las murallas medievales, estas piedras que se han horneado en el calor de millones de amaneceres tienen una historia que contar.

Las piedras que más aprecia el pueblo de Israel son las del muro occidental, el santuario más sagrado de la fe judía hoy. Este muro de aproximadamente quince metros de altura es todo lo que queda del Monte del Templo que existió en el primer siglo. Las piedras apiladas una sobre otra para construir este muro son tan enormes que es difícil imaginarse cómo las labraron y las transportaron subiendo las colinas de Jerusalén.

Para captar la perspectiva es útil mirar en retrospectiva a través de los siglos y luego seguir el curso de sucesos que han llevado al estancamiento actual. Considere la vista desde el templo cuando sus piedras eran todavía nuevas y la ciudad de Jerusalén brillaba como alabastro al sol de la mañana. Herodes el Grande empezó a reconstruir el templo de Salomón en el año 20 a.C. y el proyecto ocupó el resto de su administración. El templo, de quince pisos de altura, se construyó durante el reinado de Herodes, pero los atrios exteriores y los muros no se terminaron sino hasta el año 64 d.C., alrededor de sesenta y ocho años después de su muerte.

Un día, después que Jesús enseñó en los recintos del templo, llamó la atención de sus discípulos a los edificios del templo mientras salían. «¿Veis todo esto? De cierto os digo, que no quedará aquí piedra sobre piedra, que no sea derribada» (Mateo 24.2).

Las palabras de Jesús se cumplieron con precisión en el año 70 d.C. cuando los ejércitos romanos barrieron Jerusalén y redujeron el magnífico templo de Herodes a un montón de escombros calcinados. Todo lo que queda de las décadas de construcción de Herodes es una sección de la pared de contención que en un tiempo sostenía la porción occidental del Monte del Templo. Las piedras del templo, en sí, se hallan sepultadas en el montón de basura de la historia, en algún punto debajo de la ciudad vieja.

Las piedras restantes del muro, llamado muro occidental debido a su ubicación en relación al Monte del Templo original, han llegado a ser un símbolo de perenne esperanza del pueblo judío. Incluso los judíos no religiosos lo veneran como monumento nacional. En la plaza frente al muro occidental pueden caber cien mil personas. Es el lugar de reunión de la nación de Israel, escenario de celebración gozosa y solemnes memoriales. Para una ciudad que ha cambiado de dueño veinte y seis veces y la han reducido a escombros cinco veces, el muro sigue siendo un testimonio de la providencia de Dios que lo abarca todo.

LAS ALABANZAS DE SU PUEBLO

Me sentí como en casa entre las piedras de Jerusalén. Por un lado, la piedra aquí es muy similar a las que hay en mi estado natal, Texas. Es uno de los materiales de construcción más populares, aun cuando no lo exigen los códigos de construcción como en Jerusalén. Pero es más que eso. Estas piedras le hablan a mi alma. Me llaman de regreso, una vez tras otra, a esta Ciudad Eterna. Me entonan un canto antiguo en tono menor. Un canto de largos milenios de angustia y sufrimiento.

El muro occidental también se conoce como el Muro de los Lamentos porque los fieles, que a través de los siglos han acudido allí, han lavado estas piedras con ríos de lágrimas. Lágrimas de lamento, lágrimas de alegría, lágrimas de intercesión. Visibles en las grietas y en los espacios entre las enormes piedras hay diminutos pedazos de papel, recién enrollados e introducidos en los resquicios y rendijas del muro. Es una tradición escribir una oración en un pedazo de papel y colocarlo entre las piedras, «convirtiendo la pared», como lo describe el escritor israelí Amós Elón, «en el buzón de Dios». Una vez al mes los guardianes sacan con cuidado los papeles y los entierra ceremonialmente.

Cuando me hallaba frente a estas impresionantes piedras, me sentí vinculado con los otros fieles que ofrecían sus oraciones y alabanzas a Dios. Como los demás a mi alrededor, extendí la mano y toqué las antiguas piedras, carcomidas por el tiempo. El sonido del muaddin llamando a los musulmanes para orar en la mezquita se mezcla con el canto de los judíos hasidas frente al muro junto a mí, y pienso en los muchos judíos que asesinaron por atreverse a ponerse de pie en este mismo sitio.

Por mucho tiempo, este Muro de los Lamentos ha sido testigo silencioso de los sufrimientos del pueblo escogido de Dios. Pero qué lamentos oirían nuestros oídos si estas desgastadas piedras pudieran hablar.

UN DERECHO INALIENABLE

El mismo hecho de que el pueblo judío y la nación de Israel exista hoy es un milagro. Ningún otro grupo de personas se ha seleccionado con tanta sistematización para la destrucción a través de las edades. La mayoría de los judíos fueron desde su tierra natal al exilio e incluso allí los persiguieron, humillaron y mataron por millones. No habría ni rastro de los judíos como pueblo si no hubiera sido porque el soberano Señor del universo ordenó su preservación.

A través de la historia unas veintitrés naciones que levantaron su mano contra Israel han dejado de existir. Pero el pueblo de la Biblia continúa existiendo. Su perseverancia, basada en la fe en Dios y en su Palabra, ha durado más que toda persecución.

En todas las páginas de las Escrituras se halla escrito que Dios ha ordenado la preservación de este pueblo escogido.

El Dios Todopoderoso hizo un pacto con Abraham, padre del pueblo judío. Prometió protegerles y prosperarles, y a través de él, bendecir al mundo entero. La primera expresión de la promesa de Dios se halla en Génesis 12: «Y haré de ti una nación grande, y te bendeciré, y engrandeceré tu nombre, y serás bendición. Bendeciré a los que te bendijeren, y a los que te maldijeren maldeciré; y serán benditas en ti todas las familias de la tierra» (vv. 2-3).

Junto con este pacto el Señor le dio a Abraham y a sus descendientes, Isaac y Jacob, las escrituras de propiedad de la tierra de Israel, y específicamente dijo que sería posesión suya a perpetuidad.

«Y le dijo: Yo soy Jehová, que te saqué de Ur de los caldeos, para darte a heredar esta tierra. Y él respondió: Señor Jehová, ¿en qué conoceré que la he de heredar?» (Génesis 15.7-8).

El Señor entonces hizo un pacto con Abraham como garantía de la promesa de la tierra. «En aquel día hizo Jehová un pacto con Abram, diciendo: A tu descendencia daré esta tierra, desde el río de Egipto hasta el río grande, el río Éufrates; la tierra de los ceneos, los cenezeos, los cadmoneos, los heteos, los ferezeos, los refaítas, los amorreos, los cananeos, los gergeseos y los jebuseos» (Génesis 15.18-21).

En términos no bíblicos, a esto se le llamaría una concesión real de tierra. Este tipo de concesión, común en la antigüedad, era perpetua e incondicional. El rey, o soberano, poseía toda la tierra y concedía parcelas a sus súbditos fieles como recompensa por el servicio leal. En términos bíblicos, Dios es soberano sobre toda la tierra, Él la creó y no se puede encontrar derechos de propiedad mejores, así que la tierra es sin duda suya para disponer de ella como le plazca.

Años después que Dios hizo su pacto original con Abraham, lo confirmó, y Abraham aceptó los términos del pacto mediante el rito de la circuncisión. El Señor dijo: «He aquí mi pacto es contigo, y serás padre de muchedumbre de gentes ... Y te multiplicaré en gran manera, y haré naciones de ti, y reyes saldrán de ti. Y estableceré mi pacto entre mí y ti, y tu descendencia después de ti en sus generaciones, por pacto perpetuo, para ser tu Dios, y el de tu descendencia después de ti. Y te daré a ti, y a tu descendencia después de ti, la tierra en que moras, toda la tierra de Canaán en heredad perpetua; y seré el Dios de ellos. Dijo de nuevo Dios a Abraham: En cuanto a ti, guardarás mi pacto, tú y tu descendencia después de ti por sus generaciones» (Génesis 17.4-9).

Este pacto con Abraham debía ser eterno o duradero, y las escrituras de propiedad de «toda la tierra» no tenía ni fecha de expiración ni condiciones; le fue dada «en heredad perpetua» a los descendientes de Abraham. Este pacto es eterno desde el punto de vista de Dios, aun cuando es posible que el hombre lo rompa.

En otras palabras, la posesión de la tierra puede perderse temporalmente debido a la desobediencia, pero las promesas de Dios, eternas, incondicionales, nunca se revocan. Dios volvió a confirmar el pacto abrahámico con Isaac: «Porque a ti y a tu descendencia daré todas estas tierras, y confirmaré el juramento que hice a Abraham tu padre. Multiplicaré tu descendencia como las estrellas del cielo, y daré a tu descendencia todas estas tierras; y todas las naciones de la tierra serán benditas en tu simiente» (Génesis 26.3-4).

También volvió a confirmarlo con Jacob: «Yo soy Jehová, el Dios de Abraham tu padre, y el Dios de Isaac; la tierra en que estás acostado te la daré a ti y a tu descendencia» (Génesis 28.13). Y con cada uno de los descendientes de Jacob: «La tierra que he dado a Abraham y a Isaac, la daré a ti, y a tu descendencia después de ti daré la tierra» (Génesis 35.12).

¿Por qué debería este antiguo pacto importarnos a nosotros, varios miles de años después del hecho? Dios nunca revocó el título de propiedad de la tierra dada a Abraham ni la ha dado a ningún otro. Dios es todavía el soberano sobre la tierra y, en cuanto a lo que a Él respecta, la tierra aún le pertenece a los descendientes de Abraham, de a Isaac y de Jacob.

Sin embargo, el lugar donde Dios hizo y confirmó su pacto, en una región al norte de Jerusalén, entre Bet-el y Hai, se halla en pleno corazón de lo que hoy se llama la Margen Occidental (en realidad es Judea y Samaria), la tierra que la

O.N.U. dice que Israel está ocupando ilegalmente y debe entregarla por amor de una paz esquiva.

Debido a la Palabra de Dios, el pueblo de Israel tiene un derecho inalienable a su tierra. Sin embargo, los gobiernos del mundo, sobre todo Estados Unidos, presionan a Israel a que entregue su derecho a la tierra. A los estadounidenses nos encantan los derechos, en especial los inalienables, aun cuando la mayoría no comprenda lo que eso significa. Pensamos que lo comprendemos, porque nuestra Declaración de la Independencia usa la expresión: «Consideramos que estas verdades son evidentes en sí mismas, que todos los hombres son creados iguales y que su Creador les ha otorgado ciertos derechos inalienables».

Tenemos la idea errada de que un derecho inalienable es uno que no se nos puede quitar. Significa lo opuesto: Un derecho inalienable es uno que no se puede ceder. Cuando se dice que algo es inalienable, quiere decir que el que lo posee no puede entregarlo, ni venderlo, ni rendirlo, ni transferirlo legalmente a algún otro.

Dios le Dio al pueblo judío un derecho inalienable a poseer la tierra de israel. El Libro histórico de mayor venta en todos los tiempos lo dice así. Puesto que es un derecho inalienable, significa que Israel no tiene el derecho de entregar su tierra ni transferirla a alguna otra parte. Incluso entre ellos mismos, al pueblo de Israel se le prohibió vender la tierra permanentemente, «porque la tierra mía es», dijo Dios, «pues vosotros forasteros y extranjeros sois para conmigo» (Levítico 25.23).

Entregar cualquier porción de tierra viola el pacto que Dios hizo con Abraham, Isaac y Jacob, y pone a la nación de Israel fuera de las bendiciones del pacto de Dios y pone bajo la maldición de Dios a las naciones que coaccionan a Israel a entregar la tierra.

LA CIUDAD QUE LE PERTENECE A DIOS

La soberanía de Dios sobre la tierra de Israel se extiende de una manera especial sobre la ciudad de Jerusalén. Es la única ciudad que jamás ha reclamado como propia, y las Escrituras la llama «ciudad de Dios» y «santa ciudad». Por esa sola razón, a los cristianos debería preocuparles la suerte de Jerusalén. Si Jerusalén es preciosa en el corazón de Dios, debería también serlo para nuestros corazones.

Al rey David, quien conquistó Jerusalén y la hizo su capital, se le describe en las Escrituras como un hombre «conforme al corazón de Dios». El deseo del corazón de David era construir en Jerusalén un templo como morada de Dios. Pero debido a que el reinado de David estaba tan lleno de guerra y derramamiento de sangre durante la conquista de los enemigos de Israel, el Señor no le permitió a David que construyera el templo. Le prometió, sin embargo, que su sucesor cumpliría su sueño.

Hizo una promesa incondicional, otro «pacto eterno» con David. Este pacto prometía que el linaje de David duraría para siempre. Es más, el Mesías saldría del linaje davídico.

Salomón, hijo y sucesor de David, construyó el templo que su padre planeó como morada de Dios. El templo de Salomón fue una de las maravillas del mundo antiguo, atrayendo visitantes de reinos cercanos y lejanos. Más que una simple atracción turística, no obstante, representaba el palacio terrenal de Dios. Su trono terrenal, el arca del pacto en el Lugar Santísimo del templo era el símbolo de la continua presencia de Dios.

Debido a que designó el templo como su lugar de morada en la tierra y puesto que estaba ubicado en la capital de David, Jerusalén, Dios decidió identificarse permanentemente con la ciudad. Varios pasajes bíblicos hablan de que Dios escogió a Jerusalén como su ciudad. Por ejemplo: «En esta casa y en Jerusalén, la cual yo elegí sobre todas las tribus de Israel, pondré mi nombre para siempre» (2 Crónicas 33.7).

Otro pasaje, de 1 Reyes, no solo muestra que Dios escogió a Jerusalén, sino que sería fiel a su promesa de continuar el linaje davídico:

> Y se enojó Jehová contra Salomón, por cuanto su
> corazón se había apartado de Jehová Dios de Israel,
> que se le había aparecido dos veces, y le había
> mandado acerca de esto, que no siguiese a dioses
> ajenos; mas él no guardó lo que le mandó Jehová. Y
> dijo Jehová a Salomón: Por cuanto ha habido esto
> en ti, y no has guardado mi pacto y mis estatutos
> que yo te mandé, romperé de ti el reino, y lo entre-
> garé a tu siervo. Sin embargo, no lo haré en tus días,
> por amor a David tu padre; lo romperé de la mano
> de tu hijo. Pero no romperé todo el reino, sino que
> daré una tribu a tu hijo, por amor a David mi siervo,
> y por amor a Jerusalén, la cual yo he elegido (1
> Reyes 11.9-13).

La desobediencia de Salomón le excluyeron de la participa-
ción en las bendiciones del pacto, pero debido a que Dios
había hecho una promesa incondicional de continuar el linaje
davídico, y por amor a Jerusalén, Salomón no fue cortado por
completo. Dios es fiel a su pacto y siempre guarda sus promesas. No solo que Dios escogió a Jerusalén como su ciudad,
símbolo de su intención de morar entre su pueblo, sino que
continuó ejerciendo control sobre su ciudad escogida. La
soberanía de Dios sobre Jerusalén se demuestra en que decretó tanto su destrucción como su reconstrucción.

El Señor es «lento para la ira», dice el Salmo 103.8. ¡Y esto
no lo describe todo!

Una década tras otra, incluso un siglo tras otro, el corazón
de Dios se ha partido debido a la idolatría de su pueblo. Como
lo prometió a Abraham, sacó a los israelitas de la esclavitud
en Egipto y los llevó a la tierra prometida. Estableció incon-
dicionalmente en la tierra prometida a Abraham, Isaac, Jacob
y sus descendientes en una concesión real de tierras.

Pero una vez tras otra el pueblo dejó de adorar al único
Dios verdadero y se fue detrás de los dioses paganos de las
naciones que los rodeaban. Un rey justo, del linaje de David,

traería reforma y avivamiento, derribando los altares y lugares altos donde se adoraba a Baal, a Asera (Ishtar) y a otros dioses. Luego vendría otro rey que era más perverso que ninguno y volvía a introducir en el pueblo escogido de Dios las creencias paganas, incluso el sacrificio de niños.

Un profeta tras otro advertía al pueblo a que volviera a Dios o se atuviera a las consecuencias. Y sin embargo, este pueblo de «dura cerviz» no obedecía sus mandamientos. Si usted lee la historia mundial, captará la idea de que a Nabucodonosor, el gran conquistador babilonio del siglo sexto a.C. sencillamente se le ocurrió que Israel sería una bonita parcela de tierra que añadir a su colección. Ese es apenas parte de la historia.

Lea la Biblia y verá que Dios específicamente le dijo a Jeremías que Él estaba detrás de la expansión del Imperio Babilónico hasta Israel, por parte de Nabucodonosor. Dios dijo que usaría a los babilonios como instrumentos suyos para destruir a Jerusalén, su propia ciudad, porque el pueblo no se arrepentía de su continua idolatría.

¿Por qué el pueblo no le hizo caso a Jeremías? No le gustó su mensaje de destrucción y muerte. Preferían a los otros profetas que decían que no había por qué preocuparse debido a que habría paz. Así que pasaron por alto los ejércitos que marchaban en su contra y cantaban: «templo del Señor, templo del Señor», como si fuera un conjuro mágico que les protegería de todo daño. No podían imaginarse que Dios permitiría que el templo, el lugar que Él escogió para poner allí su nombre, fuera destruido. Sin embargo, mientras asistían a las actividades en el templo, tan solo como rito externo, sus corazones se hallaban lejos del Señor.

Jeremías les advirtió que el templo sería destruido así como lo fue antes el tabernáculo en Silo. «Andad ahora a mi lugar en Silo, donde hice morar mi nombre al principio, y ved lo que le hice por la maldad de mi pueblo Israel. Ahora, pues, por cuanto vosotros habéis hecho todas estas obras, dice Jehová, y aunque os hablé desde temprano y sin cesar, no oísteis, y os llamé, y no respondisteis; haré también a esta casa sobre la cual es invocado mi nombre, en la que vosotros confiáis, y a este lugar que di a vosotros y a vuestros padres, como hice a Silo» (Jeremías 7.12-14).

Durante cuarenta años Jeremías fielmente proclamó al pueblo la Palabra de Dios. Nunca se arrepintieron. Así que en 586 a.C. Dios permitió que Nabucodonosor destruyera la ciudad y redujera a escombros el templo. El propio pueblo de Dios fue deportado de la ciudad de Dios. A casi todos los llevaron cautivos a Babilonia, donde serían libres de adorar a todos los dioses paganos que quisieran. Pero incluso allí Dios no los abandonó por completo.

Junto con la profecía del juicio que Dios le dio a Jeremías, también le dio una promesa de restauración. Así como Dios sacó a los israelitas de Egipto, habría un segundo éxodo cuando Dios sacara de Babilonia a su pueblo después que soportaran setenta años de cautiverio. Jeremías dijo que, a su tiempo, incluso documentos legales se sellarían con la expresión: «Vive Jehová, que hizo subir a los hijos de Israel de la tierra del norte, y de todas las tierras adonde los había arrojado; y los volveré a su tierra, la cual di a sus padres» (Jeremías 16.15).

Conforme a lo prometido, los cautivos regresaron y reconstruyeron el templo y los muros de su ciudad amada.

ESTA PIEDRA NO SE PUEDE CARGAR

El período de setenta años que los cautivos pasaron en Babilonia no es el único tiempo en que el pueblo judío perdió temporalmente la posesión de la tierra de Israel. En realidad, la ciudad de Jerusalén ha cambiado de manos veintiséis veces y la han reducido a escombros cinco veces. Pero Dios siempre ha traído a su pueblo de regreso, tal como se profetizó. Podemos confiar, entonces, que cualquiera de las profecías bíblicas que aún no se ha cumplido, se cumplirá.

Procedo de un rama de la iglesia protestante que cree que

la profecía bíblica se cumplirá literalmente y que la nación de Israel es un cumplimiento de la profecía. A principios del siglo veinte muchas de las iglesias protestantes históricas se apartaron a la teología liberal, dándole escaso respeto a la Biblia como Palabra de Dios, punto, mucho menos a cualquier esperanza de que había profecías todavía sin cumplir.

Otros grupos cristianos se han desviado a la teología de reemplazo, una que dice que la Iglesia es el «Israel espiritual» y han reemplazado a la nación real de Israel en la profecía, así que todas las promesas hechas originalmente a Abraham, Isaac y Jacob, y al Israel nacional, ahora se aplican a la Iglesia. Habría que eliminar el significado de un sinnúmero de pasajes bíblicos para aceptar tal opinión.

Sin embargo, millones de cristianos que creen en la Biblia sostienen firmemente lo que Dios en realidad quiso expresar cuando le prometió la tierra de Israel, a perpetuidad, a los descendientes directos de Abraham, Isaac y Jacob. Antes de 1948 se ridiculizó a muchos maestros de profecía dispensacional por afirmar tal cosa. Por casi dos mil años la nación de Israel dejó de existir, así que, ¿cómo podría ella jugar algún papel en los últimos días?

El 14 de mayo de 1948 silenciaron a la mayoría de los críticos cuando se declaró el moderno estado de Israel. Un día no había nación de Israel, al día siguiente ya existía. Ocurrió tal como el profeta Isaías lo describió: «¿Quién oyó cosa semejante? ¿quién vio tal cosa? ¿Concebirá la tierra en un día? ¿Nacerá una nación de una vez? Pues en cuanto Sion estuvo de parto, dio a luz sus hijos» (Isaías 66.8).

El Soberano Señor del universo ordenó la nación de Israel. Él es el que fijó sus fronteras. La Biblia dice que Dios no miente ni se arrepiente como el hombre. Su Palabra es inmutable y sus promesas no se negocian. Prometió bendecir a los que bendicen a Israel y maldecir a los que lo maldicen. Por consiguiente, más les vale a los reyes y potentados del mundo tomar el buen consejo, si trataran de dejar de manipular a los peones y torres en el tablero de ajedrez divino del Medio Oriente o acabarán en jaque mate para siempre.

Lo mismo ocurre con la ciudad de Dios. Los que buscan el proceso de paz en el Medio Oriente pueden dilatar las negociaciones sobre la «situación final» todo lo que quieran, pero Jerusalén no es un pedazo de pastel para dividirse ni tragarse. El Dios Todopoderoso decretó la situación final de Jerusalén hace miles de años. En lo que a Él respecta, la ciudad no se halla en la mesa de regateo, y Él dirá la palabra final sobre el asunto. Jerusalén, la ciudad de piedras, es la piedra pesada de Dios.

El profeta Zacarías describe un asedio futuro de Jerusalén de las naciones que rodean a Israel. El Señor le dio al profeta su palabra: «He aquí yo pongo a Jerusalén por copa que hará temblar a todos los pueblos de alrededor contra Judá, en el sitio contra Jerusalén. Y en aquel día yo pondré a Jerusalén por piedra pesada a todos los pueblos; todos los que se la cargaren serán despedazados, bien que todas las naciones de la tierra se juntarán contra ella» (Zacarías 12.2-3).

Dios dice que usará los líderes de Judá como antorcha para encender a las otras naciones como si fueran montón de leña. «Consumirán a diestra y a siniestra a todos los pueblos alrededor; y Jerusalén será otra vez habitada en su lugar, en Jerusalén ... Y en aquel día yo procuraré destruir a todas las naciones que vinieren contra Jerusalén» (vv. 6,9).

Habrá un día divino de pago. Se juzgarán a las naciones en cuanto a si ayudaron a Jerusalén o trataron de destruirla, y recompensarlas o castigarlas como corresponde. En ese punto las naciones del mundo finalmente dejarán de atropellar a Jerusalén porque cuando uno arremete contra la «piedra pesada» de Dios, todo lo que consigue es dañarse.

LA ESPERANZA DE ISRAEL

Los Evangelios relatan la maravillosa historia del nacimiento del Salvador, quien vendría a restaurar la esperanza del pueblo de Dios. No hay otra historia como esa. La Natividad, la historia de Dios alcanzando al hombre, historia de esplendor y gloria del cielo tocando el polvo y la tierra de un establo, historia de un humilde pesebre donde se arrulló a un bebé nacido de una virgen, historia de estrellas, ángeles, pastores, sabios y de paz en la tierra.

La historia de Jesús es única. No es como los mitos del antiguo Cercano Oriente, cuyos dioses estaban condenados a ciclos perpetuos de muerte y nacimiento, y cuyos orígenes no podían determinarse en tiempo o lugar. El Dios vivo, el Dios de Abraham, Isaac y Jacob, intervino en el tiempo y el espacio, y se manifestó a un pueblo en particular, en un momento en particular y en un lugar en particular.

Mientras Mateo nos ofrece una perspectiva singularmente judía de esos acontecimientos, Lucas ancla con firmeza en la historia su narración del nacimiento de Cristo. Ocurrió, dice, cuando Cirenio era gobernado de Siria, cuando Augusto César ordenó el censo del imperio. El Mesías nació en Belén, en linaje histórico, de la casa y familia de David, de la cual se profetizó que nacería el Mesías, el Salvador.

Al principio, la mayor parte de la vida de Jesús transcurrió en Galilea, en el rústico pueblo de Nazaret. Pero cada año sus padres le llevaban, junto con el resto de la familia, a Jerusalén para observar la Pascua. El principio de su ministerio también ocurrió fuera de Jerusalén, sobre todo en Galilea. Jesús no hizo ningún intento de ganarse la entrada a las filas del establecimiento religioso, alcanzando en su lugar a pecadores y aborrecidos cobradores de impuestos. Sus discípulos fueron en su mayoría pescadores, no escribas ni eruditos. Pero para su círculo íntimo de doce, y para el grupo algo mayor que seguía de cerca su ministerio, estableció sus credenciales como el Mesías.

Siempre Jesús supo que Jerusalén era su destino. Después de predicar, enseñar, sanar y obrar milagros en toda Galilea, y luego en Samaria, Judea y Perea, resueltamente se dirigió a Jerusalén (Lucas 9.51). Las Escrituras dicen, literalmente, que «afirmó su rostro para ir a Jerusalén», haciendo hincapié que Jesús estaba decidido a cumplir su misión.

Como Isaías lo profetizó siglos antes, sería «despreciado y desechado» por los líderes religiosos. Sabiendo lo que sería su suerte, Jesús subió a Jerusalén para ser humillado, morir a manos de los romanos y resucitar al tercer día.

Dios tenía en mente un plan superior a lo que la mayoría de la gente piensa respecto a lo que el Mesías lograría. Al comienzo del tiempo Dios enfrentó la rebelión de sus criaturas. Los primeros once capítulos de Génesis narran la incontenible declinación de la humanidad. Finalmente, después del episodio de la torre de Babel, Dios concentró su atención, no en todos los hombres, sino en uno en particular, Abraham. Y de ese hombre formó a la nación de Israel para que fuera su pueblo escogido, el que sería testigo de la verdad en cuanto a Dios en medio de todas las razas que le dieron la espalda a su Creador.

Pero incluso la historia de Israel es una historia de declinación caracterizada por el descarrío, la apostasía e idolatría. Llegó a ser un pueblo, como lo describió Jeremías, «incircunciso de corazón». Pero el Señor también le dio a Jeremías una promesa: haría un nuevo pacto con su pueblo. Mientras que el antiguo pacto se escribió en tablas de piedra, el nuevo pacto se escribiría en los corazones humanos.

Sin embargo, siglos de tinieblas y opresión vinieron antes de que se inaugurara el nuevo pacto. Luego, como un renuevo que brota de un tronco podrido, vino Jesús, el Renuevo de justicia. Él compró el perdón de pecados y abrió la puerta de entrada a los gentiles, las naciones, al reino de Dios.

Poco antes de ascender a los cielos, Jesús les dijo a sus discípulos que no se fueran de Jerusalén, sino que esperaran el don que el Padre les había prometido, el don del Espíritu Santo. «Pero recibiréis poder, cuando haya venido sobre vosotros el Espíritu Santo, y me seréis testigos en Jerusalén, en toda Judea, en Samaria, y hasta lo último de la tierra» (Hechos 1.8). Así fue como ocurrió. La iglesia cristiana nació en Jerusalén, el día de Pentecostés, y las Buenas Nuevas del evangelio de Jesucristo se han esparcido desde entonces casi «hasta lo último de la tierra» en nuestros días.

Jerusalén sirvió como el lugar de nacimiento del cristianismo alrededor del año 30 d.C. y como el sitio de predicación y de realización de milagros de los primeros apóstoles.

PERSECUCIÓN Y DESTRUCCIÓN

Mientras que la iglesia primitiva enfrentaba una amarga persecución, los problemas políticos de la ciudad también aumentaban. Después de la muerte de Herodes el Grande, el reino se dividió entre sus hijos. Hubo tanto conflicto respecto al testamento de Herodes y tanta incompetencia de sus sucesores, que pronto Roma tuvo que intervenir. Arquelao, que subió al trono cuando Herodes murió, demostró ser tan ineficaz que los romanos lo degradaron como rey y convirtieron a Judea en una colonia directa. A Herodes Antipas, a quien Jesús una vez llamó «esa zorra», lo nombraron tetrarca de Galilea y Perea, y a Herodes Felipe lo nombraron tetrarca de la provincia norteña que limitaba con Galilea y Siria.

La resistencia judía a la administración romana ardía al rescoldo la mayor parte del tiempo entre sus principales proponentes: los zelotes, los hasidim y los esenios. Sin embargo, gran parte de los problemas se atizaron cuando el emperador Calígula intentó instalar una estatua suya en el templo en Jerusalén, para que se le ofrecieran sacrificios allí. Herodes Agripa, a quien Calígula le dio el reino de su tío Felipe, persuadió a su amo a que abandonara la idea de los sacrificios en el templo.

Agripa se hizo de otro poderoso amigo en Roma, Claudio. Cuando asesinaron al demente Calígula, Claudio le sucedió como emperador y Agripa cosechó gran recompensa. Claudio reestableció todo el reino de Herodes el Grande y se lo dio a Herodes Agripa, nieto del anterior. Agripa era en parte judío y mientras estaba en Judea se cuidaba de observar la Ley judía.

Bajo su supervisión las cosas en Jerusalén marcharon con mucha más tranquilidad.

Sin embargo, después de Agripa vino una sucesión de gobernadores particularmente desafortunada. Su malversación y corrupción atizaron de nuevo las brazas de la revuelta judía. Por último, los fariseos unieron sus fuerza con los zelotes y la guerra estalló en el verano del año 66 d.C. Sorprendidos con la guardia en baja, las fuerzas romanas en Judea rápidamente perdieron el control de Masada y de la Torre Antonia, y los rebeldes los aniquilaron. En Masada los rebeldes se apoderaron de gran cantidad de armamento que Herodes el Grande acumuló en preparación para una posible guerra contra Cleopatra, casi cien años antes, junto con suficientes alimentos secos como para sostenerlos por años. Pronto Jerusalén estuvo en manos judías.

En Jerusalén los líderes de la rebelión acuñaron moneda, cobraron impuestos y organizaron la nación entera para la defensa. Desde Roma, Nerón despachó a Vespasiano con varias legiones para aplastar la rebelión, la revuelta más obstinada y desesperada que jamás Roma enfrentó. Como resultado de la sangrienta lucha durante los tres años, la revuelta quedó confinada a Jerusalén y Masada.

Vespasiano llegó a ser emperador en el año 70 d.C. y regresó a Roma dejando a su hijo, Tito, a cargo de la campaña en Judea. Tito sitió Jerusalén con ochenta mil tropas veteranas. Los judíos que defendían la ciudad sumaban menos de una tercera parte de ese número. Pero a pesar de la increíble escasez y hambruna, se aferraban tenazmente a su ciudad.

A finales de julio, Tito se apoderó de la Torre Antonia; pero los defensores, con los ojos hundidos por el hambre, se reagruparon al borde de la explanada del templo. Desde el techo del pórtico alrededor de los bordes de la explanada llovían piedras, flechas y antorchas encendidas sobre los legionarios. Los romanos entonces incendiaron los techos más bajos. Después, los atacantes lograron llegar a la explanada y los defensores se replegaron detrás de las paredes del templo propiamente, dentro del atrio de las mujeres y del atrio de Israel. Más proyectiles inflamados incendiaron el santuario y el resto fue matanza.

El historiador judío Josefo, a quien derrotaron anteriormente en la rebelión y se pasó a los romanos, fue un testigo ocular del suceso. Decía que el río de sangre que salía de los cadáveres de los defensores era más copioso que los ríos de fuego que incendiaba todo lo inflamable en la vecindad.

Antes de que las legiones romanas concluyeran su tarea, toda la ciudad estaba en ruinas, excepto el palacio de Herodes, donde la Décima Legión estaba acantonada como fuerza permanente de ocupación. Pero pasaría tres años más antes de que los ejércitos imperiales recapturan Masada, el último bastión de los judíos en revuelta. Casi mil hombres, mujeres y niños permanecieron escondidos en esta aislada fortaleza en las montañas.

Cuando los ejércitos romanos finalmente escalaron las impresionantes alturas y llegaron allí, se encontraron con espeluznante silencio. Todos los judíos en Masada se suicidaron, prefiriendo morir por su propia mano antes que los mataran los ejércitos romanos.

NOMBRADA POR SU ENEMIGO

Judea quedó postrada por la guerra y la vida revivió lentamente. A principios del siglo segundo llegó al trono un nuevo emperador, Adriano. Era un gran administrador. Organizó la ley romana bajo un código uniforme, buscó maneras de mejorar la eficiencia del gobierno, empezó un sistema de comunicaciones en todo el imperio parecido al expreso de caballos y fortificó las fronteras. Queriendo unificar y fortalecer el imperio, Adriano recurrió a leyes para eliminar las peculiaridades regionales. Una de esta, que prohibía las «mutilaciones», se dirigía a la práctica judía de la circuncisión.

Adriano también fue un gran constructor. Había una muralla que se erguía en el norte de Inglaterra y a la que le pusieron su nombre; y sus ruinas todavía se ven en la actualidad. También trazó un plan para reconstruir a Jerusalén como centro de adoración pagana en honor a Júpiter, Juno, Venus y a sí mismo. El nombre de la ciudad se cambiaría a Aelia Capitolina, en honor a la disnastía eliana, familia de Adriano. La obra no progresó gran cosa en este nuevo plan cuando empezó a recibir la respuesta de la población judía. El líder de esta respuesta se llamaba Bar-Kochbá. Unió a los judíos y se las arregló para atraer reclutas de toda la diáspora.

Incluso samaritanos y gentiles se unieron a las filas de este carismático líder. Sus tropas ascendían a casi cuatrocientos mil hombres cuando estalló la nueva rebelión en 132 d.C. Cinco legiones de romanos curtidos en batalla necesitaron tres años para retomar Jerusalén. Al mismo Bar-Kochbá no lo capturaron y mataron sino hasta 136 d.C.

La venganza del ejército romano después de la victoria fue terrible. A algunos de los líderes de la rebelión se les despellejó vivos antes de ejecutarlos. Las matanzas durante la lucha fueron comunes. Ahora a los sobrevivientes o bien se los vendía como esclavos, o se les dejaba morir de hambre. No se permitía enterrar a nadie, así que montones de cadáveres se descomponían en las calles y campos.

Literalmente araron todo el Monte del Templo y una ciudad completamente nueva se construyó al norte de la vieja. Contenía dos edificios unidos con templos paganos. La explanada del templo se usaba como plaza pública al sur de la ciudad. Estaba adornada con estatuas de Adriano y otros notables romanos. Llegó a ser una ofensa castigable con la muerte el que los judíos entraran a Jerusalén. Tampoco se les permitía observar el sabat, leer ni enseñar la Ley, circuncidarse y obedecer la Ley de Dios de cualquier otra manera.

Adriano le cambió el nombre de Judea a Siria Palestina e hizo a Cesarea su capital. A Jerusalén, que ya no era ciudad capital, se le puso el nombre de Elia. Al parecer, con el correr de los años, su antiguo nombre quedó prácticamente en el olvido, por lo menos entre los que no leen la Biblia. Y ese Libro aún no era el libro de mayor venta en el mundo.

Siria Palestina, el nuevo nombre que Adriano le puso a Judea, es el origen del nombre Palestina, en tiempos modernos aplicado al área que llegaría a ser la patria de los judíos de la diáspora reagrupados. Se dice que Adriano le puso el nombre debido a los antiguos enemigos de los judíos, los filisteos. Los romanos en general, y Adriano en particular, aborrecían a los judíos.

De todas las naciones que los romanos conquistaron, el pueblo judío fue el único que jamás se sometió realmente al yugo romano. Por esa razón Adriano estaba determinado a limpiar de las páginas de la historia toda memoria de Judea y del pueblo judío. En los próximos quinientos años a ningún judío se le permitió entrar en la ciudad de Jerusalén, que entonces se le conocía como Elia, excepto un día al año, el aniversario del incendio de su templo.

Con la población judía subyugada por completo, Roma dirigió su atención a otro enemigo que amenazaba su supervivencia cultural: el cristianismo. Los cristianos, que se negaban a ofrecer sacrificios al emperador y no creían en ninguno de los dioses del panteón romano, se les consideraba ateos. La persecución contra la iglesia primitiva continuó, con mayor o menor intensidad, durante más de dos siglos.

Aun cuando los judíos tenían prohibido ir a Jerusalén, los cristianos gentiles no. Por consiguiente, la iglesia, que desapareció de la ciudad después del año 70 d.C., empezó a reaparecer allí. En algún momento en el siglo segundo se erigió el primer templo de una iglesia en el monte de Sion. A principios del siglo cuarto el emperador Constantino se convirtió al cristianismo. Trasladó la capital del imperio de Roma a Bizancio, a la cual le puso el nombre de Constantinopla, en parte como consecuencia de su conversión.

De súbito Jerusalén empezó a recuperar prestigio. Constantino envió fondos a Jerusalén, para que se usaran para excavar y preservar reliquias y sitios cristianos. Más tarde la madre de Constantino, Helena, anciana y piadosa mujer, fue a Jerusalén para supervisar y pagar la edificación de varias iglesias. Además, también dirigió la demolición del templo de Afrodita. Según la tradición, fue en este sitio donde se levantaba este templo pagano que Jesús fue sepultado después de su crucifixión; y de aquí, el origen de la Iglesia del Santo Sepulcro que empezó a construirse en 335 d.C.

CENTRO DE ADORACIÓN

Jerusalén rápidamente se convirtió en lugar de frecuentes peregrinaciones. Surgieron cada vez más iglesias, monasterios y lugares de hospedaje para peregrinos. Poco a poco desapareció la evidencia de la paganización romana de la ciudad. Bajo el emperador Teodosio, el cristianismo llegó a ser la religión oficial del Imperio Romano, a fines del siglo cuarto. Esto significó sencillamente más bonanza y prosperidad para Jerusalén, la cual llegó a ser una de las cuatro ciudades más importantes del cristianismo, junto con Alejandría, Roma y Antioquía.

En los siglos seis y siete, las colonias romanas sufrieron una recesión económica que debilitó considerablemente al imperio. Aprovechándose de esto, los persas empezaron a avanzar hacia el oeste apoderándose de tierras que antes pertenecieron a los romanos. En 614 sitiaron Jerusalén. El patriarca se negó a rendirse y después de una terrible matanza tomaron la ciudad. Además, los persas incendiaron todas las iglesias y monasterios que pudieron.

Sin embargo, la ocupación persa duró poco. En 628 d.C. el emperador invadió Persia para reclamar los territorios que su imperio había perdido. Recuperó la cruz que se pensaba era la misma en la que crucificaron a Jesús y la trajo de regreso a Jerusalén. En los años subsiguientes los cristianos trataron de reconstruir lo que los persas destruyeron, pero nunca tuvieron el tiempo de restaurar el esplendor anterior. Acon-

tecimientos en Arabia, donde había florecido una nueva
religión, lo impedirían.

Siete

Jerusalén bajo sitio

L A MAYORÍA de nosotros en Estados Unidos no enfrentamos cuestiones de vida o muerte todos los días. Damos por sentada nuestra rutina diaria: Nos levantamos por la mañana, preparamos apuradamente el desayuno y alistamos a los hijos para enviarlos a la escuela, les damos un beso al despedirlos y les ayudamos a subir al ómnibus, luego salimos a la carrera hacia el trabajo, sin pensarlo dos veces. Es un escenario muy diferente en Jerusalén, donde la vida nunca ha sido sencilla ni fácil.

El periodista David Grossman describe lo que es vivir en una ciudad vulnerable a la violencia y al terror: «Esta mañana, cuando desperté a mi hijo de once años, él me preguntó: "¿Ya explotaron las bombas de hoy?" Mi hijo está asustado, como la mayoría de los israelíes. Hemos presenciado horrorosos espectáculos de matanza de civiles, de un tipo que no hemos visto ni en nuestras peores guerras».

En vista de la serie de estallidos suicidas de bombas, lo que debería ser una decisión rutinaria se convierte en una decisión trascendental, dice Grossman. «El terror lo domina todo: Cuando caminamos por las calles, inspeccionamos a todos con los que nos cruzamos, como decimos en hebreo, con siete ojos. Cualquiera de ellos podría asesinarlo ... Cada decisión es decisiva. ¿Debo enviar a mis dos hijos a la escuela en el mismo ómnibus? Y si no, ¿cuál de ellos debe tomar el de las siete y diez y cuál el siguiente?

Los israelíes estamos acostumbrados a vivir en la vecindad de la muerte. Nunca olvidaré a la joven pareja que una vez me contó sus planes para el futuro. Se casarían y tendrían tres hijos. Tres, de modo que si uno muere, todavía les quedarían otros dos».

Los jerosolimitanos siempre han vivido «en la vecindad de la muerte», donde las decisiones de todos los días se ven magnificadas por momentos fatídicos. A la ciudad la han saqueado, capturado y sitiado al menos cincuenta veces en los últimos treinta siglos, tres veces tan solo en este siglo.

Al considerar los peligros y complejidades de esta gira del tormentoso pasado de Jerusalén, y las amenazas actuales a su seguridad, espero que tenga en cuenta que no se trata de una simple historia de reyes, soldados y ejércitos. Se trata también de civiles comunes, hombres como David Grossman y su hijo de once años que tienen que pagar el alto precio de vivir en una ciudad bajo sitio.

UN NUEVO CONQUISTADOR

Mahoma nunca puso un pie en Jerusalén. Vivió sus últimos años en La Meca y Medina durante la ocupación persa de Jerusalén. Apenas cuatro años antes de su muerte, sin embargo, sus seguidores entrarían en tropel por las puertas de la Ciudad Santa.

Pocos que no son musulmanes se dan cuenta de que el Corán no menciona el nombre Jerusalén. La ligera relación entre la Ciudad Santa y el islam se basa en una sola línea del Corán que describe la famosa «huida al cielo» de Mahoma, o *isrá*. «Alabado sea Alá que trajo a su siervo de noche desde la Santa Mezquita a la Mezquita Lejana, cuyos recintos hemos bendecido». Más tarde (quizás no antes del siglo dieciocho), se dijo que la «Mezquita Lejana» no especificada era Jerusalén, tal vez por razones políticas.

La *isrá*, o visita nocturna al cielo, fue una experiencia extática o sueño. La leyenda de la *isrá* dice que Mahoma fue llevado a Jerusalén en al-Burak, un caballo alado con cara de mujer y cola de pavo real. Al llegar a la explanada del templo, Mahoma desmontó y el ángel Gabriel ató a al-Burak (o «relámpago») a un anillo en la entrada del muro occidental. Mahoma entonces avanzó hasta un punto prominente de las piedras de la explanada. Allí, reunidos alrededor de la piedra, había un grupo de antiguos profetas; entre ellos se hallaban Abraham, Moisés y Jesús. Todos se unieron a Mahoma en oración.

Entonces el profeta subió por una escalera de luz desde la parte más alta de la roca sagrada, a través de los siete cielos y hasta la misma presencia de Alá, quien le enseñó acerca de la oración. Después de eso Mahoma descendió por la misma escalera, hasta la roca. Entonces al-Burak le llevó de regreso a La Meca y a la cama hasta que amaneciera.

En sus primeros años, cuando aún esperaba que judíos y cristianos lo recibieran como profeta, Mahoma designó a Jerusalén como la dirección en la que uno debía mirar al orar. Enfurecido porque los ortodoxos de ambas religiones lo rechazaron, Mahoma cambió sus instrucciones y dirigió a sus seguidores a que miraran hacia La Meca en sus oraciones diarias.

Sin embargo, la médula del saber religioso de Mahoma tiene raíces bíblicas. Su concepto del islam, por ejemplo, se derivó de Abraham, quien «sometió» (islam significa «sumisión») a su hijo como sacrificio a Dios. Pero fue a través de Ismael que descendió la verdadera fe. Es más, según Mahoma, Alá le dijo a Abraham que ofreciera a Ismael en sacrificio, no a Isaac.

Durante los últimos diez años de su vida Mahoma disfrutó de éxito fenomenal. Edificó un imperio que abarcó toda Arabia y halló hombres competentes que continuaran su obra después de él. A esos hombres los llamó califas y ya en el año 700 d.C. habían extendido el imperio para incluir a Palestina, Siria, Mesopotamia, Egipto, todo el norte de África, España y Asia Menor.

El islam llegó a las puertas de Jerusalén en 636 d.C., cuatro años después de la muerte de Mahoma, cuando el ejército del califa Omar empezó el sitio de la ciudad que duraría dos años. Cuando el patriarca Sofronio decidió que era tiempo de rendirse, recordó el derramamiento de sangre ocurrido con motivo de la conquista persa veinticuatro años antes. Así que envió una petición de que el mismo califa viniera a Jerusalén para recibir la rendición.

Omar y Sofronio se reunieron en el campamento musulmán en el Monte de los Olivos. Omar estaba dispuesto a ser generoso. A los cristianos se les permitiría completa libertad para practicar su religión y retener sus sitios. El principal cambio sería que debería entonces pagar impuestos a los musulmanes en lugar de a los bizantinos. La tolerancia de Omar se extendió a los judíos. Por primera vez en quinientos años se les permitió vivir en Jerusalén.

Como el nuevo conquistador de la ciudad, Omar quería ver el Monte del Templo y la piedra sagrada desde la cual Mahoma ascendió al cielo aquella celebre noche. Cuando llegó allí, no obstante, descubrió que el lugar lo habían convertido en basurero, quizás como gesto de desdén de la comunidad cristiana contra los judíos infieles.

Azorado, Omar empezó en ese mismo instante a limpiar el área. Los mil hombres que lo acompañaban participaron también, así que la obra quedó completa en razonable corto tiempo. Salieron al extremo sur de la explanada para mirar hacia La Meca y orar. Sofronio debe haber presenciado todo horrorizado.

Sin contratiempos, los musulmanes se apoderaron del Monte del Templo. Lo rededicaron como lugar musulmán de adoración y le pusieron el nombre de Haram esh-Sharif, «noble santuario».

LA CÚPULA DE LA ROCA

Extrañamente, sin embargo, los musulmanes no usaron a Jerusalén como capital de distrito, sino que gobernaron desde diversas localidades. Bajo el califa Abd al-Malik, quien gobernó desde Damasco, se construyó la Cúpula de la Roca, aún quizás el más famoso edificio en Jerusalén, en el Monte del Templo, donde se levantó originalmente el templo de Salomón. Al-Malik tenía interés peculiar en Jerusalén debido a que un califa rival controlaba La Meca y Medina.

Así que, para atraer peregrinos a Jerusalén y, según cuenta la historia, para erigir una estructura que rivalizara con las iglesias de la ciudad construyó la cúpula. Empezada en 867 d.C., la construcción llevó cuatro años. La historia demostraría que Abd al-Malik triunfó al producir un edificio que sobrepasaba en brillo a las iglesias de la ciudad. Sin embargo, fracasó en cuanto a alejar a los musulmanes de su devoción principal hacia La Meca y Medina.

La Cúpula de la Roca es una mezquita, pero sirve principalmente como santuario para la roca sagrada que yace debajo. Es un octágono sobre una base cuadrada y tiene seis escaleras. Bajo cualquier apreciación, es magníficamente hermosa. En los años subsiguientes, el tiempo y los terremotos han cobrado su parte y han hecho que las reparaciones sean necesarias. Pero lo que se yergue hoy es muy similar a lo que se levantó allí en el año 691 d.C.

La roca sagrada encerrada bajo la cúpula tiene un perímetro de aproximadamente sesenta metros. En los siglos subsiguientes a la construcción, la roca estaba rodeada de cortinas de rico brocado. Cada día se ungía con encantadoras mezclas de incienso. Más de ciento cincuenta cadenas suspendidas por encima sostenían docenas de candelabros para iluminarla. Había más de trescientos empleados para mantener el edificios y sus alrededores.

Poco a poco la administración de Jerusalén se hizo más represiva contra cristianos y judíos. Mahoma declaró que en

Arabia no podía haber otra religión aparte del islam. Sus seguidores extendieron este dictamen, en diferentes grados, por todo el imperio que se extendía rápidamente.

Incluso hoy los musulmanes ven al mundo como dividido en dos partes: *Dar el-Islam*, o el mundo del islam; y *Dar el-Harb* (literalmente, «el mundo de la espada» o «el mundo de la guerra»), las naciones no musulmanas aún sin conquistar por los ejércitos musulmanes. Los musulmanes consideran a judíos y a cristianos como «el pueblo del Libro».

Pero a todos los musulmanes que viven en países musulmanes se les considera *dimmis*, «los protegidos» o «tolerados», personas de segunda clase, inferiores en todo sentido. El Corán ordena que se imponga *yitzía*, o tributos, a los que no son musulmanes.

Con el correr del tiempo las diferentes dinastías que gobernaron el Imperio Islámico empezaron a apoyarse fuertemente en los mercenarios turcos llamados selyúcidas. Ya a mediados del siglo once los selyúcidas habían ganado ascendencia política y militar en el imperio. Los califatos quedaron en efecto reducidos a centros de asuntos puramente religiosos. El gobernante selyúcida se autonombró *sultán*, que significa «amo».

Un grupo fuerte y vigoroso, los selyúcidas, trajo nueva vida al viejo y desvencijado imperio. Conquistaron Jerusalén en 1070 y las historias de su maldad y persecución (tanto contra cristianos como contra judíos) llegaron a Europa en poco tiempo.

Gregorio VII fue el primer papa que instó a la cristiandad a lanzar una cruzada contra la expansión turca a Europa y contra la opresión islámica de los cristianos en Palestina. Pero fue su sucesor, Urbano II, el que logró reunir una gran asamblea de hombres del clero y nobles en Clermont, Francia, en 1095.

En un conmovedor sermón instó a los caballeros de Europa que dejaran sus luchas y rescataran de los turcos a sus hermanos cristianos y a la Tierra Santa. La respuesta fue atronado-

ra, conforme el salón se llenaba de gritos «¡*Deus vult!*» (¡Dios
lo quiere!) Pronto millares se enrolaron en la causa santa.
Estaban a punto de liberar a Jerusalén de los infieles musulmanes.

EL REINO DE LAS CRUZADAS

Los caballeros francos de Godofredo de Bouillon pudieron
finalmente ver a Jerusalén el 7 de junio de 1099. Enfrentaron
arduas batallas contra los sarracenos (como llamaban a los
musulmanes) en Nicea y Antioquía. Viajando más de tres mil
seiscientos kilómetros, la mayor parte a pie, necesitaron tres
años para llegar a este, su verdadero objetivo.

Jerusalén era la gran recompensa para los cruzados. Los
caballeros iban para rescatar a sus compañeros cristianos,
para detener la expansión musulmana a Europa y para libertar
de manos de los paganos los santuarios sagrados de su fe. Así
que al avistar la ciudad amurallada, muchos levantaron las
manos al cielo y dieron gracias; otros se quitaron los zapatos
y se arrodillaron para besar el suelo santo en que estaban
parados.

Dentro de los muros de Jerusalén había un millar de
hombres suplicando la ayuda de Alá contra la gran hueste de
enemigos desplegados en las colinas alrededor. Los defensores
de la ciudad tenían razón para estar intranquilos. Los cruzados les sobrepasaban en número, a razón de doce a uno.

Durante las primeras semanas, sin embargo, los musulmanes resistieron a los cristianos con valor y a los europeos les
pareció que todo indicaba que sería otro largo sitio. Antes de
que los cruzados llegaran, los musulmanes envenenaron y
taparon todos los pozos fuera de la ciudad. Ahora los soldados
se calcinaban bajo el feroz calor del verano. La comida también escaseaba. Cada vez más hombres desertaban. Una compañía entera celebró un culto de bautismos en el río Jordán y
luego partió hacia la costa para buscar una embarcación y
navegar a Europa.

Sin embargo, a los cruzados no solo les escaseaba la comida y el agua, sino también las armas. El ataque inicial a la ciudad falló porque no tenían suficientes escaleras para trepar por los muros a fin de vencer a los soldados enemigos; se vieron obligados a retirarse.

El tiempo era crítico, puesto que tropas adicionales desde Egipto se encaminaban para reforzar a los musulmanes. Los cruzados todavía sobrepasaban enormemente en número a los defensores de la ciudad, pero necesitarían construir catapultas y torres de sitio para apoderarse finalmente de la ciudad antes que llegaran los refuerzos del enemigo. Sin embargo, no tenían las provisiones necesarias para construir el equipo que necesitaban.

Cuando parecía que todo se había perdido, seis naves llegaron a Haifa llevando alimentos y provisiones para los cristianos. Ahora todo lo que faltaba era madera. Las colinas que rodean Jerusalén se hallaban desnudas, así que los soldados fueron a Samaria para traer suficiente madera, cargada en camellos y en las espaldas de los cautivos, para el ejército.

Un sacerdote que acompañó al ejército tuvo una visión y la refirió a los líderes militares. Exhortó a los cruzados a dejar de pelear entre sí, a ayunar, orar y arrepentirse, y entonces marchar a pie desnudo alrededor de la ciudad, orando a Dios. Recibió este mensaje: «Si haces esto y luego emprenden un gran ataque contra la ciudad el noveno día, la capturarán. Si no, el Señor multiplicará todos los males que han sufrido».

En respuesta a la visión, los soldados en efecto se arrepintieron y dejaron de pelear entre sí. El viernes 8 de julio marcharon con los pies desnudos alrededor de la ciudad en procesión solemne. Los musulmanes, reunidos sobre los muros para observar, se mofaban de ellos y blasfemaban.

Para el domingo los cruzados habían terminado de construir sus torres de sitio y las colocaron debidamente contra los muros. El miércoles renovaron el ataque. El bombardeo duró hasta el jueves, hasta que una quietud incómoda cayó esa noche. El viernes por la mañana, una semana después de haber marchado alrededor de la ciudad, los ejércitos cruzados gritaron «¡Dios lo quiere!», y se lanzaron a los muros. Los musulmanes huyeron para refugiarse en la mezquita al-Aqsa, pero pronto se les dominó.

EL HORROR DE LA CONQUISTA

Lo que sigue es horrible de contar. Los cruzados se lanzaron en un saqueo y carnicería desenfrenados tan sangriento como cualquier episodio en la historia de Jerusalén. A muchos de los defensores de la ciudad les cortaron la cabeza, los atravesaron con flechas o los obligaron a saltar desde las torres. La calles estaban repletas de montones de cabezas, manos y pies. Había cadáveres por todas partes.

La matanza no se limitó a los soldados. La vida de todo infiel corría peligro, sin que importara sexo ni edad. Se aniquiló incluso a bebés. A cualquier judío que los cruzados pudieron encontrar, lo acusaron de haber ayudado en la defensa de la ciudad, lo arrestaron y lo llevaron a una sinagoga, donde luego los incineraron. Se estima que el número de muertos en este saqueo de Jerusalén asciende a más de cuarenta mil hombres, mujeres y niños, la mayoría de ellos civiles.

Sin excusar el barbarismo de los cruzados, debemos comprender algo respecto a las leyes medievales de guerra: Si una ciudad se rendía, no se saqueaba; si la ciudad resistía, se saqueaba una vez que se tomaba. Jerusalén resistió y los cruzados consideraron justificado el saqueo de la ciudad. También se vengaban de los horrores de la persecución musulmana contra los cristianos. A nosotros nos parece repulsivo, pero no era nada raro en ese tiempo.

Para los soldados agotados por la batalla, que pasaron tres años viajando por más de tres mil kilómetros y luego soportando la tensión de semanas de combate de sitio, la disciplina hubiera sido imposible mantener aunque se hubiera intentado. Los caballeros de la Edad Media se habían criado con una mentalidad de venganza; para ellos, derramar sangre era sencillamente una parte de revancha.

Ahora, sin que pasaran ni siquiera mil años desde que Adriano le pusiera Aelia a la ciudad que reconstruyó, a la ciudad se le puso oficialmente de nuevo el nombre de Jerusalén, aun cuando los cristianos nunca llamaron la Ciudad Santa por algún otro nombre.

Godofredo de Bouillon se convirtió en el rey de Jerusalén y se autotituló «protector del Santo Sepulcro». Junto con sus subalternos impusieron un sistema feudal en la ciudad y el territorio que la rodeaba. La tierra se repartió en parcelas a varios barones para los que las personas se convirtieron en siervos. Las mezquitas se convirtieron en iglesias y capillas.

Un continuo desfile de diez mil peregrinos cristianos empezaron a llegar a Jerusalén cada año. Los reyes cruzados de Jerusalén construyeron o reconstruyeron casi cuarenta iglesias en la ciudad. La Iglesia del Santo Sepulcro recibió la más alta prioridad. Fue dedicada, después de laboriosa restauración y remodelación, en 1149.

El reino de Jerusalén continuó expandiéndose hasta extenderse desde el Líbano hasta Egipto. El intento musulmán de recuperar el territorio perdido dio lugar a la segunda cruzada, pero esta concluyó en completo fracaso. En ese entonces surge un nuevo líder musulmán llamado Saladino. Rápidamente unificó a Siria y a Egipto bajo su mando, y en pocos años su reino se extendió hasta Mesopotamia.

Entonces Saladino dirigió su atención hacia Jerusalén. Comandó cien mil hombres y derrotó por completo a las fuerzas del rey de Jerusalén, entonces Gui de Lusignan, en una batalla librada al norte del Mar de Galilea. Saladino en realidad capturó al rey. También capturó una enorme cruz de madera, que los caballeros estaban convencidos que era la verdadera cruz en que murió Jesús, y la envió al califa de Bagdad.

Después de una serie de batallas, Saladino llegó a la ciudad de Jerusalén en 1187. Una delegación pidió la paz. Saladino dijo que preferiría no sitiar la ciudad porque él, también, la consideraba santa. Se percató de que la guarnición cristiana era pequeña y dijo que les daría unos meses de respiro para fortalecer sus defensas y reaprovisionarse. Si al cabo de ese tiempo todavía tenían esperanzas de rescate, estarían en posición de luchar con honor. De otra manera, deberían rendirse de inmediato, dijo, porque estaba dispuesto a dejarles con vida y con sus propiedades.

Los europeos no podían tolerar la idea de entregar la ciudad sin luchar, ni aceptarían el respiro ofrecido. Así que el sitio comenzó al día siguiente y en pocas semanas la ciudad cayó. Los términos de Saladino eran desusadamente humanos. Debido a que la ciudad se rindió, no permitió que sus tropas hicieran matanza. De los que tenían medios les exigió un rescate de diez piezas de oro por hombre, cinco por mujer y uno por niño. Los que no pudieron pagar el rescate, alrededor de quince mil cristianos, se vendieron como esclavos.

Bajo su administración, Jerusalén, a la que le puso el nombre de al-Quds (La Santa), se abrió una vez más a los judíos. El período de los cruzados fue el último en que a los judíos se les prohibió el libre acceso a la ciudad, hasta 1947. Además, Saladino abrió la ciudad a los peregrinos cristianos siempre y cuando vinieran sin armas.

Saladino restauró la explanada del templo, el Haram esh-Sharif, a condición islámica. Los cruzados usaron tanto la Cúpula de la Roca como la mezquita al-Aqsa como cuarteles. Ambos lugares se convirtieron en iglesias y una cruz dorada reemplazaba el creciente que estaba en la cúspide de la cúpula. Ahora la cruz se bajó y el creciente se puso allí de nuevo.

LA CAÍDA DE JERUSALÉN

La caída de Jerusalén fue un choque que recorrió toda Europa. El papa emitió un llamado para otra cruzada más y Ricardo Corazón de León respondió al llamado. En 1191 Ricardo volvió a tomar a Acre, en la costa mediterránea de Palestina, y en varias otras batallas contra Saladino demostró ser un oponente digno del sarraceno.

Sin embargo, Ricardo no pudo arrebatarles Jerusalén a los musulmanes. En el proceso de todo esto surgió algo de respeto entre Ricardo y Saladino de modo que pudieron llegar a una tregua. Bajo sus términos, los musulmanes conservarían Jerusalén, mientras que los cristianos controlarían la costa entre Acre y Jaffa. A los ciudadanos y comerciantes de cualquier credo se les permitiría pasar de una zona a la otra sin molestia.

Después de la muerte de Saladino, su imperio se desintegró. Hubo más cruzadas. Pero en 1291 la era de las cruzadas concluyó y la presencia cristiana en la tierra santa se extinguió. Jerusalén permanecería bajo la firme mano de los terratenientes musulmanes por largo tiempo.

Al final del siglo quince Fernando e Isabel lograron expulsar de España a los moros (musulmanes del norte de África). En 1492, en su celo por establecer un estado puramente católico, expulsaron de la nación a la numerosa comunidad judía, altamente educada y culta, el mismo año en que despacharon a Colón al otro lado del Atlántico por razones diferentes.

Fue un golpe desastroso para los judíos, la mayoría de ellos tuvieron que contentarse con viviendas mucho más humildes en los climas menos propicios del Medio Oriente y muchos vinieron a Jerusalén. Pero para España, el hecho constituyó una herida que se autoinfligieron de la cual la nación hasta hoy no la logrado recuperarse.

Luego en 1516 un nuevo grupo de conquistadores se dirigieron a la Ciudad Santa. Mientras que Martín Lutero exponía la doctrina paulina a sus estudiantes en la universidad de Wittemberg, los otomanos, de las tribus turcas, caían sobre Jerusalén. Como extraordinario grupo vigoroso y guerrero, los turcos otomanos subyugaron un distrito tras otro en todo el Medio Oriente. Con el tiempo, su imperio sería uno de los más vastos en la historia de la humanidad.

Para el año siguiente, en 1517, Jerusalén tenía un nuevo propietario. El conquistador otomano de Jerusalén fue Selim I. Durante su reinado se impusieron pesados impuestos (*yizya*) a todos los que no eran musulmanes. El hijo de Selim fue el famoso Solimán el Magnífico, cuyo reino caracterizó el período más firme y fuerte del Imperio Otomano. Solimán restauró los santuarios islámicos en todo el imperio y le puso a la Cúpula de la Roca el exterior de mosaico de baldosas persas vidriadas que todavía lo adornan.

Es más, lo que se ve en el Haram esh-Sharif hoy es responsabilidad mayormente de Solimán. Reconstruyó las murallas de la ciudad y, de nuevo, todavía hoy se puede ver su obra allí. Fue Solimán, según la leyenda, quien ordenó que se sellara la Puerta Dorada al lado oriental del Harán, para prevenir la entrada del Mesías, quien se supone que debía entrar a la ciudad por esa puerta.

Durante el período otomano la población judía de Jerusalén creció lenta pero persistentemente. Pero los señores otomanos dejaron que la ciudad se destruya mediante la falta de atención y la corrupción. La población total de la ciudad era alrededor de diez mil (más o menos mil judíos, tres mil cristianos y seis mil musulmanes).

Y así, en los siglos diecisiete y dieciocho, Jerusalén se hallaba olvidada en los remansos del Imperio Otomano, todavía hollada por los gentiles, a pesar de todos los cambios.

Sin embargo, un año antes del siglo diecinueve ocurriría algo en la Ciudad Santa que la volvería a poner en los titulares. Cuando sus tropas desembarcaron en Alejandría, Napoleón les pasaba revista con confianza. Venía a Egipto, donde el gobierno del sultán otomano era más vulnerable, para establecer una colonia europea. No obstante, el general francés tenía en mente mucho más que la pura conquista militar. Esta colonia sería un tributo a la capacidad de la Francia moderna para resucitar el esplendor que un día se había extendido en las orillas del Nilo cuando los faraones reinaban.

Para lograrlo, llevó de Francia algunos de los más prestigiosos científicos, ingenieros, naturalistas, orientalistas y anticuarios. Así plantó una semilla que crecería y llevaría fruto mucho tiempo después de que su misión desapareciera de la escena. El grupo de expertos empezó el trabajo de actividad arqueológica en gran escala que ha persistido en el Medio Oriente hasta el día de hoy.

La noche del 1º de agosto de 1798, el escuadrón del almirante Horatio Nelson apareció frente a Alejandría. Para el alba los británicos habían destruido la gigantesca flota de Napoleón. Con la amenaza combinada de un ejército otomano aglomerándose en contra suya y los británicos movilizándose abiertamente para invadir Egipto, las autoridades en Londres confiaban en que Napoleón abandonaría Egipto y regresaría a Francia. Pero se equivocaron. Napoleón no se dejaba intimidar fácilmente.

LA LUCHA SECRETA

En enero de 1799, Napoleón tomó trece mil hombres y se dirigió al norte, a Palestina, para enfrentar y destrozar el ejército otomano. Avanzó continuamente por el Sinaí y tomó El Arish y Gaza con facilidad. En Jaffa los turcos pusieron tenaz resistencia. Después de derrotarlos, Napoleón dejó a sus tropas en libertad en un desenfreno de derramamiento de sangre y saqueo, que alertó a la tierra y a su pueblo respecto a la verdadera cara de este nuevo invasor. Muchos vieron esto como divina retribución cuando, poco después, el ejército de Napoleón sufrió la peste bubónica.

A Napoleón finalmente lo detuvieron en Acre, el antiguo fuerte de las cruzadas. Después de la batalla, algo ocurrió que ilustra el punto real de todo esto. El sultán otomano anunció que tenía la intención de aniquilar a los cristianos nativos de Palestina, de quienes se sospechaba que habían ayudado a Napoleón. Pero el comodoro Smith de la armada británica que se hallaba cerca de la costa le dijo al sultán que las armas de sus hombres de guerra protegerían a los cristianos, así como protegieron a los turcos de Napoleón.

Para subrayar su punto, Smith despachó un destacamento de marineros para marchar ostentosamente a Jerusalén, en donde vivían muchos de los cristianos nativos. Los clérigos católicos y ortodoxos les dieron la bienvenida con agradecimiento y nerviosos suplicaron protección. Fue el principio de la intervención británica en la Ciudad Santa, la que duraría casi ciento cincuenta años.

La aventura de Napoleón en el Medio Oriente sirvió de noticia al Imperio Otomano de que no era ya el bastión inexpugnable que fue una vez. También dejó en claro la importancia estratégica de Palestina en la búsqueda de un imperio que dominara la política del siglo diecinueve en Europa. Las principales naciones de Europa Occidental empezaron a maniobrar buscando posición, sabiendo que cuando el Imperio Otomano cayera con el tiempo, Palestina estaría madura para el pillaje.

Atizada por Napoleón, se desató una lucha secreta entre los europeos por el control de esta región vital, pero fue una lucha que no se realizó con ejércitos ni navíos. Sus principales agentes serían los buscadores de curiosidades, exploradores, misioneros, arqueólogos y diplomáticos.

Las noticias de puertas de acceso abiertas a la tierra de la Biblia fue nada menos que electrizante en Inglaterra y Estados Unidos. Recientemente, ambas naciones estaban embebidas con celo cristiano como resultado del avivamiento wesleyano del siglo dieciocho y el consiguiente esparcimiento del metodismo. Cuando las noticias de la dramática batalla de Acre y los informes que la acompañaban respecto a la tierra santa llegaron a oídos de los estadounidenses e ingleses, al instante quisieron saber más acerca de «esta tierra que fluye leche y miel» de la cual leyeron en sus Biblias.

Sin embargo, la primera oleada de exploradores y buscadores de curiosidades hallaron la tierra mucho menos romántica e idealizada de lo imaginado. El terreno era desolado, los santuarios espúreos y los habitantes incultos. Para sobreponerse a estos obstáculos se requeriría una resolución más fuerte que la que se podía lograr mediante la simple curiosidad.

El celo de los cristianos evangélicos estadounidenses, sin embargo, fue más que adecuado para la tarea. La gente del Levante, las naciones del Mediterráneo oriental, no estaban listas para el avivamiento en el sentido usual de la palabra. Pero un puñado de recios cristianos prepararon el camino para otros que vendrían a esta tierra prohibitiva. Así se colocaron los cimientos para el campo de arqueología científica bíblica.

En la década de 1840 una expedición naval estadounidense exploró la naturaleza de la travesía del Jordán desde el Mar de Galilea hasta el Mar Muerto. Para mediados del siglo, sin embargo, comenzaron a venir a la región muchos más británicos, franceses y alemanes. Se establecieron oficinas consulares en Jerusalén y las maniobras por posición en Palestina se incrementaron.

Un momento crítico en la lucha secreta se produjo en 1865 con la formación en Londres del Fondo de Exploración de Palestina. Reunidos para el acontecimiento habían algunos muy notables victorianos. El arzobispo de York, en su discurso, esbozó los objetivos de la nueva sociedad. «Este país de Palestina», dijo, «le pertenece a usted y me pertenece a mí. Es nuestro en esencia. Se le dio al padre de Israel en las palabras: "Vé por la tierra a lo largo de ella y a su ancho; porque a ti la daré".

»*Nosotros* nos proponemos andar por Palestina, a lo largo de ella y a su ancho porque se nos ha dado la tierra. Es la tierra de la que vienen las nuevas de nuestra redención. Es la tierra a la que acudimos como fuente de todas nuestras esperanzas; es la tierra a la que miramos con tanto patriotismo como lo hacemos para nuestra querida Inglaterra».

La reina Victoria, anunció el arzobispo, consintió en ser la patrona oficial de la sociedad y envió su contribución de ciento cincuenta libras para ayudar a iniciarla. Otro de los oradores habló acerca de la necesidad de la institución para contrarrestar los esfuerzos de los franceses de exigir su derecho sobre la tierra.

Ese mismo año se publicó formalmente en Londres el plano oficial de Jerusalén. Realizado por el real cuerpo de ingenieros, el estudio contenía dos planos de la ciudad trazados con precisión, junto con planos arquitectónicos precisos para la Iglesia del Santo Sepulcro, la Cúpula de la Roca y otros monumentos en la ciudad.

Poco después de su publicación se envió un segundo grupo de ingenieros de la corona, esta vez bajo auspicios del Fondo de Exploración de Palestina, para empezar un estudio de toda la nación de Palestina. Esto marcó el comienzo de un proyecto que T.E. Lawrence, el legendario Lawrence de Arabia, ayudaría a finalizar en 1914.

LA OCCIDENTALIZACIÓN DE JERUSALÉN

Charles Warren se convirtió en el primer agente del Fondo de Exploración de Palestina que intervino en excavaciones arqueológicas serias. También dirigía a ingenieros de la corona y era altamente experimentado en el trabajo de excavar minas y túneles con propósitos militares.

Debido al nerviosismo de los oficiales turcos, así como de los pobladores de Jerusalén en cuanto a excavaciones en los sitios sagrados, las técnicas de Warren demostraron ser inestimables. Para explorar las paredes del Harán otros edificios similares, sencillamente abría pozos en la tierra y luego hacía un túnel hasta el punto preciso que quería examinar. Todo lo que se veía en la superficie era una simple excavación de un pozo. Eso alivió los temores de que destrozaría el lugar.

Al mismo tiempo que Warren trabajaba en Jerusalén, el terreno se destrozaba al suroeste en un proyecto que afectaría Jerusalén mucho más profundamente que cualquier cosa que Warren hacía. Los franceses permanecieron diez años muy atareados excavando el Canal de Suez. Finalmente, el 17 de noviembre de 1869, se abrió a la navegación.

Es singular, pero los británicos que eran los que más tenían para ganar con el canal, no tuvieron nada que ver con la construcción ni administración del mismo. Pero entonces la guerra franco-prusiana (1870-71) destruyó el imperio de Napoleón III y dejó a Bretaña virtualmente sin obstáculos en sus esfuerzos de apoderarse del control del canal. Egipto estaba en el proceso de convertirse en una colonia británica.

Sin embargo, la lucha secreta por Palestina continuaría mucho más tiempo. Europa sabía que el Imperio Otomano se derrumbaba y que cuando al fin cayera, habría un zafarrancho para dividírselo, sobre todo entre Britania, Francia, Alemania y Rusia. La situación estaba plagada de riesgos y el consenso era que el dominio de Estambul debía dejarse intacto tanto como fuera posible hasta que se resolvieran otros asuntos.

Mientras tanto, Jerusalén florecía. La afluencia de europeos y estadounidenses estaba cambiando el aspecto de la ciudad. Letreros tales como *Deutsche Palaestina Bank* y *Barclays* empezaron a aparecer en las calles. Los turcos hicieron lo que pudieron para poner límites, pero la oleada de occidentalización parecía irresistible. Aparte de las actividades diplomáticas y arqueológicas, los franceses tuvieron tiempo incluso para construir una línea de ferrocarril desde la costa hasta Jerusalén, en la década de 1880.

Nuevas fuerzas obraban, también, que incrementaron la población judía de la ciudad. Para mediados del siglo los judíos constituían casi la mitad de la población. Muchos de los nuevos inmigrantes siguieron el ejemplo de los eruditos y sabios que vivían en la ciudad sostenidos por la caridad de los judíos en Europa y Estados Unidos. Pasaría más tiempo antes de que la idea de exigir los desolados campos se apoderara seriamente de la imaginación de los judíos.

Sir Moses Montefiore, un banquero inglés acomodado, contribuyó con una buena parte de su dinero y energía para expandir el concepto de lo que significaba para los judíos vivir de nuevo en su propia tierra. Incluso convenció a algunos judíos de Jerusalén a que vivieran fuera de los muros de la ciudad en un proyecto de vivienda que construyó. Se llama *Mishkenot Sháananim* («Moradas de tranquilidad»), y en la actualidad lo usa el gobierno israelí para alojar a los huéspedes de honor de la nación.

La constante afluencia de personas de occidente aumentó con la inauguración del Canal de Suez. Casi un millón de europeos visitaron Jerusalén en el siglo diecinueve. Ya no era más una atracción turística solo para ricos y religiosos. Después de la apertura del canal, el predicador laico bautista llamado Thomas Cook abrió una agencia de viajes que permitió que los europeos de clase media viajaran a Jerusalén.

Libros de viajes sobre la tierra santa, y en especial sobre Jerusalén, se convirtieron en éxitos de librería, y autores famosos como Benjamín Disraeli, Gustave Flaubert, Herman Melville y Mark Twain contribuyeron con sus escritos. La obra *Los inocentes en el extranjero* de Mark Twain fue una incisiva sátira de los prolíficos relatos de los piadosos peregrinos.

LAS RAÍCES DEL SIONISMO

Entre los años de 1860 y 1980 el concepto de sionismo empezó a tomar forma, conforme empezaban a aparecer libros sobre el tema. Muchos judíos ortodoxos habían insistido por mucho tiempo que cualquier regreso a la tierra santa lo realizaría el Mesías y que tomar las cosas en sus propias manos era blasfemia. No obstante, los nuevos sionistas lo negaban enérgicamente y ansiaban un programa serio de inmigración y asentamiento.

Theodor Herzl, dramaturgo y periodista vienés, se consideraba mayormente judío asimilado (lo que quería decir que se había asimilado a la cultura gentil y ya no se aferraba con gran tenacidad a su herencia judía) hasta que empezó a verse frente al persistente antisemitismo en Europa.

Trabajaba en París durante el *caso Dreyfus*, y cuando oyó a las turbas acosar al desafortunado judío-francés capitán del ejército, con gritos de «à la mort les juifs» (muerte a los judíos), la cuestión fue para él su propio momento crítico de reconocimiento: nada lo lograría sino un estado judío, una nación soberana. Por primera vez en la vida empezó a asistir a los servicios religiosos judíos.

Menos de dos años más tarde, en 1896, publicó *Der Judenstaat*, el clásico testamento del sionismo. El título usualmente se traduce *El estado judío*, y Herzl lo escogió para lanzar su concepto a las narices de los antisemitas y a los judíos culturalmente occidentalizados que preferían eufemismos tales como «israelita» o «hebreo».

Poco después de la publicación del libro, nombraron a Herzl para encabezar la floreciente Organización Sionista Mundial. En 1897 la organización celebró su primer congreso en Basilea, Suiza. El objetivo inmediato era obtener el auspicio y respaldo de uno de los grandes poderes europeos. Finalmente, en 1903, los británicos les ofrecieron territorio en África del este. Herzl pensó que la oferta era atractiva, pero murió antes de tomar una decisión.

En 1905 el congreso sionista rechazó la oferta y resolvió más bien que el territorio nativo de los judíos debía estar en Palestina. Se estableció el Fondo Nacional Judío para comprar propiedades en Palestina, en dondequiera que vendieran algún terreno. Los precios de bienes raíces en Galilea, Samaria y Judea se inflaron con terrible rapidez, pero los judíos no se amedrentaron. La población judía de Jerusalén crecía de manera impresionante. De los sesenta y ocho mil habitantes que tenía la ciudad en 1910, más de cincuenta mil eran judíos. Pero no eran ya primordialmente los eruditos del Talmud.

Ahora, además de los eruditos, había trabajadores, artesanos, profesionales, técnicos, comerciantes, una amplia gama de oficios dentro de la población judía. Las bibliotecas públicas, escuelas de artes, sindicatos e industria ligera empezaron a hallar cada vez más su lugar en las calles de Jerusalén.

Mientras tanto las maniobras entre las potencias europeas por el control de la tierra santa eran cada vez más francas. Rusia avanzó de nuevo contra los otomanos en 1877 y les asestó una humillante derrota. La situación se ponía cada vez más precaria conforme Bretaña, Francia y Rusia se ponían más ansiosas por echarle mano al territorio otomano. Solo Alemania, de entre los europeos, parecía extender la mano para ayudar al sultán. El kaiser Guillermo envió varias misiones militares y económicas a Estambul. El 1889 viajó allá en persona para cimentar más las relaciones. Estos gestos sirvieron para detener a las otras naciones, sobre todo Gran Bretaña y Francia.

Para impulsar más sus planes de un gran imperio alemán, Guillermo viajó a Jerusalén en 1898. En el puerto de Haifa le dio la bienvenida una banda militar turca, con música marcial apropiada, con la presencia de oficiales otomanos y colonos alemanes. En Jerusalén le esperaba un «campamento imperial» especial. Fuertemente guardado por soldados turcos, sus carpas estaban provistas de las más finas alfombras persas y camas, mesas y sillas recamadas de marfil. La ciudad en sí misma estaba adornada con banderas y antorchas, incluso limpiaron la Cúpula de la Roca y la remodelaron para la ocasión.

El 29 de octubre de 1989, el kaiser Guillermo II entró por la Puerta de Jaffa de Jerusalén, montando un caballo blanco, con su casco terminado en punta reluciendo al sol, escoltado por la caballería prusiana y turca. Esa noche hubo un gigantesco despliegue de fuegos artificiales en su honor. Durante los siguientes dos días, él y la emperatriz, Augusta Victoria (hija de la reina Victoria), visitaron las capillas y sitios de la ciudad, dedicaron un orfanato en Belén y una impresionante iglesia protestante cerca del Santo Sepulcro, y entregaron a los católicos alemanes que vivían en la ciudad un lote de terreno en el monte Sion para que levantaran una nueva iglesia.

En uno de sus discursos Guillermo anunció: «Una luz se ha levantado en el mundo para Jerusalén, la bendita luz en cuyo esplendor nuestro pueblo alemán ha llegado a ser grande y glorioso». Después de su visita se construyó el Asilo Augusta Victoria en el Monte Scopus. El kaiser exigió propiedad tan firmemente como podía.

Un año más tarde empezó a tomar forma la alianza turco-alemana. Los dados se echaron. Inglaterra y Francia sabían que para apoderarse de Palestina tendrían que luchar contra los alemanes y contra los turcos.

Ocho

La conquista de Palestina

T.E. LAWRENCE levantó la vista de sus notas y estudió el paisaje que se extendía delante de él. Se hallaba en el Neguev, que en la Biblia se conoce como el desierto de Zin, para realizar investigaciones arqueológicas junto con su compañero, Leonard Wooley. Los emplearon una organización de Londres auspiciada por iglesias, Fondo de Exploración de Palestina, que había estado activa desde mediados del siglo. Pero era 1913. La guerra se avecinaba y todos lo sabían.

Lawrence y Wooley se hallaban en la cima de la colina donde en un tiempo se levantó la antigua ciudad nabatea de Nizana, aproximadamente a cincuenta y seis kilómetros al suroeste de Beerseba. Su trabajo era tomar notas en cuanto al sitio a fin de preparar una excavación a gran escala más tarde. Pero por más que la arqueología le encantaba, habiendo estudiado en Oxford, a Lawrence le encantaba aun más la estrategia militar.

Así, las fortificaciones y campamentos turcos que tenía delante en el desierto atrajeron su atención. Había visto otros similares alrededor de Gaza y Beerseba, pero detrás hacia el norte.

Lawrence y Wooley participaban en la parte final de un proyecto que se realizaba desde algún tiempo atrás y que consistía en un estudio completo y cartográfico de Palestina occidental. El Fondo de Exploración de Palestina lo llevaba a cabo con la ayuda del Real Cuerpo de Ingenieros que servía en calidad de préstamo del gobierno británico, de tiempo en tiempo y casi desde el comienzo del proyecto. Ya en 1913 se había cartografiado casi todo el valle occidental del Jordán, desde Galilea hasta Beerseba, con la precisión y atención a los detalles por los que eran justicieramente famosos el Real Cuerpo de Ingenieros.

Lo que todavía faltaba era el Neguev. Por consiguiente, Lawrence y Wooley se estaban familiarizando de manera inusual con el desolado paisaje. En este tipo de territorio, donde uno podía deambular a voluntad, las fortificaciones como las que veían a través de sus binoculares eran virtualmente inútiles.

Lawrence y Wooley continuaron su trabajo durante el invierno de 1913 a 1914, junto con un pequeño destacamento del Real Cuerpo de Ingenieros encabezados por el capitán Steward Newcombe. Una vez concluido el levantamiento topográfico, sin embargo, Lawrence y Newcombe dejaron que los otros concluyeran el trabajo mientras ellos se dirigían al sur de Aqaba, en el extremo más al sur del Neguev, a pesar de que el permiso de exploración que las autoridades de Estambul emitieron para el Fondo de Exploración de Palestina no incluía esta región.

Sin embargo, los dos hombres sentían curiosidad de saber más acerca de ese lugar estratégico. El gobernador otomano no tenía ninguna inclinación de mostrarse hospitalario para estos dos entremetidos ingleses. Sus aliados eran Alemania, Austria y Hungría, mientras que los británicos, franceses y rusos estaban del otro lado. Carentes de la documentación apropiada, los científicos tuvieron que conformarse con un breve reconocimiento a la luz de la luna antes de tener que emprender vertiginosa retirada hacia el norte.

En junio de 1914 se envió palabra a Londres de que el estudio de Palestina occidental estaba completo. La guerra, que fue inminente por algún tiempo, estalló en cuestión de días. Poco antes del mediodía del domingo 28 de junio, multitudes se reunieron en Sarajevo, la capital de la provincia austro-húngara de Bosnia, para ver al archiduque Francisco Fernando, heredero del trono de Habsburgo y a su controversial esposa, Sofía.

Cuando el automóvil descapotado de paseo conducía a la pareja real por entre las multitudes que los vitoreaban, un joven saltó al estribo del vehículo y empezó a disparar una pistola a quemarropa. Dos balazos alcanzaron a Francisco Fernando y una tercera bala alcanzó a su esposa que trató de ampararlo con su cuerpo. Murieron en cuestión de minutos; pero la secuela de ese asesinato seguiría durante los cuatro sangrientos y bárbaros años de la Gran Guerra.

Cuando las autoridades austriacas investigaron el asesinato, descubrieron que el que lo perpetró, Gavrilo Princip, había vivido en Serbia durante varios años, aun cuando era de Bosnia. Serbia se había opuesto a Austria-Hungría y a su monarquía de los Habsburgos desde que se separaron del Imperio Otomano. Concluyeron que en el asesinato del príncipe heredero, Princip actuó como agente del gobierno serbio, y el 28 de julio de 1914 Austria le declara la guerra a Serbia. A finales de octubre los imperios centrales (Austria-Hungría, Alemania y el Imperio Otomano) estaban en guerra contra los aliados (Bélgica, Francia, Gran Bretaña, Rusia y Serbia).

Mientras tanto, en el Medio Oriente se llamó apresuradamente a Lawrence, Newcombe y Wooley a El Cairo y se les enroló para servir en la división de Servicio Secreto de las fuerzas británicas acantonadas en Egipto. Bretaña había mantenido una presencia militar en Egipto con el fin de proteger el canal de Suez. La primera tarea asignada al trío fue finalizar los mapas del Neguev. El ejército sabía que esos mapas serían vitales.

El Séptimo Cuerpo Turco estableció su cuartel en Jerusalén, en donde el alto mando germano-turco planeaba atacar y apoderarse del canal. Para mediados de enero de 1915 se habían reunido y acantonado en Beerseba y sus alrededores casi cien mil tropas turcas. En oleada humana que atravesó el Sinaí, atacaron las bien atrincheradas y fuertemente apertrechadas fuerzas británicas e indias, al este del canal. Las ametralladoras y artillería británicas diezmaron a las filas turcas y los sobrevivientes regresaron casi arrastrándose a Palestina, humillados por completo.

LA GUERRA EN PALESTINA

Mientras tanto, en el frente oeste en Flandes se derramaba la sangre de los ingleses en lugares tales como Ypres y Somme. Si el gobierno no hubiera tenido éxito para ocultar la naturaleza de la lucha y el increíble número de bajas, de seguro que el clamor público hubiera detenido la guerra.

Pero no podía ocultarse a todo el mundo y un hombre, el mariscal de campo Horatio Kitchener, ofreció un plan para terminar el estancamiento en las trincheras de Francia. Años antes, como oficial joven, Kitchener trabajó en Palestina para el Fondo de Exploración de Palestina. Conocía el Medio Oriente mejor que muchos y como Secretario de Estado para la Guerra propuso que se enviara a Egipto una fuerza expedicionaria a todo dar, con el propósito de lograr una aplastante victoria contra los turcos.

Lord Kitchener murió en el verano de 1916, pero el recién elegido primer ministro, David Lloyd George, vio mérito en el plan de Kitchener y dio los pasos necesarios para realizarlo. Si no se rompía el estancamiento en Francia, al menos aseguraría el canal de Suez. Eso, en sí mismo, era un objetivo que valía la pena. Así que las Fuerzas Expedicionarias Egipcias (F.E.E.) del Ejército Real atacó a través del Sinaí en diciembre de 1916, y tomó El Arish y Rafah con muy poca oposición. Desde allí avanzaron hacia el sur de Palestina.

En Gaza hallaron a los turcos fuertemente atrincherados. El comandante, Sir Archibaldo Murray, lanzó a sus hombres a las líneas, pero la lucha fue más intensa de lo esperado. Los británicos sufrieron muchas bajas y se vieron obligados a replegarse. Murray reagrupó a sus fuerzas y volvió a atacar la fortaleza de Gaza por segunda vez en abril de 1917. Pero esta vez los turcos estaban incluso mejor preparados con refuerzos y soldados del *Asienkorps* alemán. En Londres, Lloyd George estaba furioso. Estaba convencido de que un mariscal incompetente estaba destrozando su plan. Pero algo ocurrió ese mes que le dio al Primer Ministro británico nuevo optimismo: Estados Unidos declaró la guerra a los imperios centrales. El estancamiento se rompería al fin y al cabo.

Lloyd George relevó a Murray de la jefatura de la F.E.E. y lo reemplazó con el general Edmund Allenby, un tozudo y tenaz luchador que se ganó el apodo de «el toro» en las trincheras del frente occidental. Antes de que se embarcara con destino al Medio Oriente, el Primer Ministro lo llamó a las oficinas de la calle Downing, Nº 10. Lloyd George dejó bien en claro que el gobierno británico no tenía ninguna intención de sufrir una tercera derrota en Palestina. Allenby recibió las órdenes de echar mano a su sabiduría durante los meses subsiguientes con el fin de preparar un regalo de Navidad al pueblo británico: Jerusalén.

El mariscal británico arribó a Egipto en junio de 1917 y se dirigió directamente al frente, cerca de Gaza. Reconoció de inmediato que otro ataque frontal sería insensato. Tenía que urdir un plan mejor. Mientras repasaba las alternativas, de repente le llegaron buenas noticias que al parecer surgían de la nada. T.E. Lawrence y un puñado de beduinos se las habían arreglado para cruzar un desierto intransitable y expulsar a los turcos de Aqaba hacia la costa. La captura de ese puerto estratégico brindaría protección a la retaguardia y flanco derecho del ataque que el toro Allenby planeaba asestar a las líneas otomanas en Beerseba.

El 31 de octubre, la artillería británica empezó a bombardear Gaza intensamente. El mismo día los centinelas turcos habían divisado a un explorador británico. Cuando lo persiguieron, el oficial británico huyó dejando caer en su huida un maletín que contenía lo que parecía ser los planes secretos británicos para un asalto masivo contra Gaza.

Los turcos se tragaron la carnada. A fin de prepararse para el ataque movilizaron desde Beerseba a sus unidades más fuertes para que ocuparan las trincheras en Gaza. Solo dejaron en Beerseba una pequeña guarnición. Mientras los dos lados maniobraban en su movilización, una gran parte de las tropas británicas cruzaron el desierto y acamparon a corta distancia, listas para atacar Beerseba. Se guiaron en su tarea mediante los precisos mapas topográficos compilados cuatro años antes por el capitán Newcombe y sus compañeros, y por informes secretos suplidos por una red de espías judíos en Palestina.

Cuando los oficiales británicos recibieron la señal de atacar, los soldados cayeron sobre Beerseba como enjambre a la velocidad de un relámpago. La guarnición turca quedó estupefacta y se replegó frenéticamente a Gaza. Este fue el momento que Allenby había esperado. Además del efecto desmoralizador al capturar a Beerseba, Allenby tenía otras cosas a su favor. Una era el insuperable apoyo de la armada británica y su artillería marítima. Otra eran los aviones de reconocimientos y apoyo que la FEE usaba por primera vez.

Finalmente, y tal vez lo más decisivo, tenía tanques. Esta sería la primera vez en que se movilizaban tanques en la tierra santa. Sin duda, Allenby tenía los recursos necesarios para caer como tromba sobre las fortificadas trincheras y desalojar de sus sitios a las unidades de ametralladoras alemanas y austriacas que defendían la ciudad. Después de nueve días de implacable presión, Gaza cayó ante los aliados.

LA DECLARACIÓN DE BALFOUR

El 2 de noviembre de 1917, en medio de esa histórica batalla, en Londres sucedía algo incluso más histórico. Durante meses, Lloyd George había estado analizando sus planes para Palestina. Consideraba la región como un amortiguador estratégico respecto a Egipto. Quería tener a Egipto y el canal de Suez bajo su control cuando la guerra concluyera. Para que ese control fuera posible tenía que conquistar Palestina, de otra manera todo el arreglo correría peligro. Sin embargo, tenía que dar una explicación mucho más sustanciosa que esa para lograr que los aliados de posguerra aprobaran su plan.

Tanto Woodrow Wilson como el gobierno provisional de Rusia habían dicho que, en principio, no se debía adquirir nuevo territorio mediante la guerra. Pero Lloyd George tenía un ideal más elevado en el pueblo judío. Acudió a una alianza anglo-sionista que había estado formándose y creciendo en los años previos. El diseñador y verdadera espina dorsal de esa alianza fue un hombre llamado Chaim Weizmann. En 1914 Weizmann tenía cuarenta años y era profesor de química en la universidad de Manchester. Nacido en Rusia, se educó en Alemania y Suiza. Además, demostró ser un propagandista lúcido y convincente del movimiento sionista. Comenzó a ganar prestigio en los más altos estratos de la sociedad británica.

Dos editores de periódicos lo presentaron a Lloyd George, a Winston Churchill y a Lord Robert Cecil. El prestigio de Weizmann a los ojos de estos hombres tan importantes creció por un servicio vital que rendía al almirantazgo británico. Una escasez de acetona estaba retrasando la producción de cordita, un importante explosivo naval. Entre marzo de 1916 y la primavera de 1918, Weizmann logró desarrollar un proceso de fermentación que garantizaba abundante provisión de acetona para el almirantazgo.

Pero había más. Weizmann era un hombre de raro encanto y carisma. Tenía una figura impresionante. La frente y la gran calva estaban surcadas de venas, los ojos eran penetrantes, la barba y el bigote distinguidos y su ropa confeccionada de lo mejor. Aun cuando dominaba el inglés a la perfección, su habla estaba acentuada por un exótico acento ruso. Tenía la habilidad extraordinaria de arreglárselas para adaptar sus argumentos según quien lo oía.

Con británicos y estadounidenses podía usar el lenguaje bíblico para despertar profundas emociones, pero al tratar con otras nacionalidades cuyos antecedentes bíblicos no eran tan ricos cambiaba de método. Al hablar con un escocés como Lloyd George hacía hincapié en la topografía montañosa de Palestina, lo que la hacía parecer muy similar a Gales; con Balfour exploraba la filosofía del sionismo; con Lord Cecil hablaba del sionismo en términos de una nueva organización mundial y con Lord Milner recalcaba la extensión del poder imperial británico inherente en el plan.

La herencia evangélica de muchos de los que oían a Weizman obró poderosamente a su favor. Estos hombres habían leído el Antiguo Testamento y estaban familiarizados con el mismo a tal grado que no tenían paralelo respecto a sus aliados católicos en Francia e Italia. Para ellos, los hijos de Israel y la tierra de Canaán eran cosas que venerar.

Más tarde Lloyd George escribió respecto a su primer encuentro con Weizmann en 1914. Dijo que se mencionaron sitios históricos de Palestina que para él eran más familiares que los del Frente Occidental. Balfour venía de una familia decididamente evangélica, así como Jan Christian Smuts, el miembro sudafricano del Gabinete de Guerra. Cada uno de esos hombres reconocían profundamente la obligación histórica del cristianismo para con los judíos. Se sentían muy endeudados con Weizmann por lo que hacía en el esfuerzo de guerra.

Conocían también la lealtad inequívoca de Weizmann a Bretaña y al esfuerzo aliado de la guerra. Los archivos de Scotland Yard contenían una copia de una carta que Weizmann escribió en 1916 terminando sus relaciones con el Buró Sionista «neutral» de Dinamarca. En esa carta Weizmann insistía a menudo que la suerte del sionismo estaba ligada inalterablemente a la de los aliados.

Así que la idea de Weizmann de un «protectorado británico de un territorio judío» empezó a interesarle cada vez más al gobierno de Lloyd George. Varios oficiales de alto rango en particular empezaron a abogar por una sociedad con los sionistas.

Otros factores contribuyeron a que el gobierno británico avanzara con persistencia hacia el transcendental paso que darían el 2 de noviembre de 1917. A pesar de la entrada de Estados Unidos en la guerra, la fuerza de Francia de ninguna manera se había agotado; sus tropas incluso se amotinaban en algunos lugares. Ningún soldado estadounidense había llegado aún a las trincheras; Italia había sufrido un serio revés; la guerra submarina alemana estaba haciendo enormes estragos a la navegación aliada.

Las dos mayores necesidades del Primer Ministro, según las percibía, era lograr que los estadounidenses intervinieran y se comprometieran de lleno, e impedir que Rusia se retirara por completo. Creía que en cada una de esas naciones la opinión pública judía «podría determinar de manera considerable». Se equivocaba en ambos casos, pero puesto que no lo sabía, eso no significó nada.

Mientras tanto, Weizmann continuaba presionando por una declaración gubernamental. Finalmente, el 17 de junio de 1917 Balfour instó a los mismos sionistas a que prepararan un borrador de una declaración apropiada. Les prometió presentarla al gabinete con su respaldo. Pero los críticos adujeron que el borrador original de la declaración significaba un compromiso demasiado grande con los sionistas, así que el gobierno sugirió una versión más blanda. A Weizmann y a sus amigos no les gustó, pero decidieron que era lo mejor que podían conseguir.

Por último, el 31 de octubre el Gabinete de Guerra emitió la Declaración Balfour, como se llegaría a conocer, aprobándola por una sólida votación mayoritaria. La sobrina de Arthur Balfour escribió después que, casi hacia el final de sus días, su tío miró en retrospectiva su carrera y reflexionó que lo que más valió la pena fue lo que pudo hacer por los judíos. El 2 de noviembre de 1917, Balfour escribió una carta personal a Lord Rothschild, presidente de la Federación Sionista Británica, que decía:

> Es para mí un gran placer comunicarle, a nombre del gobierno de su Majestad, la siguiente declaración de simpatía con las aspiraciones judías sionistas que se presentaron al Gabinete y aprobaron: «El gobierno de su Majestad mira favorablemente el establecimiento en Palestina de un territorio nacional para el pueblo judío, y usará sus mejores esfuerzos para facilitar el logro de este objetivo, entendiéndose claramente que no se hará nada que pudiera perjudicar los derechos civiles y religiosos de las comunidades no judías existentes en Palestina, ni los derechos o situación política de que disfrutan los judíos en algún otro país». Agradeceré que usted dé a conocer esta declaración a la Federación Sionista.

Esta fue una ocasión histórica para el pueblo judío y el primer respaldo sólido que tendrían para establecer su exigencia sobre Jerusalén. En Palestina, las tropas de Allenby perseguían ahora a las tropas turcas y alemanas hacia el norte por la costa del Mediterráneo. A finales de noviembre capturaron Jaffa. Desde allí avanzaron hacia el este y empezaron a concentrarse en su principal objetivo: Jerusalén.

GRAN BRETAÑA TOMA JERUSALÉN

El alto comando turco-alemán en Jerusalén se hallaba en un estado casi de pánico. Prisioneros de guerra y soldados heridos de ambos bandos se atiborraban en la ciudad, que ya se veía amenazada con una hambruna. Finalmente, cuando el comandante otomano se percató que las fuerzas británicas se aproximaban a la ciudad no solamente desde el oeste, sino también desde el norte y el sur, ordenó la evacuación de la ciudad.

Los oficiales de los cuarteles, tanto alemanes como turcos, echaron mano de lo que pudieron encontrar: automóviles, carretas, carretones, camellos, caballos y los cargaron con muebles, expedientes, oro y plata, y emprendieron frenética retirada hacia Damasco. Destruyeron o escondieron lo que era valioso pero que no podían transportarlo. Las barracas turcas, edificios de piedra cerca de la puerta de Jaffa, que fueron el centro de la autoridad otomana en Jerusalén desde 1516, quedaron abandonadas.

Ya el 9 de diciembre los turcos y los alemanes habían huido, y los ciudadanos de Jerusalén quedaron librados a defenderse por sí solos frente al inminente ataque británico. Poco sabían que Allenby, hombre piadoso y nada dispuesto a causar daño a la Ciudad Santa, había consultado con la oficina imperial de guerra y luego con el rey mismo en cuanto a cómo tomar Jerusalén. Su soberano le aconsejó que orara sobre el asunto. Presumiblemente lo hizo, y poco después decidió lanzar desde un avión folletos sobre la ciudad. Estaban dirigidos a las ya ausentes autoridades turcas y las invitaba a rendirse.

El alcalde civil de Jerusalén, Haj Amín Nashashibi, decidió aceptar la oferta de Allenby. Le pidió prestada una sábana blanca a un misionero estadounidense y salió de la ciudad por la puerta de Jaffa, hacia el suroeste, puesto que entendía que por esa dirección se aproximaba el grueso de las tropas británicas. Además de sus asociados, junto con él o un poco adelante, iba un pequeño grupo de muchachos de la ciudad.

No habían avanzado mucho por la carretera cuando se encontraron con dos sorprendidos exploradores británicos, los sargentos Hurcomb y Sedgewick del Regimiento Londres. Señalando la bandera y empleando las pocas palabras de inglés que tenía a su disposición, el alcalde se las arregló para darles a entender claramente sus intenciones.

A las pocas horas las tropas británicas entraban marchando a la ciudad. Todo el mundo parecía alegrarse de verlas. Los judíos, el grupo de pobladores más numeroso de la ciudad, había oído de la Declaración Balfour. Para ellos la llegada de estas tropas señalaba la seriedad de la promesa hecha en la Declaración en cuanto a su territorio nacional. Los cristianos, por supuesto, vitoreaban. Sus lugares santos ya no estarían bajo dominación musulmana.

Dos días más tarde el mismo Allenby entró por la puerta de Jaffa, marcando la llegada de un nuevo régimen. Sus tropas lucharon arduamente para traerle hasta este punto. Un feroz contraataque turco a fines de noviembre detuvo su avance en las colinas de Judea desde la costa de Jaffa. Solo tres días antes habían reanudado su avance.

Ahora al desmontarse en la puerta de Jaffa, Allenby llevó su mano a la viscera de su gorra y se la quitó. A diferencia del kaiser alemán, el conquistador británico entró humildemente a la Ciudad

Santa, mientras que las campanas de varias iglesias y el reloj de la torre repicaban gozosas dándole la bienvenida. Una vez en la ciudad, subió por los escalones de la fortaleza turca y leyó una proclamación que les aseguraba a los habitantes que se respetarían los derechos de sus comunidades religiosas y que se protegerían escrupulosamente sus santuarios. También saludó formalmente a los principales rabíes, los muftíes, los patriarcas latinos y ortodoxos, y demás líderes religiosos.

Las lluvias del invierno impidieron el avance adicional de las tropas de Allenby, de modo que los turcos permanecieron en control de Palestina por sobre una línea que corría poco al norte de Jaffa a Jerusalén. Por consiguiente, los residentes de Galilea sufrieron amargamente debido a que los turcos percibían que eran incondicionales a la causa aliada.

Las tropas otomanas confiscaron granjas judías y los desertores del ejército turco, que sumaban millares para entonces, aterrorizaban los asentamientos judíos, saqueando y matando. Además, el hambre, las enfermedades y la exposición a los elementos cobraron su parte, así que para septiembre de 1918 la población de los yishuv (los colonos judíos en Palestina) se redujo de ochenta mil a cincuenta y cinco mil personas. Ya en ese entonces Allenby había llegado hasta Meguido y había logrado otra impresionante victoria. La conquista británica de la tierra santa era completa. El Toro logró el éxito donde perdió Ricardo Corazón de León.

PRINCIPIO DE TERRORES

Allenby logró éxito, pero los árabes nacionalistas que vivían en Palestina estaban enfurecidos por la Declaración Balfour y su petición de un territorio nacional para el pueblo judío. Cuando sus protestas cayeron en oídos sordos, puesto que la Liga de las Naciones aprobó tanto la Declaración como la idea del territorio judío, recurrieron a la violencia, decididos a expulsar tanto a judíos como a británicos y a establecer un estado árabe que abarcara toda Palestina.

El primer alto comisionado que envió Inglaterra para que gobernara en Jerusalén fue Sir Herbert Samuel. Los árabes se sintieron traicionados, por cuanto Samuel era judío. Cuando Samuel retrocedía en su esfuerzo por parecer imparcial y trataba de apaciguar a los árabes, los judíos entonces se sentían traicionados. Incluso entonces hubiera podido parecer posible que los dos grupos vivieran juntos y en paz, si no hubiera sido por un desastroso nombramiento político que hizo Samuel; nombramiento fatídico del cual el Medio Oriente no se ha sobrepuesto ni hasta hoy. Fue el nombramiento de Haj Amín al-Husseini como el Gran muftí de Jerusalén, el más alto cargo musulmán en Palestina.

Una facción de árabes, dirigida por Abdullah de la dinastía hachemita (que pronto llegaría a ser el rey Abdullah y los británicos le darían el emirato de Transjordania) estaba dispuesto a aceptar una porción de Palestina antes que perder toda la región. Aliado con Abdullah estaba la dinastía nashashibi de Palestina. Pero sus enemigos acérrimos, la dinastía husseini, se oponía rotundamente a compartir la tierra con los judíos y al gobierno británico. Los husseinis no quedarían satisfechos con nada menos que la independencia total y el completo control árabe de Palestina.

En 1919 Haj Amín al-Husseini, líder de la dinastía husseini, formó la Sociedad Palestina como un brazo militar para tomar acción contra británicos y judíos. De inmediato empezó a dirigir demostraciones y protestas, exigiendo el fin del mandato británico y la anulación de la Declaración Balfour.

El primer disturbio de envergadura estalló en abril de 1920 cuando las fiestas religiosas de Resurrección, la Pascua y la Nabi Musa cayeron todas en la misma semana. Miles de musulmanes acudieron a la mezquita al-Aqsa mientras que los judíos se congregaban en el muro occidental. Los agitadores no necesitaron mucho, incitados por Haj Amín, instigaron a las turbas para que atacaran a los intrusos sionistas. La policía se cruzó de brazos mientras las multitudes desenfrenadas atacaron a los judíos en tres horas de sangrientos disturbios.

Cuando las tropas británicas al fin llegaron, se limitaron a encarcelar por una noche a los instigadores. Al dejarlos en libertad a la mañana siguiente, los disturbios se recrudecieron y para sofocarlos se necesitaron más de tres días. Para entonces había gran número de judíos y árabes muertos, y cientos de heridos. En los sectores judíos de Jerusalén y Hebrón mataron familias enteras.

Lo que ocurrió después fue tan espantoso como la violencia de los disturbios. Las autoridades británicas depusieron al alcalde árabe de Jerusalén y se aseguraron de imponerles severas sentencias a los dos principales agitadores árabes. Pero la mayoría de los revoltosos recibieron sentencias leves, mientras que a Vladimir Jabotinsky y varios otros judíos que organizaron la defensa de los judíos se les sentenció a quince años de cárcel.

Este obvio favoritismo hacia los árabes provocó tal agitación en Londres que el gobierno decidió establecer en Jerusalén un tribunal para investigar el asunto. Durante las audiencias los oficiales británicos se defendieron diciendo que fueron los judíos los que empezaron todo el asunto. Los judíos acusaron a los oficiales británicos de fomentar la intranquilidad musulmana. En ese punto un oficial en jefe del servicio secreto en El Cairo tomó la palabra y certificó, muy convincentemente, que los judíos decían la verdad. Pudo mostrar que la administración militar de Palestina sin duda favorecía a los árabes, en detrimento de los judíos y en violación de la Declaración de Balfour.

DE UN PLUMAZO

Londres anunció que desmantelaría el gobierno militar en Palestina y lo reemplazaría con una administración civil. Allí fue cuando Lloyd George nombró a Herbert Samuel, quien antes fuera miembro de su gabinete, como alto comisionado civil. Samuel llegó a Jerusalén el 30 de junio de 1920, con una gran escolta.

Después de los disturbios de abril, Haj Amín al-Husseini, el principal instigador, escapó y huyó a Transjordania. Una corte militar británica lo sentenció en ausencia a diez años de prisión. Pero Samuel, esperando calmar a los enardecidos árabes y ganarse la lealtad de Haj Amín para el mandato, lo perdonó.

Luego, pocos meses después que pusieron en libertad a Haj Amín, Samuel lo nombró Gran muftí en Jerusalén. Samuel había nombrado hacía poco a un miembro de la dinastía rival nashashibi como alcalde civil de Jerusalén. Nombrando a Haj Amín al cargo religioso supremo esperaba equilibrar el poder entre las dos dinastías.

Sin embargo, Haj Amín no era hombre que deseara el equilibrio. El historiador Paul Johnson lo describe de la siguiente manera: «Tenía inocentes ojos azules y una manera de ser callada, casi apocada, pero era un asesino consagrado que dedicó toda su vida adulta al genocidio ... Los muftíes dejaban chico a Hitler en su odio hacia los judíos. Pero hizo algo mucho más destructivo que matar colonos judíos. Organizó la destrucción sistemática de los árabes moderados».

Durante la década de 1920 cada vez más judíos empezaron a llegar a Palestina para escapar del creciente antisemitismo europeo. La inquietud de la población árabe iba en aumento por el crecimiento de la población judía. Antes de finalizar la década, Haj Amín surgiría como el líder árabe más fuerte en Palestina y bañaría de nuevo en sangre a la tierra santa.

En los primeros días de su administración, Samuel demostró su deseo de fortalecer la economía de Palestina, animar la inmigración judía y ser del todo imparcial en la administración de su gobierno. De ahí que el deseo de ser imparcial y de apaciguar a los árabes fue lo que continuó causando problemas. Con el tiempo, y para no ofender a los árabes, impuso restricciones a la inmigración de judíos, así como otras medidas que impedían el progreso sionista. Con eso esperaba aplacar a los árabes; pero todo lo que logró fue animar a los árabes a querer más y a comprometerse menos.

Winston Churchill servía entonces como Subsecretario de Estado para las Colonias, y las colonias y mandatos británicos en el Medio Oriente le presentaban algunos de sus problemas más exigentes.

Una solución que Churchill concibió, bajo la influencia de Samuel, fue cercenar un reino para Abdullah, líder de la dinastía hachemita, al crear Transjordania.

De un plumazo, Churchill cercenó el setenta y ocho por ciento del territorio de Palestina que se hallaba bajo mandato británico, para crear un estado exclusivamente árabe. Balfour había soñado con una frontera para Palestina muy al oriente del Jordán, para dar espacio al futuro desarrollo agrícola sionista. Los términos del mandato, según lo aprobó finalmente la Liga de las Naciones, incluyeron las palabras exactas de la Declaración Balfour. Sir Herbert viajó a Londres esperando lograr una interpretación definitiva de la Declaración de Balfour que disipara los temores árabes de una vez por todas. Churchill aceptó las razones de Samuel y le dijo que preparara el borrador de tal interpretación y se la presentara para firmarla.

Conocido como el *Libro blanco* de Churchill, el documento dice que el territorio nacional judío quedaba restringido al área al oeste del Jordán, que la intención de la Declaración de Balfour no fue indicar un estado predominantemente judío y que la inmigración judía debía limitarse a la capacidad económica de una nación mucho más pequeña.

La Organización Sionista examinó el borrador en junio de 1922 y lo firmó a regañadientes y solo porque no quería perder del todo el apoyo británico. Los árabes lo rechazaron de plano, estableciendo un patrón que se repetiría una vez tras otra.

Sir Herbert Samuel completó su término en el cargo como alto comisionado en junio de 1925. También ese mes llegaron a Jerusalén dignatarios de todo el mundo para la inauguración de la Universidad Hebrea en el monte Scopus. El toro Allenby vino de El Cairo. Arthur Balfour vino desde Londres y la evidencia del progreso que halló por todas partes lo conmovió.

En los ocho años desde la Declaración Balfour, la población judía se había doblado, de cincuenta y cinco mil a ciento tres mil. Desde 1924 a 1928 la población judía de Jerusalén también subiría al doble. El sionismo finalmente captó la imaginación del pueblo judío y, a medida que aumentaba la opresión en Europa durante la década del veinte, miles de judíos huyeron a Palestina y al santuario del territorio nacional judío. En pocos años las puertas se cerrarían por completo y uno que lo vislumbró fue Vladimir Jabotinsky.

Frustrado con la manera en que los principales sionistas se acomodaban a la continua insistencia de la Declaración Balfour, Jabotinsky creó la organización de Federación Mundial de Sionistas Revisionistas. A Jabotinsky, a quien sentenciaron a quince años de trabajos forzados por organizar la defensa judía durante los disturbios árabes en 1920, lo pusieron en libertad debido al clamor público. En todas partes se consideraba ultrajante que la autodefensa le hubiera valido a Jabotinsky una sentencia mucho más severa que la impuesta a los instigadores de los disturbios, incluso más severa que la de Haj Amín, a quien sentenciaron a diez años para luego ponerlo en libertad pocas semanas más tarde y recompensarlo con el cargo de Gran muftí.

Fue Jabotinsky, el judío-ruso que organizó el movimiento de defensa propia contra los programas zaristas en su tierra natal, el que concibió la idea de una Legión Judía para luchar junto con los aliados en la Primera Guerra Mundial. Los británicos de mala gana le permitieron organizar un cuerpo judío de transportes, llamado el Cuerpo de Muleros de Sion. En 1915, el cuerpo participó en acción, en Gallipoli.

En 1917 convenció a los británicos a que le permitieran formar tres batallones para luchar contra las tropas turcas en Palestina. Enrolándose como soldado raso, lo promovieron a teniente bajo el general Allenby. Después de la guerra, Jabotinsky quería que la Legión Judía permaneciera armada a fin de proteger la comunidad judía en Palestina, pero los británicos no se lo permitieron y licenciaron la legión.

Por varios años Jabotinsky viajó por Estados Unidos y Europa promoviendo la causa sionista. En 1928, regresa a Palestina como editor de un periódico hebreo. Mientras estaba allí, en medio de la creciente tensión árabe-judía alimentada por el apaciguamiento británico ante las demandas árabes, trató de nuevo de organizar una fuerza militar judía clandestina. Los británicos descubrieron ese esfuerzo de defensa propia y lo expulsaron del país en 1929. Nunca volvió a ver Palestina. Si Jabotinsky hubiera logrado éxito en organizar la resistencia judía, tal vez se hubiera evitado el baño de sangre que causaron los árabes radicales el año en que enviaron a Jabotinsky al exilio.

VIOLENCIA ORQUESTADA

Durante varios años, Haj Amín trabajó en silencio y con

persistencia para establecer su base de poder. Su logro más significativo en ese sentido fue su ascenso a la presidencia del Consejo Supremo Musulmán. Con ese cargo tenía el control sin restricción de todos los fondos religiosos musulmanes en Palestina.

También controlaba las escuelas, los tribunales, las mezquitas y los cementerios, de modo que no se podía elegir ni nombrar a algún maestro o funcionario que no demostrara su imperecedera lealtad a Haj Amín. Los muftíes, que desconfiaban de los intelectuales, se aseguraron de que sus seguidores más leales se hallaran entre los residentes iletrados de las aldeas y haciendas de Palestina. Finalmente, Haj Amín estaba listo para actuar. En el muro occidental halló el pretexto que buscaba para la violencia.

Después de los disturbios de 1920, los musulmanes declararon que el muro occidental no era sagrado para los judíos, sino un santuario estrictamente musulmán. Aun cuando una larga tradición otorgaba a los judíos acceso y derecho de elevar sus oraciones en el extremo sur del muro occidental, más o menos adyacente a la mezquita al-Aqsa, los árabes empezaron a intimidar a los adoradores judíos.

Arriaban a sus ovejas por el estrecho callejón donde los judíos oraban junto al muro, arrojaban allí la basura y excrementos humanos y tocaban tambores para estorbar las oraciones. Protestaron cuando los judíos quisieron tocar el shofar, o cuerno, anunciando el Rosh Hashanah, el Año Nuevo Judío. Los administradores británicos se ponían un día del lado de los judíos y al siguiente día del lado de los musulmanes.

Cuando se acercaba el Yom Kippur en 1928, el acólito judío que guardaba el área pavimentada frente al muro, colocó una cortina portátil perpendicular a la pared para separar a las mujeres de los hombres durante ese día santo, cuando usualmente asistirían grandes multitudes. Fue un cambio menor respecto a lo acostumbrado, pero en Jerusalén cualquier cambio en el statu quo puede adquirir rápidamente significado trascendental.

Orquestadas con cuidado por los muftíes, el año siguiente ocurrieron toda una serie de protestas y contraofensivas. Los muftíes persistentemente alimentaban en sus seguidores el temor a que los judíos trataban de apoderarse de lo que les pertenecía, su propiedad sagrada. Los británicos pretendían en vano de contentar a todo el mundo.

Finalmente, el 23 de agosto de 1929, Haj Amín atacó mortalmente durante el servicio semanal musulmán de oración. Era también el Día de Expiación, la fiesta más sagrada de los judíos. Al mediodía, Haj Amín subió a su púlpito en la Cúpula de la Roca para predicar un sermón ordinario a los fieles que se habían reunido. En realidad, los secuaces de Haj Amín seleccionaron con cuidado el público reunido, a fin de cumplir con su misión después de la reunión. Estaban armados y listos para marchar.

Después en la tarde, los judíos empezaron a congregarse frente al muro occidental para observar el sabat que daría comienzo a la puesta del sol. Haj Amín se dirigió a su jardín al lado del muro occidental, en el Harán esh-Sharif. Desde allí podía observar a los judíos retorcerse y lanzar alaridos en las primeras horas del crepúsculo bajo los puñetazos y garrotes de los siervos de Alá.

Esa noche el alboroto se extendió al sector judío y desde allí a casi toda Palestina. La policía árabe no pudo hacer nada y un contingente de la Fuerza Aérea Real acantonada en Amman tampoco pudo restaurar el orden. Cuando llegaron las tropas de El Cairo y consiguieron poner las cosas bajo control cinco días más tarde, habían ciento treinta y tres judíos muertos y trescientos noventa y nueve heridos. Las bajas árabes eran algo menores: ochenta y siete muertos y noventa y un heridos.

Tuvo lugar un momento decisivo en las relaciones árabe-judías: ahora era evidente que no habría coexistencia pacífica. Haj Amín emergió como el líder indisputable de los árabes palestinos. No habría ya más árabes moderados; el Gran muftí los había silenciado.

Otro suceso ocurrió en 1929, y que pasó inadvertido en la escena mundial, pero que tendría gran repercusión para la futura nación de Israel. En medio de la violencia de ese verano, nació un niño en la dinastía husseini. Pariente distante, y futuro protegido del Gran muftí, al niño le pusieron por nombre Abder Rauf Arafat al-Hudwa al-Husseini. Apodado Yasser («tranquilo»), el niño crecería en una sementera de nacionalismo árabe y virulento sentimiento antijudío. Un día heredaría el manto de terrorismo de manos de su pariente y mentor, Haj Amín.

UN CAMBIO DE DIRECCIÓN

Aun cuando Churchill fue el responsable de cercenar el setenta y ocho por ciento del territorio del mandato para crear la nación de Transjordania, separándolo así de los asentamientos judíos, aún estaba muy a favor del sionismo. Sin embargo, en Gran Bretaña había subido al poder un nuevo gobierno laborista y ninguno de los nuevos líderes miraba con buenos ojos la idea de un territorio nativo judío. Durante la segunda mitad de la década del treinta, la administración laborista logró anular con eficacia la Declaración Balfour y sus provisiones.

Para 1936 Gran Bretaña estaba cada vez más preocupada por Hitler. La propaganda nazi en el Medio Oriente alimentaba grandemente los temores antisionistas de los árabes. Los británicos lograron que los árabes se pusieran de su parte en la Primera Guerra Mundial; ahora Alemania trataba de atraer a su lado a los árabes palestinos.

La respuesta de Inglaterra fue mostrarse cada vez más amistosa con los árabes, intentando ganarse su favor. Una de las principales formas de lograrlo fue imponiendo restricciones a la inmigración judía. Como de costumbre, sin embargo, el apaciguamiento británico solo sirvió para estimular la

agresión árabe. Como presidente del recientemente formado
Alto Comité Árabe, Haj Amín convocó a una huelga general
que duró seis meses. A la huelga la acompañó un levantamiento árabe armado con la ayuda de iraquíes, sirios y otros
grupos árabes. Pero en el distorsionado arreglo muftí de
prioridades, esta Revuelta Árabe, como se llegó a conocer, se
volvió en contra de ellos mismos.

Mientras que los judíos y británicos sufrían pérdidas, la
carnicería real ocurría entre los mismos árabes. Haj Amín usó
la Revuelta Árabe como su oportunidad de destruir a sus
enemigos, sobre todo a la dinastía rival nashashibi. Pero no
se detuvo allí. Los temores de Haj Amín respecto a los
propietarios de tierras, maestros de escuela, oficinistas y virtualmente todo mundo letrado, sobre todo en inglés, afloró
con histeria. Se asesinaba a las personas en el mercado y en
sus camas. Los sicarios muftíes llegaron a ser tan adeptos a
estas ejecuciones que otros empezaron a usarlos pagándoles.

Más de dos mil árabes murieron en este zafarrancho. Las
garras de Haj Amín sobre la comunidad árabe era más férrea
que el acero. Sin embargo, era un control que asfixiaba la vida
de esa comunidad. A los que pudieran haber conducido a los
árabes a un crecimiento vital y dinámico los mataron o
redujeron al silencio. No era ese el caso de la comunidad
judía, en la que con esmero se nutría y cultivaba una generación de líderes y pensadores.

En medio de la masacre era una extraña anomalía el
comportamiento decoroso y refinado de Haj Amín. Pero no
vivía en ningún paraíso. Jamás se aventuraba por las calles
sin un chaleco a prueba de balas y la compañía de seis
guardaespaldas sudaneses. Su automóvil era blindado y jamás
llegaba a tiempo a alguna cita; tenía la precaución de llegar
atrasado o temprano.

Durante 1937 aumentaron grandemente las trasmisiones
nazis al Medio Oriente. Se describía al sionismo como criado
servil del imperialismo francés y británico. La intranquilidad
árabe continuaba creciendo. En julio, la comisión Peel emitió

su informe después de invertir cinco meses en su preparación. Expresaba, sobre todo, la desilusión británica en cuanto a hallar una solución al conflicto árabe-judío. Inglaterra les había prometido a ambos grupos cosas que, como ahora empezaban a percatarse, eran irreconciliables.

Por consiguiente, puesto que los británicos no estaban dispuestos a entregar a cuatrocientos mil judíos a la dominación árabe, ni a la inversa, a poner a casi un millón de árabes bajo el gobierno judío, la única solución era una partición: dividir el territorio en dos estados separados, uno árabe (que se uniría a Transjordania) y otro judío. A la ciudad de Jerusalén, dijo la Comisión Real, se dejaría separada, con Belén como enclave británico con acceso a la costa. Pretendían aferrarse a esa base en el Medio Oriente, así como se aferraron a Hong Kong en Asia.

La Liga de las Naciones rechazó la idea de una partición. El rey Abdullah de Transjordania y sus amigos, los nashashibis de Palestina, tal vez la favorecerían, pero no se atrevieron a decirlo. Los judíos estaban dispuestos a aceptar la partición como la alternativa menos indeseable, pero el punto era discutible. Oficialmente las cosas seguirían como estaban: los muftíes y sus seguidores rechazaron con toda arrogancia el plan de partición, y eso aseguró que el Alto Comité Árabe rechazara el plan. También aseguró la continuación de la violencia.

Después de conocido el informe de la comisión Peel, Haj Amín fue a ver al cónsul general alemán en Jerusalén. Quería decirle al funcionario nazi cuánto admiraba al Tercer Reich y cuánto apreciaría algo de ayuda de parte de ellos en su lucha contra los británicos y judíos. A partir de allí las negociaciones progresaron hasta que el jefe del servicio secreto alemán les entregó a los muftíes cantidades de armas de fabricación alemana, traídas vía Irak y Arabia Saudí.

AGRESIÓN Y GENOCIDIO

Como parte de las consecuencias del asesinato político de algunos funcionarios británicos, perpetrado por pistoleros árabes, los británicos depusieron al muftí y abolieron el Consejo Supremo Musulmán y el Alto Comité Árabe. Se dictó orden de arresto contra Haj Amín, pero este se escapó una vez más, evadiendo la policía británica disfrazado de mendigo.

Exiliado de Palestina, Haj Amín buscó refugio en las naciones árabes vecinas. Pero al intensificarse la guerra en Europa, se fue a Italia donde hizo amistad con Benito Mussolini. Con el tiempo, en 1941, sería uno de los invitados de honor de Adolfo Hitler en Berlín. Haj Amín estaba convencido de que los nazis tenían la clave para los dos grandes objetivos de su vida: la destrucción de los judíos y la expulsión de los británicos del Medio Oriente.

En 1942 Haj Amín logró que tanto Hitler como Mussolini expresaran en un documento secreto su acuerdo sobre «la abolición del territorio nacional judío en Palestina». Luego viajó a Alemania, donde ayudó en los esfuerzos de guerra del Eje en todo lo que pudo. En los programas de radio trasmitidos al Medio Oriente, Haj Amín convocó a una guerra santa contra los británicos. Reclutó árabes para que realizaran labor de sabotaje detrás de las líneas británicas. Ayudó a organizar dos divisiones de musulmanes balcanes para la S.S. y los agentes muftíes brindaron informes secretos útiles a los poderes del Eje.

Su gran celo lo agotó en la destrucción de los judíos. Cuando se invocó la «solución final», el muftí fue uno de sus más ardorosos proponentes. Trabajó con asiduidad para asegurarse de que ninguno de los judíos destinados a las cámaras y hornos de gas huyera a Palestina ni a algún otro lugar de refugio. Personalmente presentó una queja a Ribbentrop, el ministro nazi de relaciones exteriores, cuando se enteró de que casi siete mil niños judíos y ochocientos adultos judíos iban a canjearse por ciudadanos alemanes, rumanos y húngaros que vivían en Palestina. Gracias a Haj Amín, ninguno de esos judíos logró salir de Europa.

Después de la guerra, los muftíes se escaparon por un pelo de ser acusados de crímenes de guerra ante los tribunales de Nuremberg. Con ayuda de los franceses, que sentían sed de venganza contra los británicos debido a su expulsión de Siria y Líbano, huyó a Egipto. Desde El Cairo reasumió el liderazgo de la causa árabe en Palestina. Fue Haj Amín el que una vez más determinaría la respuesta árabe a los hechos históricos de 1947 y 1948.

En Palestina se necesitaron sustanciales refuerzos de tropas británicas hasta el verano de 1938 para quebrantar el poder de los árabes rebeldes en Jerusalén. Pero la revuelta árabe no quedó apagada sino hasta 1939 cuando los británicos finalmente archivaron el plan de partición sugerido por la comisión Peel, en un esfuerzo de detener la lucha. Mientras que la comunidad judía trataba de persuadir a los británicos a permitir una mayor inmigración judía, los árabes amenazaban con cortarles el acceso a los yacimientos petroleros del Medio Oriente si se aumentaba la inmigración. Los británicos respondieron con otro *Libro blanco*, que en efecto dio al traste con la Declaración Balfour.

El *Libro blanco* de 1939 especificaba tres pautas para Palestina: 1) La inmigración judía se reduciría, y luego se la detendría. 2) A los judíos se les permitiría comprar tierra solo en áreas en las cuales ya eran población mayoritaria. 3) después de la guerra Bretaña apoyaría a un estado árabe independiente, controlado por árabes. Winston Churchill lo llamó «un grosero rompimiento de la fe».

El 9 de noviembre surgió un momento decisivo, noche que millones de judíos recordarán amargamente como la *cristalnacht*, llamada así por los vidrios de los almacenes judíos en Alemania que destrozaron las tropas de avanzada de Hitler. Esa noche se incendiaron más de doscientas sesenta sinagogas y se arrestaron más de veinte mil judíos. A la comunidad judía se le impuso una multa de cuatrocientos millones en daños a su propiedad ocasionados por los soldados. A partir de ese momento, Hitler empezó a hablar abiertamente de aniquilar a los judíos. Era inconcebible que Inglaterra detuviera la inmigración judía a Palestina en el momento que Hitler empezó su campaña de destrucción contra el pueblo judío. Pero el *Libro blanco* de 1939 condenó a millones de judíos europeos a los campos de concentración.

Sin embargo, Inglaterra no era la única culpable. Cuando se confirmaron los informes en cuanto a la «solución final» propuesta por Hitler, otras naciones, incluyendo Estados Unidos, hicieron lo mismo. El temor venció a la compasión y los países, uno tras otro, detuvieron la inmigración de judíos. A partir de entonces leemos los aterradores relatos de multitudes de refugiados judíos de Europa que perecieron en el Mediterráneo porque sus embarcaciones, que a duras penas podían mantenerse a flote, no encontraban puerto que las recibieran.

De los ocho millones de judíos en Europa, solo un millón y medio sobrevivió a la guerra. Alrededor de seis millones de ellos se convirtieron en el holocausto que Hitler ofreció en el altar de la supremacía aria. La masacre genocida llegó a conocerse como el Holocausto, término derivado del griego *holocaustos*, que literalmente significa «quemado por completo» y que indica un sacrificio consumido por el fuego.

ARQUITECTOS DE UN NUEVO ISRAEL

En octubre de 1943, tres hombres se reunieron en Londres a la hora del almuerzo para hablar sobre la última propuesta en cuanto a partir Palestina entre árabes y judíos. El llamado Plan Morrison establecía a Jerusalén como un territorio separado bajo un alto comisionado británico. Los tres hombres eran Winston Churchill, electo primer ministro en 1940, Chaim Weizmann, presidente del grupo Ejecutivo Mundial

Sionista y Clement Attlee, líder del partido laborista de oposición en el parlamento británico.

El Plan Morrison se mantendría en secreto hasta después de la guerra, explicó Churchill, pero quería que estos hombre supieran que Israel tenía en él un amigo. «Cuando aplastemos a Hitler», dijo, «tendremos que establecer a los judíos en la posición que les pertenece. Balfour me ha dejado una herencia y no voy a cambiarla. Pero hay fuerzas siniestras que trabajan en contra nuestra».

El Primer Ministro quizás no sabía cuán siniestras ni cuán poderosas eran en realidad esas fuerzas. Por firme que fuera su compromiso con el sionismo, la oficina británica de relaciones exteriores y las autoridades en Jerusalén a cargo del mandato se oponían tenazmente. En 1945 el nuevo gobierno laborista encabezado por Clement Attlee obligó a Churchill a dejar su cargo. Al finalizar la guerra, Palestina continuó cerrada para los desdichados sobrevivientes de los campos de concentración, la mayoría de los cuales ahora no tenía donde ir. Más de un millón de judíos no tenían donde ir, pero su territorio nacional estaba cerrado para todos, excepto para unos pocos miles de inmigrantes cada año.

Ernest Bevin, ministro de relaciones exteriores en la administración de Attlee, continuó limitando la inmigración a Palestina a pesar de las apelaciones de posguerra. El presidente de Estados Unidos, Harry Truman, se conmovió por la suerte de los refugiados judíos e instó a Inglaterra a que abriera Palestina y aumentara la inmigración. La respuesta de Bevin fue que «los judíos han esperado dos mil años, ahora pueden esperar un poco más».

Sin embargo, miles de ellos se negaron a esperar ni un solo minuto más. Se aglomeraron en embarcaciones remendadas, tan solo para ver que se les impedía atracar en el puerto. Marcharon cientos de kilómetros a pie, por montañas cubiertas de nieve y desiertos calcinados, tan solo para ver que en la frontera los arrestaban y los enviaban a los campos de detención.

A la mayoría de ellos los enviaron de nuevo a los mismos campos de concentración desde donde los habían liberado. Ya no se usaban las cámaras de gases, por supuesto, pero los campos llegaron a ser centros de refugiados para los que antes fueron prisioneros.

La Haganá, autorizada por Churchill como brigada judía independiente dentro del ejército británico, llegó a ser la fuerza principal de la autodefensa judía después de la guerra. Antes de que pasara mucho, sin embargo, la Haganá pasó de la autodefensa a la hostilidad abierta. En 1946 atacó las instalaciones militares británicas e intentó destruir su sistema de comunicaciones.

Entonces, el 22 de julio de 1946, el irgun, un grupo radical de resistencia, hizo estallar el hotel Rey David en Jerusalén, el principal de la ciudad, donde el gobierno británico tenía una oficina. Murieron noventa y una personas, incluyendo cuarenta y un árabes y veintiocho británicos. En represalia, los ingleses no solo arrestaron a los líderes irgunes, sino que declararon ofensa capital la posesión de armas.

A principios de 1947 los ingleses decidieron que lo que más querían era lavarse las manos de todo el asunto del mandato. En febrero, Bevin lanzó la papa caliente de Palestina a las manos de la O.N.U. y anunció que los ingleses saldrían pronto, de modo que la O.N.U. debía crear un plan.

Fue Andrei Gromyko, embajador soviético, quien pidió la partición según las líneas que Lord Peel y su comisión recomendaron diez años antes. Chaim Weizmann hizo una apelación para que la O.N.U. apoyara la partición, diciendo: «Nos damos cuenta de que no podemos tener toda Palestina. Dios puede haberles prometido Palestina a los judíos; le toca al Todopoderoso cumplir su promesa a su debido tiempo. Nuestra responsabilidad es hacer lo que podemos, de una manera humana imperfecta».

Así en mayo de 1947 la O.N.U. creó un comité para que estudiara la cuestión palestina. Las naciones árabes se negaron a participar en las deliberaciones del comité, lo cual fue un error táctico. Abba Eban, el representante judío ante el comité de la O.N.U., persuadió a los miembros del comité a que viajaran a Palestina.

Allí presenciaron cómo los soldados ingleses arrestaban a cuatro mil judíos inmigrantes ilegales cuya embarcación acababa de arribar en la bahía. A estos sobrevivientes del Holocausto los arrearon para que desembarcaran, los metieron en jaulas de alambre y luego literal y corporalmente los arrastraron para embarcarlos en otras naves destinadas a los campos de refugiados en Alemania. Los miembros del comité se estremecieron visiblemente por la escena emocional de cuatro mil judíos, algunos con suficiente fuerza o bastante desesperados como para intentar resistir, algunos tan débiles y flacos que los soldados tenían literalmente que llevarlos cargados, la mayoría solo desesperados al punto de lamentarse y gemir, siendo aporreados y negándoseles su única esperanza de un lugar seguro.

El comité presentó su informe a favor de la partición. Jerusalén, en lugar de convertirse en una colonia británica, como la comisión Peel propuso, quedaría en posesión de árabes y judíos y se establecería una zona internacional administrada por la O.N.U. El Vaticano chantajeó a los judíos para que aceptaran la idea de la internacionalización de Jerusalén. Ante tal apremio, las naciones católicas de América Latina expresaron claramente que votarían a favor de la partición solo si los judíos cedían la ciudad.

Era un precio increíble que pagar. Después de todo, hasta el nombre de su movimiento, «sionismo», estaba ligado a esta ciudad. Pero, ¿qué se podía hacer? Aceptaron y esperaban que Dios vencería. El 29 de noviembre de 1947 las naciones latinoamericanas dieron su voto en la Asamblea General y así se logró la mayoría de dos tercios necesaria a favor de la partición. La respuesta árabe fue vertiginosa y violenta. Al siguiente día los seguidores de Haj Amín se lanzaron a las calles de Jerusalén. La lucha se desató.

Tercera parte:
Profecía revelada

Nueve

Recuperar la tierra

Eɴ vísperas de la votación en la O.N.U. respecto a la partición, el líder israelí David Ben Gurión envió a Golda Meir para que se entrevistara con el rey Abdullah de Transjordania. Se encontrarían de noche en un lugar apartado cerca del punto en que el Jordán sale del Mar de Galilea.

Golda era, en muchos sentidos, estadounidense. Nació en Kiev, la antigua capital de Ucrania, en 1898. Cuando tenía ocho años emigró a Estados Unidos junto con su familia y se estableció en Milwaukee, Wisconsin. Creció allí y trabajó por un tiempo como maestra de escuela. Pero a los diecisiete años descubrió su fe sionista, la causa a la cual dedicaría el resto de su vida.

La electricidad que servía al palacio del rey y al resto de la ciudad de Ammán procedía de una estación hidroeléctrica construida y administrada por judíos, en una franja de la rivera oriental del Jordán que quedaba dentro de Galilea. Fue allí, en la casa del director de la planta, que Golda Meir y el rey Abdullah celebraron la reunión secreta.

Aun cuando era su primera reunión, se saludaron como amigos con un enemigo común: el muftí Haj Amín. En caso de una partición, confesó Abdullah en confidencia, preferiría sencillamente anexar a su reino el sector árabe. La Sra.

Meyerson (apellido de Golda en ese tiempo), pensó que eso sonaba mucho mejor que un estado separado bajo la mano de Haj Amín. Prometió que los judíos dejarían el sector árabe a su propio criterio y se dedicarían por entero al establecimiento de su soberanía dentro de los límites que la O.N.U. les asignaran.

Abdullah no era antisemita. Más bien reconocía a los sionistas como compañeros semitas que regresaban a su tierra natal después de un larguísimo destierro. Su presencia en Palestina le fue inmensamente provechosa para él y para su pueblo. Sabía lo suficiente como para ni siquiera pensar en tratar de detener el establecimiento de un estado judío. El muftí era un necio que pensaba de los judíos en términos de los pálidos estudiantes rabínicos que con tanta facilidad amedrentaban los garrotes de los rufianes.

Los sirios e iraquíes tal vez se engañaron por las comunidades relativamente dóciles y serviles de Damasco y Bagdad. Pero Abdullah conocía a los sionistas por lo que eran: un pueblo vigoroso y capaz que podía presentar rigurosa lucha.

Sin embargo, en los meses siguientes y a pesar de que deseaba la paz con sus vecinos judíos, Abdullah estaría sometido a una presión intolerable de los otros estados árabes. Se reunió la última vez con Golda Meir poco antes de que Israel se declarara como nación. Ofreció a los judíos autonomía dentro de su reino y plena representación en el parlamento, pero no se sorprendió cuando los sionistas declinaron aceptar. A regañadientes, Abdullah entró en la guerra contra Israel cuando la nación con el tiempo declaró la independencia.

En los meses entre el 29 de noviembre de 1947, cuando la Asamblea General de la O.N.U. aprobó la partición, y el 14 de mayo de 1948, cuando las últimas tropas inglesas salieron de Palestina, Jerusalén fue escenario de conflicto interminable. Fue la temporada de oportunidad de Haj Amín de apoderarse del control final y de convertir a Palestina en un estado árabe con él a la cabeza.

Para dirigir esta cruzada seleccionó a unos de sus sicarios,

Abdul Khader. Este era un líder carismático que despertaba admiración y celo de sus compatriotas árabes como pocos podían hacerlo. Miembro de la dinastía husseini, su padre fue el alcalde de Jerusalén que los ingleses destituyeron y exiliaron en 1921 debido a los sangrientos disturbios Nabi Musa.

Esto sucedió cuando Abdul Khader era niño, así que creció luchando contra los ingleses. Cayó herido dos veces en las revueltas árabes entre 1936 y 1939. Bajo los auspicios de Haj Amín, recibió considerablemente más educación que la mayoría de los lugartenientes muftíes, incluyendo adiestramiento en explosivos en Alemania durante la Segunda Guerra Mundial. Khader llegó a ser el líder militar del Alto Comité Árabe. Alrededor de la mesa de su cocina enseñaba a los jóvenes árabes nacionalistas cómo fabricar bombas. A un pariente, miembro de la misma dinastía y de diecisiete años, Yasser Arafat, se le asignó la compra de armas que quedaron en Egipto después de terminada la guerra.

En diciembre de 1947, Khader entró clandestinamente de nuevo en Palestina y empezó a organizar la guerra santa contra los judíos que convocaba su primo. La pieza central de su estrategia era Jerusalén. Su meta era ahogar a la ciudad. Antes de la llegada de Abdul Khader, los muftíes ya habían lanzado su cruzada al convocar a una huelga de tres días inmediatamente después de la votación respecto a la partición. Los árabes se oponían a la partición porque la acción reconocía el derecho de los judíos a existir en el Medio Oriente sin que los molestaran. Haj Amín negaba ese derecho con todo su ser.

Desde entonces las relaciones entre judíos y árabes en la Ciudad Santa se pusieron cada vez más tensas. Compañeros de trabajo, judíos y árabes, que convivieron pacíficamente por años en viviendas cercanas, ahora se veían obligados a realizar un registro mutuo en busca de armas al empezar cada día.

TEMPORADA DE DERROTA

Durante ese frío diciembre, ni Navidad ni Hanukkah se celebraron con la alegría usual. La O.N.U. pidió una internacionalización de la ciudad, pero sus ciudadanos se daban cuenta de que nadie, ni Inglaterra, ni Estados Unidos, ni Francia ni ninguna de las otras naciones más chicas, estaban dispuestas a dar a la O.N.U. sus tropas para imponer mano dura. Tal vez esa fue la más grande victoria árabe ese invierno, que en la sede de la O.N.U. en Nueva York reconociera que su resolución en cuanto a Palestina no se podía imponer sin fuerza armada. Solo los judíos y árabes estaban dispuestos a derramar su sangre por esta ciudad y el mundo se quedó a la espera y mirando.

El primer ataque de Abdul Khader fue una desordenada escaramuza contra una casa en la que estaba acantonado un pelotón de hombres de la Haganá. Esta, con sus raíces en los primeros esfuerzos judíos informales de autodefensa en los días antes de la Primera Guerra Mundial, era el núcleo que llegaría a ser la Fuerza de Defensa de Israel en el nuevo estado. Muchos miembros de la Haganá recibieron algún entrenamiento militar formal en las legiones judías que fueron parte del ejército inglés en ambas guerras.

Abdul Khader llevó en camiones a ciento veinte hombres desde Hebrón, un centro árabe como a cincuenta kilómetros al sur de Jerusalén, a las montañas de Judea. La breve escaramuza quedó interrumpida por un vehículo blindado inglés; no hubo muertos.

Mientras tanto los judíos estaban haciendo todo lo posible para fortalecer su control de su centro poblado más vulnerable y aislado: el sector judío de la ciudad vieja, la parte rodeada de murallas. Dentro del sector judío había quienes no representaban al resto de los yishuvs. Rabinos, sabios y estudiantes, la mayoría pálidos y encorvados debido a los largos años de estudiar la Torá, no del tipo fornido que podrían ser potencialmente reclutas para la Haganá. Así que la tarea de la Haganá fue infiltrar clandestinamente hombres de lucha al sector, por delante de ingleses y árabes.

Otra cosa de que la Haganá carecía, casi tanto como de hombres para defender el sector judío, era de armas. Los árabes tenían acceso a armas mediante las rutas comerciales de todas partes del Medio Oriente. Pero pertrechos militares podían llegar a los judíos solo a través de los puertos mediterráneos, en donde los agentes británicos vigilaban bien de cerca. El contrabando llegó a convertirse en un arte. Rifles, morteros, ametralladoras, toda clase de material, llegaba desarmado y camuflado. Entonces todo había que dejarlo desarmado y escondido cuidadosamente en áreas seguras de almacenamiento hasta que los ingleses se fueran. Mientras tanto, Golda Meir hizo un memorable viaje a Estados Unidos para levantar fondos a fin de pagar por todas las armas y material de guerra, enteramente con fondos privados.

El hombre que David Ben Gurión nombró para defender a Jerusalén fue David Shaltiel. Era algo indisciplinado según las normas de la Haganá. Recibió adiestramiento militar en la Legión Extranjera Francesa luchando contra los árabes en Marruecos. Más tarde se estableció en Francia y empezó a intervenir en el sionismo a fines de la década del treinta con el surgimiento del antisemitismo nazi. La Gestapo lo capturó, torturó y lo llevó a Dachau. Fue en el campo de concentración, irónicamente, que su capacidad de liderazgo empezó a brillar.

Liberado del campo, se las arregló para regresar a Palestina antes de que estallara la Segunda Guerra Mundial. Allí continuó como agente de contraespionaje de la Haganah. Conforme recibía ascensos, sus antecedentes en el establecimiento militar francés afloró claramente. Era la viva imagen de un ordenancista, un hombre que podía endurecer la defensa judía de Jerusalén.

Y se necesitaría endurecer. Poco después de llegar, Shaltiel tuvo el placer de saborear cómo serían las cosas en Jerusalén. Un brigada inglés arrestó a cuatro hombres de la Haganá que habían intercambiado disparos con los árabes. Sencillamente llevó a los cuatro hombres al sector árabe y los entregó a la chusma. Fusilaron a uno y a los otros tres desnudaron, golpearon, castraron y mataron a hachazos.

Sin embargo, Abdul Khader quería presas mayores. Su principal experto en demoliciones era Fawzi el Kutub, graduado en terrorismo de la SS en Alemania nazi. Kutub hizo estallar las oficinas del periódico judío *The Palestin Post*, el 1º de febrero de 1948. Antes de que terminara el mes, con la ayuda de dos desertores británicos, se las arregló para plantar un enorme artefacto explosivo en la calle Ben Yehuda en el corazón de Jerusalén judío.

Cincuenta y ocho personas, casi todas civiles, murieron; ochenta y ocho quedaron heridas. El más grande logro de Kutub, desde su punto de vista, ocurrió el 11 de marzo cuando un vehículo consular de EE. UU. llevó una de sus bombas a la misma sede de la agencia judía, el edificio más celosamente guardado en la ciudad, matando a trece personas.

DESAFÍO Y OPOSICIÓN

Sin embargo, la más severa amenaza de los judíos en Jerusalén era el hambre. La milicia de Abdul Khader controlaba puntos estratégicos a lo largo de la carretera principal que iba de la planicie costera hasta la colinas de Judea donde se asienta Jerusalén. Virtualmente, a cada convoy que traía provisiones de la costa (y los ingleses no permitían el transporte de material de guerra de ninguna clase en estos convoyes) le tendían emboscadas y lo robaban prácticamente antes de que llegara a la ciudad, si acaso lograba llegar. Para finales de marzo nada lograba pasar. A la ciudad judía solo le quedaban provisiones para unos pocos días.

El 20 de marzo de 1948, Ben Gurión reunió a los comandantes de la Haganá para determinar cómo reabrir la carretera a Jerusalén. Yigael Yadin, un arqueólogo en la vida civil, pero ahora jefe de operaciones para toda la Haganá, lo dijo llanamente: A los yishuv, tanto en Jerusalén como en Galilea, los están cerrando. Los convoyes y las simples medidas defensivas no lograban nada. Se necesitaban medidas más enérgicas.

Durante tres horas los líderes sionistas debatieron la cuestión. Hubieran seguido discutiendo si Ben Gurión no decía contundentemente: «¡Basta!» Era tiempo de entrar en acción a pesar de los enormes riesgos involucrados.

El primer requisito era armas en suficiente cantidad como para lanzar una operación de gran alcance. Ben Gurión ya había cablegrafiado a su agente en Praga y un transporte Dakota llegó a una desierta pista aérea británica a menos de treinta y dos kilómetros al sur de Tel Aviv en la noche del 1º de abril. Dos días más tarde, el principal embarque llegó vía marítima a un puerto no patrullado por guardas ingleses. Se descargaron cientos de ametralladoras y miles de rifles y se llevaron en trasbordador a la costa.

Desde allí los llevaron en camiones directamente a las tropas sin experiencia que los usarían. Los hombres tuvieron que usar su propia ropa interior para quitarle la grasa a las nuevas armas, pero ya el 5 de abril tres batallones de quinientos hombres cada uno empezaron a abrir camino al convoy de doscientos cincuenta camiones para dar alivio a Jerusalén.

Durante la lucha murió Abdul Khader. Atrapado frente a un ataque judío mucho más intenso de lo que jamás experimentó, llamó a Fawzi al-Kaukji, un líder iraquí en su flanco norte, para que le enviara ayuda, armas para los campesinos que se le unirían si les proveía de armas. Pero Kaukji era rival de Abdul Khader. Los agentes de la Haganá espiaban la conversación e informaron que la respuesta de Kaukji fue: «*Máfish*. ¡No tengo nada!» Era mentira. A Abdul Khader lo traicionaron y murió en la lucha poco después de la conversación.

Cuando su gente halló el cuerpo al día siguiente, llanto y lamento estalló en las filas. El liderazgo de Khader sobre los campesinos árabes fue decisivo y, con su muerte, la causa de Haj Amín estaba perdida. Nunca jamás los árabes palestinos volverían a presentar una amenaza seria a la Haganá.

No obstante, mientras los árabes lamentaban la muerte de Abdul Khader y lo sepultaban, los judíos de la ciudad nueva derramaban lágrimas de alegría por la llegada de un camión tras otro cargado con provisiones. Se rompió el sitio, al menos por el momento. Poco tiempo después, aun sin el liderazgo de Abdul Khader, los árabes se las arreglarían para volver a emboscar los camiones. Las provisiones en la ciudad disminuirían de nuevo.

Encima de eso, bombardeaban la ciudad cada vez más. Conforme progresaba la retirada de los ingleses, casi siempre les entregaban las armas y otro material a los árabes. De esta manera los árabes palestinos llegaron a tener en posesión más armas y más artillería de la que tenían cuando empezaron a disparar contra los sectores judíos de Jerusalén.

El mandato británico debía concluir a las seis de la tarde, hora de Nueva York, del 14 de mayo de 1948. Los británicos estaban más que contentos de irse. Sir Alan Cunningham, el último alto comisionado británico para Palestina, dejó su residencia oficial y viajó a Haifa, donde se embarcó en un crucero británico.

Para el mediodía las fuerzas egipcias se habían amontonado masivamente en el Neguev, tropas jordanas e iraquíes estaban acantonadas a lo largo del río y las fuerzas sirias marchaban contra Palestina por el norte. En Tel Aviv los padres fundadores de la nación de Israel, dirigidos por David Ben Gurión, estaban reunidos para debatir si declarar su independencia; la votación fue de seis a favor y cuatro en contra de la declaración.

En la O.N.U., la situación era especialmente tensa. Los estados árabes que rechazaron la partición trataban de forzar una votación de último minuto para impedir la creación de un estado judío. La única esperanza de Israel era que Estados

Unidos reconociera a la nueva nación. La aguja del reloj pasó de las seis de la tarde y no se había tomado ninguna acción.

Por último, once minutos después que expiró oficialmente el mandato británico, el embajador de EE. UU. subió al podio para pronunciar su discurso ante la O.N.U. Anunció que EE. UU. acababa de enterarse de la declaración del Estado de Israel y de que su gobierno provisional solicitó reconocimiento. Por consiguiente, dijo, el gobierno de Estados Unidos reconocía oficialmente al nuevo estado. Hubo poco tiempo para la celebración en Israel. A la medianoche las tropas jordanas cruzaron el puente Allenby y se dirigieron a Jerusalén. A las cinco de la mañana del día siguiente, 15 de mayo de 1948, la aviación egipcia bombardeó Tel Aviv. Estalló la guerra de la independencia.

Pocos daban a la nueva nación de Israel gran esperanza de sobrevivir. Cuarenta millones de árabes estaban decididos a empujar al mar a cuatrocientos mil judíos, encerrados en una diminuta franja de tierra (un sexto del uno por ciento de los diecinueve millones de kilómetros cuadrados de territorios árabes). Que Israel sobreviviera, en medio de tan grandes adversidades, verdaderamente era un milagro.

EL TESTIGO DIVINO

La arrogancia árabe de rechazar la partición era hasta cierto punto comprensible. Siendo vastamente mucho más numerosos que los judíos y mucho mejor armados y equipados, los árabes pensaron que a duras penas sería una competencia pareja. Esperaban arrojar a los judíos al mar y ocupar toda Palestina en cuestión de días.

En realidad, los árabes no tenían la perspectiva adecuada de la batalla. Nunca fue en verdad una competencia entre los cuarenta y cinco millones de árabes contra cuatrocientos mil judíos que luchaban por llegar a ser una nación. Los cuarenta y cinco millones de árabes estaban en contra de cuatrocientos mil judíos defendidos por innumerables huestes celestiales.

Así que los árabes tenían razón al pensar que ni siquiera era una pelea pareja, solo que se equivocaron por completo en cuanto a quién sería el ganador.

Cuando analizamos la historia del fundador del Estado de Israel, nos maravillamos al ver la mano de Dios en los sucesos humanos. Los historiadores modernos hallan asombroso que Israel se creara en una ventanita de oportunidad. Ocurrió precisamente en el momento adecuado, un momento tan preciso que tenía que ser mucho más que coincidencia.

Por ejemplo, si Israel hubiera declarado su independencia cuando Franklin D. Roosevelt era presidente, es poco probable que Estados Unidos hubiera reconocido a Israel. Sin ese reconocimiento no habría habido respaldo mundial para el estado judío y este hubiera quedado condenado al fracaso. Roosevelt era antisionista y tal vez se hubiera opuesto a la creación de un Israel independiente.

Era improbable también que Harry Truman, sucesor de Roosevelt, hubiera hecho algo especial para reconocer a Israel si no hubiera intervenido un antiguo socio de negocios (ambos se declararon en bancarrota en Kansas City años atrás), un judío llamado Eddie Jacobson, quien con lágrimas le instó que conversara con el líder sionista Chaim Weizmann.

Truman aceptó recibir a Weizmann en la Casa Blanca, asegurándose de que entrara por una puerta lateral, sin que la prensa lo notara. Más tarde se refería a Weizmann como «un hombre maravilloso, una de las personas más sabias que he conocido». La reunión fue cordial y Truman prometió su respaldo al estado judío.

Pero así como Churchill tuvo que batallar con la tendencia pro árabe de su oficina de relaciones exteriores, Truman tuvo que luchar con los que llamaba «muchachos en pantalones a rayas», los funcionarios pro árabes en su propio Departamento de Estado. Este Departamento, así como los influyentes intereses petroleros estadounidenses tales como la Compañía Petrolera Árabe Estadounidense (ARAMCO, por sus siglas en inglés), se oponían tenazmente a que Truman reconociera a Israel. Las naciones árabes amenazaban a todos los gobiernos occidentales de que si querían petróleo árabe, harían mejor en no ayudar a los judíos.

O, como otro ejemplo, si Israel hubiera declarado su independencia alrededor de un año más tarde, la Guerra Fría ya se habría desatado y Truman, aun cuando sionista, tal vez no habría tenido el valor de dominar a las poderosas fuerzas aliadas contra Israel. Considérese a la Unión Soviética, que siguió los pasos de Estados Unidos para reconocer al Estado de Israel. La posición pro sionismo de los soviéticos, quienes fueron los primeros en recomendar la partición un año antes, solo fue para sacar a Inglaterra del Medio Oriente y extender su propia influencia.

Ya a principios de la década del cincuenta los soviéticos cortejaban a los intereses árabes en el Medio Oriente y retiraban su apoyo a Israel. Así que la declaración de Israel de su independencia el 14 de mayo de 1948 llegó en el momento preciso, ni un momento antes ni un momento después. Como el historiador Paul Johnson lo indica: «Israel se deslizó a la vida mediante una grieta en el transcurso del tiempo».

Si más personas hubieran leído los escritos de un profeta llamado Ezequiel, no se habrían sorprendido de los dolores de parto de la nación de Israel, ni de la reagrupación en Palestina de judíos de todo el mundo. La creación del moderno Israel hizo posible el cumplimiento de una profecía pronunciada alrededor de veinticinco siglos antes: Ezequiel profetizó la dispersión y el regreso de los desterrados de Israel. Su visión del valle de los huesos secos es uno de los pasajes más vívidos y conmovedores de toda la Biblia. (Véase Ezequiel 37.1-10.)

Ezequiel relata cómo lo llevaron a un amplio cementerio abierto, un gran valle lleno de huesos. Después de tanto tiempo expuestos al sol y al viento, los esqueletos se secaron, emblanquecieron y dispersaron. Mientras contemplaba la espeluznante visión, el Señor le preguntó si los huesos podrían vivir. Ezequiel sencillamente respondió: «Señor Jehová, tú lo sabes».

Entonces se le dio la responsabilidad de profetizar sobre los huesos, prometiéndoles que recibirían carne, espíritu y vida. Cuando el profeta obedeció al Señor, hubo un gran temblor y un gran ruido conforme los huesos se juntaban, se cubrían con carne, recibían espíritu de vida, se incorporaban y llegaban a ser un gran ejército.

El profeta dijo que el Señor le mostró que los huesos representaban a la casa de Israel. Su condición seca y dispersa representaba la dispersión de los judíos alrededor del globo y su aflicción sin esperanza de llegar a ser una nación unida de nuevo. El Señor le instruyó a Ezequiel que les dijera: «Os traeré a la tierra de Israel ... y os haré reposar sobre vuestra tierra» (Ezequiel 37.12,14).

Así que Ezequiel proclamó el mensaje que Dios le dio y a través de los siglos sus palabras ayudaron a mantener vivo un débil rayo de esperanza en los corazones de los judíos que esperaban en sus «cementerios» de cada nación del mundo. En medio de increíble persecución y sufrimiento, la promesa de Dios les ofrecía algo a qué aferrarse: «Y yo os tomaré de las naciones, y os recogeré de todas las tierras, y os traeré a vuestro país» (Ezequiel 36.24). Estas palabras del Señor, dichas en la profecía de Ezequiel, eran como una luz brillante perforando la aflicción y las tinieblas de los guetos judíos y campos de muerte.

El establecimiento de la nueva nación de Israel en 1948 y la posterior inmigración de judíos de más de cien naciones para poblar el estado judío, trajo obvio e innegable cumplimiento a esta parte de la profecía de Ezequiel.

LA VOZ DE LA PROFECÍA

En cierta ocasión, años antes de que llegara a ser Primer Ministro de Israel, hablé con Benjamín Netanyahu sobre la importancia de las profecías. «La verdad del asunto es, Mike, que si no hubiera sido por las promesas proféticas en cuanto al regreso a nuestra tierra, el pueblo judío no habría sobrevivido», dijo.

«Hay algo en la lectura de las declaraciones de los profetas en el original hebreo. El poderoso impacto de esas palabras penetra profundamente en el corazón y se arraigan en la mente. No cabe la menor duda de que estas antiguas promesas proféticas mantienen viva la esperanza en el corazón del pueblo judío y nos sostienen una generación tras otra cuando no tenemos nada más a qué aferrarnos».

Desde el principio de la independencia, mientras aún libraba la guerra, Israel abrió sus puertas de par en par a los refugiados judíos. En los primeros cuatro meses después de la independencia, alrededor de cincuenta mil judíos huyeron a Israel; la mayoría eran sobrevivientes del Holocausto. En los primeros tres años el total de inmigrantes ascendió a casi setecientos mil, elevando al doble la población de Israel.

En 1950 la Kenésset aprobó por unanimidad la Ley del Regreso, estableciendo que los judíos de todas partes tenían el derecho de llamar a Israel su tierra natal. Más de dos millones y medio, procedentes de todos los rincones del planeta, hizo precisamente eso. Se mudaron a una tierra que jamás habían visto pero que siempre añoraron ver. Para ellos «el próximo año en Jerusalén» se convirtió en realidad.

La nación de Israel no ha escatimado gastos para ayudarlos a llegar allá, estableciendo transporte aéreo en masa para miles de judíos a la vez, algunas veces sacándolos de países hostiles en situaciones de guerra. La logística del transporte aéreo es abrumadora, pero los israelíes rápidamente aprendieron a ser expertos en el proceso.

En 1950, al mayor transporte aéreo masivo se le llamó Operación Alfombra Mágica. Toda la población judía de la nación árabe del Yemen fue transportada a Israel por vía aérea. Después se transportaron por vía aérea desde Bagdad más de cincuenta mil judíos, bajo una rigurosa fecha límite impuesta por el gobierno iraquí, antes de declarar ofensa capital la inmigración a Israel.

Dos puentes aéreos masivos trajeron a una nueva residencia a los judíos de Etiopía, de quienes se creen que vivían allí desde el tiempo de Salomón. En 1984, la Operación Moisés llevó a quince mil judíos etíopes a Israel. Cuando la nación estalló en la guerra civil, otros miles de judíos quedaron atascados.

Meses de negociaciones difíciles concluyeron en 1991, con la ayuda de EE. UU., resultando en el permiso para rescatar al resto de la población judía. En menos de treinta y seis horas la Fuerza Aérea Israelí completó la Operación Salomón, transportando por aire a más de catorce mil judíos de Addis Abeba a Tel Aviv y los transportó a Israel antes de que la palabra llegara a oídos de la prensa.

El grupo más grande de inmigrantes, y uno de los más significativos desde el punto de vista profético, procede de la ex Unión Soviética. Se permitió que aproximadamente cien mil judíos emigraran en la década del setenta. Muchos esperaron años por sus visas de salida. Con el colapso del comunismo, sin embargo, las compuertas se abrieron. De 1989 a 1994 más de quinientos mil judíos soviéticos llegaron a Israel, llegando en cierto momento alrededor de diez mil cada mes.

Aun cuando Israel tiene un Ministerio de Absorción para ayudar a los recién llegados a integrarse a la sociedad israelí, esto ha significado una tremenda carga económica para la nación. Pero la *raison d'être* del moderno estado de Israel es ser el hogar del pueblo judío, un lugar seguro y a salvo de un futuro holocausto, así que las puertas nunca se cerrarán, a pesar de la hostilidad de las naciones árabes que lo rodean y la presión política de las naciones occidentales. La reunión profética de desterrados continúa.

JERUSALÉN Y LA PROFECÍA

A la luz de toda la sangre que se ha derramado en este antiguo suelo, es importante comprender las profecías bíblicas que ya se cumplieron o se cumplirán en cuanto a Jerusalén. Esta ciudad es la pieza central de la profecía bíblica y es a este lugar al que regresará el Mesías. Jesús no volverá a una ciudad musulmana. Esto no se debe a algún prejuicio en su contra, sino debido a que hace dos mil años prometió que a Jerusalén la hollarían los gentiles hasta que el tiempo de los gentiles llegue a su fin (Lucas 21.24). A través de los siglos esta profecía se ha levantado como un hito inmovible por el cual podemos medir los frecuentes sucesos confusos de la historia judía.

Hoy Jerusalén sigue siendo la capital de Israel, el corazón mismo de la nación. Las palabras de Jesús, pronunciadas tantos años atrás, hacen la reconquista judía de la ciudad en el hecho en particular más profético en la historia desde que Juan terminó de escribir Apocalipsis en la isla de Patmos. Ahora, el tiempo de los gentiles llegó a su fin y se produjo un cambio de la guardia. Los hombres pueden discutir y pontificar, pero ocurrió algo irrevocable: Los gentiles dejaron de hollar a Jerusalén. La historia dio un vuelco aunque pocos lo han notado.

Durante el siglo diecinueve, los judíos empezaron a ser mayoría en la población de Jerusalén. Pero no fue hasta el 7 de junio de 1967 que a la ciudad amurallada, la ciudad vieja en el Monte del Templo, la dejaron de hollar los gentiles. En el último día de los tres de lucha entre jordanos e israelíes en Jerusalén y alrededor de ella, se invirtió un patrón de historia que se mantuvo continuamente durante mil ochocientos treinta y dos años (desde la rebelión de Bar-Kochbá). Jerusalén se restauró y reunificó una vez más bajo el control de una nación judía independiente.

Nadie puede negar que Jerusalén aparece grandemente en la historia. Como lo ha mostrado cada capítulo de este libro, la Ciudad de David siempre ha tenido un destino especial y un llamamiento único ante Dios. El profeta Daniel la llamó «monte santo» de Dios. Como sitio del templo de Israel y como la ciudad a la cual el Mesías volvería para establecer su reino terrenal, a Jerusalén todo el mundo la conoce como la ciudad de Dios.

Varios escritores del Nuevo Testamento hablan de Jerusalén. Juan brinda más información sobre la ciudad que cualquiera otro de los escritores de los Evangelios, detallando las visitas de Jesús durante su breve pero dramático ministerio. Sin embargo, es Lucas, el gentil, quien da la mayor atención a la naturaleza profética de la ciudad. El primer anuncio que Lucas da del nacimiento de Juan lo hace en Jerusalén. Relata cómo Jesús visitó la ciudad cuando tenía doce años. Vemos que en el monte de la transfiguración Jesús se transfiguró con Moisés y Elías, mientras hablaban de su futura muerte, resurrección y ascensión.

En el Evangelio de Lucas todas las apariciones después de la resurrección suceden en Jerusalén y a los discípulos se les dijo que esperaran allí hasta Pentecostés. Entonces, les había dicho, el Espíritu Santo vendría sobre ellos. Este suceso implantaría una nueva era espiritual, un nuevo pacto, en el cual la verdad de la relación de Dios con la humanidad no se experimentaría mediante ritos ni sacrificios, sino por medio de la Palabra de Dios morando en los corazones de los creyentes. Después de la experiencia de Pentecostés, Jerusalén de súbito se convirtió en el corazón de la iglesia y centro de evangelización que se extendería hasta lo último de la tierra.

Según narra Apocalipsis, Jerusalén también figura prominentemente en la visión de Juan respecto al fin del mundo. Es allí que la Jerusalén terrenal aparece por última vez después del reinado milenial de Cristo. Es allí donde se congregarán las fuerzas del hombre de pecado y sucederá la gran batalla final. Es allí donde Satanás al fin será derrotado y las fuerzas del mal destruidas por fuego del cielo.

Juan describe la deslumbrante visión de la nueva Jerusalén descendiendo del cielo. Una hermosa ciudad nueva, de oro, plata y piedras preciosas es el hogar de los fieles que han buscado el reino de Dios y su justicia, que han peleado la buena batalla, que han resistido hasta la muerte y que han amado al Señor su Dios con todo su corazón, mente, alma y fuerzas. Sin dudas, en este sentido, Jerusalén es el último hogar y el objetivo de los creyentes. Es, después de todo, nuestro hogar eterno.

Hoy las naciones libran guerras de propaganda contra la ciudad de Dios. Washington exige que el proceso de paz continúe y un coro de potencias mundiales repiten el amén. De todas partes oímos: «¡Paz, paz!» Pero como un judío estadounidense mordazmente observó: «Si esto es *paz*, ¿qué es *guerra*?» La Palabra de Dios muestra que habrá un tiempo en que los líderes nacionales tratarán de calmar al pueblo con el argumento de la paz. Pero esta no llegará. «Y curan la herida de mi pueblo con liviandad, diciendo: Paz, paz; y no hay paz» (Jeremías 6.14).

Ezequiel profetizó: «Sí, por cuanto engañaron a mi pueblo, diciendo: Paz, no habiendo paz; y uno edificaba la pared, y he aquí que los otros la recubrían con lodo suelto, di a los recubridores con lodo suelto, que caerá; vendrá lluvia torrencial, y enviaré piedras de granizo que la hagan caer, y viento tempestuoso la romperá. Y he aquí cuando la pared haya caído, ¿no os dirán: ¿Dónde está la embarradura con que la recubristeis? Por tanto, así ha dicho Jehová el Señor: Haré que la rompa viento tempestuoso con mi ira, y lluvia torrencial vendrá con mi furor, y piedras de granizo con enojo para consumir. Así desbarataré la pared que vosotros recubristeis con lodo suelto, y la echaré a tierra ... Cumpliré así mi furor en la pared y en los que la recubrieron con lodo suelto; y os diré: No existe la pared, ni los que la recubrieron, los profetas de Israel que profetizan acerca de Jerusalén, y ven para ella visión de paz, no habiendo paz, dice Jehová el Señor» (Ezequiel 13.10-16).

LA PARÁBOLA DE LA HIGUERA

Jesús dio una indicación de cómo podríamos identificar el

tiempo que precederá inmediatamente a su venida: nos dijo que aprendamos una lección de la higuera. «De la higuera aprended la parábola: Cuando ya su rama está tierna, y brotan las hojas, sabéis que el verano está cerca. Así también vosotros, cuando veáis todas estas cosas, conoced que está cerca, a las puertas» (Mateo 24.32-33). Luego añadió un sorprendente comentario: «De cierto os digo, que no pasará esta generación hasta que todo esto acontezca» (v. 34).

¿Cómo se supone que debemos entender esto? Para responder la pregunta tenemos antes que decidir qué quería decir Jesús con «esta generación». Hay mucho desacuerdo sobre la interpretación de este pasaje. ¿Quería decir la generación de personas de la cual Jesús mismo era parte? Pienso que no. Necesitamos dejar que el contexto del versículo nos ayude a interpretarlo, y el contexto habla de una higuera. «Esta generación» es la generación de personas que ven a la higuera echando hojas en sus tiernas ramas.

Pero, ¿qué significa la higuera? En este punto debemos recurrir al simbolismo para ayudarnos a descifrar el misterio, pero el simbolismo que Cristo utilizó aquí no es ni difícil ni oscuro. La higuera representa a Israel restaurado. Si alguna vez visitó Israel, habrá notado que las hojas de la higuera son ornamentos comunes en los edificios gubernamentales. Le invito a que ordene su desayuno en cualquier parte de Israel sin que le sirvan higos. En la Biblia las referencias a la higuera por lo general simbolizan a la nación de Israel. Jesús usa la higuera para hablar sobre el fin del mundo porque quería indicar que Israel mismo sería la señal clave para su venida.

La generación de personas que ven el florecimiento de la higuera (el renacimiento de Israel y su establecimiento en la familia de naciones) es la misma que verá el cumplimiento de «todas estas cosas» (las señales del fin narradas en Mateo 24). La generación de personas que vieron el «florecimiento» del moderno Israel nacieron entre 1925 y 1935. La duración de vida será aproximadamente setenta años, según la Biblia y las tablas actuariales. Algunas vivirán mucho más, pero estoy convencido de que el Señor volverá antes de que pase toda esta generación.

La Biblia nos dice que nadie sabe ni el día ni la hora del regreso de Cristo, pero se nos exhorta a reconocer la estación. El renacimiento de Israel, entonces, es una señal de que su venida ocurrirá durante la vida de algunos de nosotros que estamos vivos ahora.

Pero nada se interpone en el camino de que ocurra esta noche ni mañana. Si alguna vez hubo una generación que tenía razón para creer que vivía en los días inmediatamente antes del regreso del Señor, esa es la nuestra. Así que, ¿dónde estamos en la cuenta regresiva hacia el último capítulo de la historia de la humanidad? ¿Qué hechos deben aún suceder y que darán inicio al conteo regresivo del reloj profético de Dios?

Los eruditos bíblicos dice que no hay nada que retrase la venida de Cristo para los que le sirven. Pudiera ocurrir en cualquier momento y nadie puede decir con seguridad cuándo ocurrirá. Jesús dijo: «Pero del día y la hora nadie sabe, ni aun los ángeles de los cielos, sino sólo mi Padre» (Mateo 24.36). También advirtió: «Vosotros, pues, también, estad preparados, porque a la hora que no penséis, el Hijo del Hombre vendrá» (Lucas 12.40).

Diez

La lucha por autonomía

Despuès que la O.N.U. reconoció la independencia de Israel en 1948, Haj Amín al-Husseini, el Gran muftí, declaró: «Hay que destruir o arrojar al mar a toda la población judía de Palestina. Alá nos otorgó el raro privilegio de concluir lo que Hitler apenas comenzó. Que empiece la *yihad*. Muerte a los judíos. ¡Mátenlos a todos!»

Las naciones árabes hicieron un intento a todo dar tratando de hacerlo. Pocas horas después de la declaración de soberanía estatal, alrededor de treinta y cinco mil soldados de seis naciones árabes, armados con lo mejor de lo mejor de armas inglesas y francesas, se alinearon contra hombres, mujeres y niños que constituían el ejército israelí, donde la mayoría de ellos jamás tuvo ni un solo día de entrenamiento formal, mucho menos batalla.

Atrapado en medio de todo estaba el rey Abdullah de Transjordania. Mientras ocurría todo eso, conversaba a solas con un periodista en Amman. «Las naciones árabes van a la guerra», explicó, «y como es natural debemos estar de su parte; sin embargo, estamos cometiendo una equivocación por la que pagaremos caro más tarde. Viviremos para ver el día en que lamentaremos no haberles dado a los judíos un estado para satisfacer sus exigencias. Hemos estado siguiendo el curso equivocado y todavía lo seguimos». Abdullah hizo una pausa, luego añadió: «Si dices que he dicho esto, lo negaré públicamente y te llamaré mentiroso».

En los primeros días de la guerra de la independencia, la Fuerza de Defensa de Israel (F.D.I.) dejó a Jerusalén a un lado mientras dedicaba su atención y limitado contingente humano a contener la avalancha egipcia que se le venía encima por el Neguev. Pronto, sin embargo, su atención quedaría dividida, porque Jerusalén era lo que más quería Abdullah. Se trataba del tercer santuario más santo del islam y desde que su padre perdió La Meca y Medina a manos de los saudís en 1925, el que los legionarios de Abdullah capturaran Jerusalén serviría como compensación para su familia y sería el desquite de la dinastía hachemita.

El ejército de Abdullah, la Legión Árabe, dirigida por el oficial inglés John Bagot Glubb, era el único ejército enteramente profesional en el Medio Oriente árabe en ese tiempo. Glubb, sin embargo, se mostraba renuente a comprometer a sus soldados beduinos a luchar en las calles de Jerusalén. Si hubiera sabido cuán pobremente defendida estaba la ciudad en ese punto, hubiera opinado en forma diferente.

La primera unidad de la Legión, un pequeño pelotón, llegó a la ciudad vieja el 19 de mayo. Al mismo tiempo, más de dos mil de ellos invadieron las alturas al norte de la ciudad y empezaron a avanzar hacia la ciudad nueva, el centro de la población judía, donde vivían aproximadamente unas cien mil personas. Su cercanía produjo terror. Este era un ejército real, no una banda indisciplinada de soldados improvisados.

En Jerusalén, David Shaltiel tenía más o menos el mismo número de hombres bajo su mando, pero virtualmente estaban sin armas. Es más, fue un grupo de adolescentes armados con cócteles molotov, una bazuca y un vehículo blindado que salió al encuentro de la primera columna de la Legión. Los jordanos se equivocaron al dar la vuelta en la puerta Mandelbaum y la emboscada los tomó completamente por sorpresa.

Antes de que los árabes se retiraran, los adolescentes se las arreglaron para destruir tres de sus vehículos blindados. Esta fue una victoria que les dio nuevo ánimo a los israelíes.

Lo necesitarían. Lo que siguió fueron diez días de lucha feroz en la que los judíos contuvieron el ataque árabe contra la ciudad nueva. El 28 de mayo Glubb ordenó el cese al fuego. Sus hombres sufrieron serios destrozos en la lucha. Además, la estrategia para este asalto era errada. Estaba convencido de que la batalla por Jerusalén se decidiría en las alturas de Latrum, desde donde se avistaba la carretera por la que venían provisiones desde Tel Aviv.

Mientras que la ciudad nueva quedó momentáneamente a salvo de los árabes, el sector judío de la ciudad vieja no. El 18 de mayo una segunda compañía de hombres de la Haganá logró abrirse paso al sector y unirse a la solitaria compañía que había estado previamente defendiendo el lugar. El sector, por supuesto, estaba detrás de las antiguas paredes turcas. Allí la Legión de Glubb tenía una ventaja real. Su artillería prevenía la llegada de cualquier refuerzo para los judíos y el apretón mortal se cerró más.

Los defensores de la ciudad vieja se rindieron el 28 de mayo. Los ejércitos árabes saquearon e incendiaron el sector judío, destruyendo docenas de sinagogas, mientras que los residentes huían hacia afuera de las murallas. Fue una enorme pérdida simbólica no solo para los otros habitantes de Israel, sino también para la comunidad judía entera alrededor del mundo.

LÍNEAS DE PROVISIONES A JERUSALÉN

Pero David Shaltiel solo sabía que había hecho lo que había podido, y la población de la ciudad nueva era su responsabilidad primordial. Ya a principios de junio el sector judío había recibido el impacto de más de diez mil disparos de artillería jordana. Dos mil viviendas quedaron destruidas y más de doce mil civiles murieron.

Le corresponde a Dov Joseph, un judío canadiense gobernador civil de la ciudad durante la crisis, mucho del crédito por la vida ordenada y disciplinada en la ciudad. El pueblo estaba asombrosamente firme, valiente y paciente. Una vez que la amenaza egipcia desde el sur quedó reducida hacia fines de mayo, el alto comando israelí pudo dirigir su atención a tratar de dar alivio a Jerusalén. La ciudad estaba de nuevo sin provisiones y al borde del hambre. Ben Gurión llamó a Yigal Allon, quien luchaba en Galilea, para que dirigiera el asalto a Latrum y rompiera la estrangulación árabe de la ruta de provisiones a Jerusalén.

Las tropas de la Haganá, aumentadas con gran número de reclutas bisoños, muchos de ellos recién llegados desde los barcos que finalmente arribaban a puerto israelí sin que las autoridades inglesas se lo impidieran, se llevaron apresuradamente al frente de batalla en ómnibus y taxis. Se lanzó a estas tropas, bajo el calcinante calor, en un ataque frontal directo contra los atrincherados jordanos, sin respaldo de artillería ni reconocimiento adecuado. Los árabes los barrieron con artillería y morteros, y los judíos se replegaron con grandes pérdidas.

En medio de la campaña para apoderarse de Latrum, Ben Gurión nombró a un nuevo voluntario especial para que supervisara los ataques. Era David Marcus, un estadounidense, graduado de West Point, veterano de Normandía, judío y coronel del ejército de EE. UU., quien dejó un prestigioso cargo en el Pentágono para ayudar a sus hermanos en Israel. Marcus se reunió con Shlomo Shamir, el comandante del primer ataque contra Latrum, y juntos se esforzaron para que los siguientes ataques tuvieran éxito. Sin embargo, a pesar de reforzar considerablemente las operaciones, el Cuarto Regimiento de la Legión Árabe resistió firmemente el siguiente ataque, y más cuerpos judíos quedaron sembrando las faldas de las colinas frente a sus posiciones. Parecía que en Latrum se estaba agotando la esperanza de dar alivio a Jerusalén.

Otro asunto hizo esta tarea más urgente. El 11 de junio

debía entrar en efecto un cese al fuego impuesto por la O.N.U. Cuando eso ocurriera, quedarían inactivas todas las posiciones de las tropas y todo se paralizaría. Si la carretera a Jerusalén no se abría para ese entonces, sería demasiado tarde.

Marcus empezó a buscar una manera diferente. Había un camino por el que las tropas llegaban a Jerusalén a pie. Marcus convenció a Vivian Herzog y a Amós Chorev a que se fueran con él en un jeep. Descubrieron que era posible recorrer el camino desde Tel Aviv a Jerusalén en vehículos motorizados. Ahora, si de alguna manera se asfaltaba para camiones, se podría romper el sitio de Jerusalén y abrir una nueva carretera de aprovisionamiento.

Sucios y sin afeitarse, los tres hombres se dirigieron directamente a la oficina de Ben Gurión en cuanto regresaron a Tel Aviv. El Primer Ministro escuchó con suma atención el informe: un jeep podía pasar. Sería una carrera contra reloj, pero tal vez se podría hacer una carretera por ese camino antes de que entrara en vigencia la tregua impuesta por la O.N.U., le dijeron a Ben Gurión. Decidieron correr el riesgo.

La ola de calor continuaba mientras centenares de trabajadores salieron de Tel Aviv para acometer el agotador trabajo de construir una carretera en el desierto. Dada la escasez de maquinaria para tal trabajo, era una empresa gigantesca. La llamaron la Carretera a Birmania, por los culíes chinos que abrieron camino en medio de la selva para reaprovisionar a las tropas de Chiang Kai-shek, en su lucha contra los japoneses en la Segunda Guerra Mundial.

Mientras tanto, en Jerusalén la situación se ponía cada vez más desesperada. Las provisiones terminarían en pocos días. El jefe de pertrechos de guerra estimaba que quedaba suficiente munición como para una batalla sostenida que no durara más de veinticuatro horas.

El sábado 5 de junio, Dov Joseph todavía gemía por el sufrimiento de la muerte de su hija. Pocos días antes murió en la lucha en el sur. Pero él continuó en su trabajo en

Jerusalén. Ese día tuvo que disminuir de nuevo las raciones para los ciudadanos. A partir de ese momento, él y sus compañeros jerosolimitanos deberían subsistir con cuatro rebanadas delgadas de pan al día, suplementadas con media libra de frijoles secos, guisantes y sémola a la semana. Cada residente tenía que arreglárselas con un balde de agua al día para todas sus necesidades.

Marcus empezó la Carretera a Birmania con apenas un bulldozer a su disposición. El trabajo avanzaba a un ritmo agonizante. Cada cien metros de progreso hacia Jerusalén requería trescientos metros de carretera sinuosa. Las cuadrillas se alternaban para trabajar noche y día. Luego consiguieron un segundo bulldozer.

Pero las condiciones en Jerusalén seguían siendo desesperadas. El lunes, Joseph cablegrafió a Ben Gurión: La ciudad no podía sostenerse más allá del viernes. Ben Gurión pesó sus alternativas. Marcus tenía aún casi seis kilómetros por delante. ¿Podría lograrlo en cuatro días más?

Ben Gurión no podía arriesgarse a esperar para saberlo. Llamó a su cuerpo de voluntarios y los envió a pie, cada hombre llevando un cargamento de cuarenta libras de alimentos a la espalda, hacia Jerusalén. Llevaron a trescientos hombres de mediana edad en ómnibus hasta donde terminaba la Carretera de Birmania, y desde allí se dispusieron a caminar los casi seis kilómetros por quebradas y precipicios hasta llegar al punto donde podían entregar su carga para que la llevaran en camiones el resto de la distancia hasta la Ciudad Santa. De esta manera Ben Gurión contestó al cable de Dov Joseph que llegó el 8 de junio. El 9 de junio, un ataque final a Latrum casi logra el éxito. Pero la Legión Arabe estaba destinada a ocupar ese pedazo de tierra por los siguientes diecinueve años.

Algo ocurrió ese día, sin embargo, que compensó por el fracaso de tomar Latrum. David Marcus y sus dos bulldozers emergieron del desierto por el cual habían estado excavando desde fines de mayo. Los primeros camiones, llenos de alimentos y agua que se abrieron paso por esa tormentosa y primitiva carretera, se recibieron en Jerusalén con lágrimas y gritos de alegría.

Dos días más tarde, a las diez de la mañana, entró en efecto el cese al fuego impuesto por la O.N.U. Fue precisamente el lapso para respirar que Israel necesitaba para volver a armarse y reagruparse para completar su lucha por la independencia. Sin embargo, la guerra concluyó en Jerusalén. Los jordanos ocupaban la parte oriental de la ciudad, incluyendo la ciudad vieja con los lugares santos, el muro occidental y el sector judío, ahora abandonado, y todo el territorio que lo rodeaba hacia el norte, al sur y al este.

Los israelíes ocupaban la ciudad nueva y un corredor seguro al occidente que conducía a la costa. En toda la historia, a Jerusalén la sitiaron y destruyeron muchas veces, pero ahora el cuchillo lo introdujeron en su corazón. Por primera vez en su historia, Jerusalén estaba dividida.

PLANES PARA JERUSALÉN

La guerra de Israel por la independencia continuó esporádicamente por el resto de 1948. Pero, como ya se anotó, después de junio Jerusalén dejó de ser el centro de cualquier lucha seria. En lugar de eso, se convirtió en el enfoque de los esfuerzos del conde Folke Bernadotte, mediador de la O.N.U. para Palestina, con el fin de hallar una base para un obligatorio tratado de paz.

Su propuesta, emitida el 27 de junio, era que dos estados independientes, Israel y Transjordania, debían ser miembros de una unión. Abdullah recibiría el Neguev y Jerusalén, Galilea occidental pertenecería a Israel. A Israel se le permitiría inmigración ilimitada por dos años; y después de eso la O.N.U. regiría la inmigración. Con la excepción de Abdullah, todo el mundo detestó el plan, todos los demás grupos árabes así como los israelíes. Abdullah, obligado por su lealtad hacia los demás árabes, no podía expresar su dicha por la propuesta.

Aturdido por la hostilidad con que todo el mundo recibió la idea, Bernadotte regresó a Suecia para descansar y reflexionar sobre el asunto. Más tarde, regresó al Medio Oriente en el verano y el 16 de septiembre emitió una segunda propuesta. Esta vez optó por la internacionalización de Jerusalén bajo control de la O.N.U.

Al día siguiente Bernadotte y algunos de sus subalternos se dirigían por las calles de Jerusalén hacia sus oficinas en el edificio de la YMCA [Asociación Cristiana de Jóvenes] en la ciudad nueva. Sus tres vehículos acababan de entrar en una zona neutral entre los sectores jordano e israelí, cuando un jeep salió de un callejón y les cortó el paso. Los ocupantes, cuatro hombres, vestían uniformes del ejército israelí. Tres de ellos se apearon y se dirigieron al vehículo de Bernadotte. Uno de ellos introdujo el cañón de su ametralladora por la ventana del conductor y disparó una andanada. Bernadotte y el hombre que lo acompañaba murieron al instante.

El gobierno israelí lanzó una cacería masiva para hallar a los culpables. Sospechaban del grupo Stern, pero evidencia posterior indicó que los culpables eran zelotes incluso más fanáticos, que consideraban a Bernadotte como agente secreto. Nunca lograron capturarlos. El asesinato de Bernadotte lo elevó a la categoría de mártir. Su propuesta del 16 de septiembre empezó a ganar más peso del que hubiera obtenido de otra manera.

Durante noviembre de 1948, israelíes y jordanos celebraron una serie de reuniones en las que ultimaron los detalles de un aceptable cese al fuego. Glubb no asistió a estas reuniones. Abdullah se quedó decepcionado por su desempeño en la guerra y el 12 de julio a Glubb lo enviaron a Europa para descansar.

Así que fue Abdullah Tell, el comandante jordano de la región, y Moshé Dayán, quienes fijaron la línea divisoria y ultimaron los detalles. A principios de 1949 en una serie de reuniones en la isla de Rodas, y bajo la presidencia del sucesor de Bernadotte, el diplomático estadounidense Ralph Bunche, se firmaron acuerdos de armisticio entre las varias naciones árabes e Israel.

Con el armisticio entre Israel y Jordania, la división de Jerusalén quedó establecida como situación permanente. También brindó a los israelíes el acceso a dos áreas importantes de Jerusalén que quedaban bajo el control de los jordanos: el monte Scopus, donde se hallaban la Universidad Hebrea, el Hospital Hadasa, el muro occidental y las sinagogas en la ciudad vieja.

Lo mejor que resultó de estas provisiones fue que a los judíos se les permitió tener a su policía establecida en el monte Scopus. Durante la administración jordana jamás se permitió a los judíos ningún acceso, de ningún tipo, a los sitios santos en Jerusalén oriental. En enero de 1949, los ciudadanos del Jerusalén israelí participaron en las elecciones generales para la Kenésset, el parlamento israelí. La primera Kenésset se reunió en Jerusalén el 14 de febrero y permaneció en sesión hasta el 17 de febrero tiempo suficiente para que sus miembros hicieran el juramento de oficio y eligieran a Chaim Weizmann como primer presidente del estado. Cuando se volvió a poner a Jerusalén en la agenda de la O.N.U., en Nueva York, en noviembre de 1949, Israel habló en contra de la internacionalización de la ciudad y en lugar de eso ofreció firmar un acuerdo que garantizara libre acceso a todos los lugares santos en su parte de la ciudad.

Sin embargo, el 10 de diciembre la Asamblea General aprobó una resolución que pedía la internacionalización de la ciudad bajo la administración fiduciaria de la O.N.U. El gobierno de Israel reaccionó rápidamente. El 13 de diciembre anunció que aceleraría el traslado de sus oficinas de Tel Aviv a Jerusalén, propuso que la Kenésset se ubicara allí permanentemente y proclamó que Jerusalén era la capital eterna de Israel. La Kenésset volvió a reunirse en la ciudad el 26 de diciembre usando el edificio de un banco hasta que se alistara un sitio más permanente.

Frente a estas acciones y a la oposición igualmente vehemente de Jordania a la resolución de la O.N.U., el Consejo de Fideicomiso de la O.N.U. reconoció que la implementación de la resolución solo se podría lograr mediante intervención armada. Por consiguiente, la resolución quedó a un lado.

LA CIUDAD SANTA DIVIDIDA

Así, en enero de 1950 quedó establecido un nuevo arreglo que duraría durante los siguientes diecisiete años y medio. La ciudad de Jerusalén quedaría dividida: una parte pertenecería a Jordania y otra a Israel.

En Jerusalén oriental el sector judío quedó en ruina casi total debido al saqueo ocurrido después de su rendición en mayo de 1948. Casi todas las sinagogas, escuelas y otros edificios notables quedaron destruidos. El antiguo cementerio judío en las faldas del Monte de los Olivos quedó profanado. Muchas de las lápidas se usaron para construir letrinas y otros edificios para la guarnición de la Legión Árabe acantonada permanentemente en la ciudad.

Cualquier servicio del gobierno que tuvo su sede en Jerusalén del Este durante el Mandato Británico, se trasladó a Amman. El rey Adbullah anexó la ciudad y la «Margen Occidental» (más apropiadamente descrita como la región montañosa de Samaria y Judea que se encuentra al norte y al sur de Jerusalén) a su reino, al que le cambió el nombre por el de Reino Hachemita de Jordania (en lugar de Transjordania). Aun cuando Jerusalén del Este se proclamó la «segunda capital» de Jordania, en la práctica eso no significó gran cosa. Debido al nuevo arreglo, a la ciudad se le privó de su usual acceso al Mar Mediterráneo y quedó, como resultado, de cierta manera aislada en las colinas.

Por varios años después del armisticio, Jerusalén del Este estuvo sin electricidad. El agua escaseaba. La economía se basaba en el turismo e instituciones dedicadas a la investigación religiosa. La única fábrica importante de la ciudad producía cigarrillos. La construcción de nuevas viviendas en la ciudad se limitaba a su región septentrional. Solo un pequeño número de proyectos de construcción de envergadura, hoteles, iglesias, hospitales, etc., se comenzaron durante la administración jordana. La existencia de una frontera hostil tan cerca y la continua presencia de una guarnición jordana creaban una atmósfera de intranquilidad en toda la ciudad oriental.

Los israelíes adoptaron una actitud mucho más agresiva hacia su mitad occidental de la ciudad, a pesar de que estaba situada al extremo de un largo corredor y virtualmente rodeada de población y territorio árabe. Tuberías de agua más grandes reemplazaron a las de emergencia que se colocaron en la misma época que David Marcus construyó la Carretera de Birmania en 1948. Además, se construyó una enorme represa de agua al suroeste de la ciudad. La red eléctrica de la ciudad, ya en funcionamiento, se conectó a la red nacional y el servicio de trenes se reinició en mayo de 1949.

Jerusalén israelí era una ciudad pujante, capital orgullosa de una nueva nación, pero le pertenecía a un pueblo que nunca olvidaría que era una capital dividida, con el alma yaciendo adormecida en un cerrado sector desolado fuera de la vista, pero no de los corazones.

Una de las más serias consecuencias de la Guerra de la Independencia fue la creación de dos problemas paralelos de refugiados: árabes que huyeron de sus viviendas en Palestina cuando sus líderes atacaron a Israel, y judíos que se vieron obligados a salir de las naciones árabes donde vivían.

Tantos refugiados judíos inundaban a Israel que la población subió al doble en menos de tres años. Israel acogía a los refugiados y los integraba a la sociedad, ayudándolos a encontrar trabajo y vivienda, y haciéndolos ciudadanos. A los refugiados árabes que permanecieron en Israel también se les ofreció la ciudadanía en la nueva nación. Pero las naciones árabes que rodeaban a Israel consideraban a los refugiados árabes que huyeron de Israel como peones políticos. La opinión era que si se podía lograr que la atención del mundo se dirigiera a la miserable suerte de estos refugiados, la opinión mundial se volvería en contra de Israel. Esa ha sido la principal estrategia árabe hasta el día de hoy.

Solo Jordania recibió a los refugiados árabes de Palestina y les ofreció ciudadanía. Los palestinos pagaron la bondad de Abdullah con nada más que aflicción. Mientras que aprovechaban la hospitalidad del rey, muchos seguían leales a Haj Amín al-Husseini, quien había huido a El Cairo; aún pasaban sus días tramando cómo poner de nuevo a Palestina bajo manos árabes y cómo hacer desaparecer a la nación judía que se implantó allí. Las otras naciones árabes le pagaron a Abdullah con aislamiento, separándose de él por haberles abierto Jordania a los refugiados palestinos.

En julio de 1951 asesinaron a un ex primer ministro del Líbano, mientras visitaba Amman. A eso siguieron amenazas de muerte contra la vida de Abdullah y se le advirtió que nunca se acercara a Jerusalén. Pero el 21 de julio Abdullah insistió en ir a las oraciones del viernes en la mezquita al-Aqsa, en donde el rey intentaba hacer un panegírico al líder libanés asesinado.

Abdullah y su nieto, de dieciséis años, Hussein, se unieron a otros dos mil musulmanes reunidos en la mezquita para las oraciones al mediodía. Al entrar, un hombre le disparó con una pistola, matando a Abdullah de un solo balazo a la cabeza. Una segunda bala, dirigida al pecho de Hussein, la desvió una medalla en su uniforme militar, que su abuelo insistió que llevara puesto. El asesino resultó ser un joven palestino asociado a un grupo terrorista auspiciado por Haj Amín. Incluso en el exilio, el ex Gran muftí seguía sometiendo a Jerusalén a más derramamiento de sangre.

GUARDAR UNA PROMESA

Estaba sentando en la silla del peluquero una soleada mañana de junio, en Filadelfia, cuando me enteré que la Guerra de los Seis Días había empezado. Por supuesto, nadie sabía en ese momento que todo el asunto concluiría en cuestión de días. En la radio de la peluquería se escuchaba una canción popular cuando el locutor de repente interrumpió con un boletín de noticias: «Esta mañana estalló la guerra entre Israel y tres de sus vecinos árabes: Egipto, Siria y Jordania». La escueta noticia concluyó rápidamente y la música volvió a sonar.

«Mire lo que Israel ha hecho», dijo el peluquero. «Esta vez se acabó todo para esa nación».

«Lo lamento, amigo mío», le respondí, «pero usted se equivoca. Israel va a ganar esta guerra y la va a ganar pronto».

El barbero se limitó a encogerse de hombros y sonreír al ver mi entusiasmo. Tal vez pensaba que yo era joven y petulante, y lo era. Pero también estudiaba la Palabra de Dios y estaba convencido de que Él defendería a Israel. También me había mantenido al día respecto a los acontecimientos en el Medio Oriente. Mientras las principales potencias militares se atrincheraban en la Guerra Fría, la Unión Soviética empezó a cortejar a las naciones árabes y a aumentar las tensiones en el Medio Oriente. En 1955 los soviéticos firmaron un negocio de armas con los egipcios.

A instancias de Egipto, las tropas británicas que guardaban el Canal de Suez se retiraron del área entre 1954 y 1956. Con la presencia británica reducida, y envalentonado por la ayuda soviética, el presidente Gamal Abdel Nasser decidió apoderarse del control del canal. En 1956 Nasser cerró el canal a toda navegación que venía o se dirigía a Israel y bloqueó los estrechos de Tirán, aislando con eficacia a Israel de la mayoría del mundo. Abiertamente pedía la destrucción de Israel.

Israel se unió a Inglaterra y Francia, cuyas economías dependían del flujo libre de navegación por el canal, para movilizarse contra Egipto en la breve campaña del Sinaí. En la guerra terrestre Israel tomó posesión de la Franja de Gaza, que fue el punto de partida de numerosos ataques guerrilleros contra Israel. La acción militar contra Egipto se detuvo cuando Estados Unidos aplicó presión financiera sobre las potencias europeas y las obligó a retirarse, una táctica de brazo fuerte que el presidente Eisenhower más tarde diría que lamentaba.

Como de costumbre, la O.N.U. rápidamente censuró a Israel y a los europeos, sin condenar a Egipto por la extrema provocación y sin imponer sanciones sobre la Unión Soviética que casualmente invadía a Hungría al mismo tiempo. La década entre la campaña del Sinaí y mediados de los años sesenta fue la más pacífica de toda la atribulada historia de Israel. Las relaciones con Jordania, aun cuando no cordiales, en su mayor parte eran tranquilas, perturbadas aquí y allá por sucesos puramente aislados.

Fueron Egipto y Siria los que le daban a Israel sus peores dolores de cabeza. En 1965 y 1966 Egipto recibió de Rusia una enorme cantidad de ayuda militar y económica; al igual que Siria. Durante esos mismos años aumentaron dramáticamente los ataques de guerrillas árabes que cruzaban las fronteras de Israel. Los ataques terroristas estaban calculados para provocar el desquite de parte Israel, lo cual, se esperaba, provocaría que las naciones árabes le declararan la guerra a Israel.

Para la primavera de 1967 la situación se había deteriorado notablemente. Docenas de veces atacaron los kibbutz israelíes. A principios de abril tropas sirias abrieron fuego contra uno de los asentamientos al norte de Israel. Este se desquitó atacando a la Fuerza Aérea Siria destruyendo seis de los aviones MIG rusos en la breve escaramuza aérea.

En ese punto la retórica diplomática soviética empezó a acusar a los israelíes de ominosa acumulación de armas, sobre todo a lo largo de la frontera con Siria, por debajo de las Alturas de Golán. Este era un excelente ejemplo de la desinformación soviética, pues el informe era del todo falso. Es más, era la artillería siria, apuntando contra los asentamientos israelíes, la que había sido trasladada a posiciones en las Alturas de Golán.

A mediados de abril el embajador soviético en Israel se quejó ante el primer ministro Leví Eshkol respecto a la gran concentración de tropas israelíes a lo largo de la frontera con Siria. Eshkol ofreció llevar al embajador, Leonid Chuvakhin, en ese mismo instante a la frontera siria para que inspeccionara personalmente y descubriera la verdad de que no existía tal concentración de tropas.

Pero la verdad no venía al punto. Para los soviéticos, el simple rumor de una movilización israelí era una arma diplomática útil, porque si después que se esparcía el rumor mediante las acusaciones la agresión israelí no se materializaba, los soviéticos podían decir que había sido su apoyo al régimen baas de Siria lo que impidió el ataque de los israelíes. El coronel Hafed al-Assad y sus seguidores en Damasco deberían quedar agradecidos. Sin embargo, los soviéticos continuaron manteniendo la olla sobre la llama un poco más. De súbito, hirvió y los escaldó.

LA ESCALADA DE HOSTILIDADES

En mayo los soviéticos le dijeron a Egipto que Israel planeaba atacar a Siria. Nasser inmediatamente reunió un enorme ejército en la península del Sinaí, ochenta mil de sus tropas, al frente de la frontera sur de Israel. También exigió que las fuerzas de la O.N.U. que guardaban la paz, salieran del Sinaí y el secretario general U Thant rápidamente accedió. Para el 19 de mayo los egipcios estaban amenazadoramente en la frontera, sin que nada se les interpusiera.

El 22 de mayo Nasser bloquea de nuevo el estrecho de Tirán y cierra el puerto israelí de Eilat. Este era el único acceso de Israel al golfo de Aqaba en el Mar Rojo, y desde allí al Golfo de Adén y al Mar de Arabia, y eso significaba que quedaba cortado el acceso de Israel al petróleo del golfo Pérsico. El bloqueo, considerado por Israel como acción de guerra, fue una provocación de primer orden. Israel ya había notificado al Consejo de Seguridad de la O.N.U. que tendría que actuar pronto en defensa propia. Pero la O.N.U. no logró obligar al cumplimiento de las condiciones de la tregua existentes desde 1956 y en lugar de eso accedió a la petición de Nasser y se retiró.

El 30 de mayo, el rey Hussein de Jordania voló a Egipto para hacer las paces con Nasser y firmar un pacto de defensa mutua. Israel estaba de nuevo rodeado de vecinos hostiles: Siria al norte, Jordania al este y Egipto al sur. Irak y Arabia Saudí también prometieron enviar tropas para la federación árabe. E invisible, pero amenazador detrás de bastidores, estaba el vasto poderío militar de la Unión Soviética.

El primer ministro Eshkol y el ministro de defensa, Moshé Dayán, permanecieron asombrosamente tranquilos, sin atacar hasta que se agotaran todas las demás alternativas. El establecimiento del servicio secreto israelí, encabezado por Isser Harel, había pasado considerable tiempo estudiando el carácter árabe. Sabían, por consiguiente, que los esfuerzos colectivos de unión entre árabes rara vez se mantenían por mucho tiempo.

Hussein también lo sabía. Pero al hacer amistad con su antiguo enemigo Nasser, era evidente que procuraba evitar lo que le ocurrió a su abuelo, Abdullah. El asesinato de Abdullah se atribuyó a que no compartía plenamente el objetivo de los demás árabes de borrar a los judíos de la faz de la tierra. Lo mejor que los israelíes podían esperar era que la firma del pacto sería todo lo que Hussein haría para demostrar su solidaridad árabe que evitaría la agresión real y dejaría a los israelíes tranquilos en su lucha contra egipcios y sirios.

Sin embargo, la tensión en Israel era abrumadora. Si la guerra empezaba, ¿dónde concluiría? ¿Habría otro Holocausto? La retórica árabe era inflamatoria, las trasmisiones radiales pedían una *yihad* para vengar 1948 y Nasser juró destruir por completo a la nación de Israel y empujar a los israelíes al mar de una vez por todas. Era obvio que la guerra era inevitable. La única pregunta era cuándo.

El gabinete israelí se reunió el 4 de junio para decidir cuál sería su respuesta a la agresión árabe y al bloqueo ilegal. A pesar del potencial para una catástrofe, el voto fue unánime: Israel iría a la guerra para defenderse. Diez minutos antes de las siete de la mañana del 5 de junio, el comandante de la fuerza aérea israelí, el mayor general Mordechai Hod, ordenó a sus fuerzas que pusieran en práctica un ataque cuidadosamente planeado para eliminar a la fuerza aérea egipcia. Con trescientos cuarenta aviones de combate, la fuerza aérea de Nasser era la más grande en el Medio Oriente; y también estaba ubicaba a corta distancia para atacar blancos civiles en Israel.

Mucho antes del mediodía trescientos de esos aviones eran pedazos en llamas y la Fuerza Aérea Egipcia quedó en efecto eliminada. De manera simultánea, las fuerzas terrestres israelíes atacaron al ejército egipcio acantonado en el Sinaí y virtualmente demolieron la capacidad de Egipto para luchar. Al finalizar el segundo día de batalla, Israel tenía el mando de la península del Sinaí.

Como una parte importante de la estrategia israelí para la victoria, Moshé Dayán ordenó un completo silencio de noticias. Durante más de veinticuatro horas el gobierno de Israel no reconoció ninguna de sus impresionantes victorias del 5 de junio. Esto permitió que los anuncios egipcios proclamados con estrépito, de que habían destruido a las fuerzas armadas de Israel, se propagaran sin cuestionarse. Pasarían tres días antes de que el pueblo egipcio se enterara de que en realidad habían sufrido una gran derrota ante los israelíes.

El resultado que los israelíes esperaban lograr con el silencio en cuanto a las noticias era que los soviéticos detendrían cualquier movimiento hacia un cese al fuego en la O.N.U. mientras pensaran que sus clientes árabes estaban ganando. Pero el complot tuvo un resultado inesperado: el rey Hussein entró en la guerra.

PREPARATIVOS PARA LA VICTORIA

Por canales diplomáticos, Israel le envió a Hussein mensajes instándole a que se quedara fuera de la pelea y prometiéndole no violar su territorio si mantenía sus fuerzas en Jordania. Pero Nasser, sabiendo que habían destruido su fuerza, llamó a Hussein y fanfarroneó que Egipto le había asestado a Israel un severo golpe y que estaba ganando la guerra. Sin percatarse de que la fuerza aérea egipcia en realidad estaba eliminada, Hussein ordenó un ataque aéreo desde Jordania y la Legión empezó a disparar contra Jerusalén.

Dayán ordenó a Uzi Narkiss, comandante del frente en Jerusalén, que se contuviera y no tomara acción en represalia. Esperaban que eso sería lo más que Hussein haría en términos de un gesto de solidaridad árabe. Y, para estar del lado seguro, los aviones a reacción israelíes destruyeron ese mismo día la fuerza aérea de Amman, que consistía en veinte aviones Hunter. Sin embargo, Jordania no se replegó del ataque por tierra.

A la una de la tarde los jordanos empezaron a avanzar. No fue por donde los israelíes esperaban, es decir, en el monte Scopus, en donde la diminuta guarnición se preparaba para un ataque salvaje; sino que vino por un sitio al sur de la ciudad.

Allí se levantaba el Palacio de Gobierno, una gigantesca mansión de piedra que los ingleses construyeron como residencia y sede de su alto comisionado. Ahora era lugar de las oficinas del jefe de la O.N.U. para Supervisión de la Tregua. Al edificio lo rodeaban doscientas ochenta hectáreas de terreno cercado y se levantaba en la cumbre de la Colina de Mal, *Jabal Mukaber* en árabe. Los jordanos la querían porque les daba fácil acceso a Jerusalén israelí, acceso para sus tanques Patton.

Alrededor de las dos de la tarde Dayán dio la orden para algunos objetivos limitados en Jerusalén: primero, arrebatarles a los jordanos el Palacio de Gobierno; segundo, unirse con el destacamento en el monte Scopus; tercero, proteger las alturas al norte de Jerusalén por cualquier medio necesario.

Narkiss asignó la tarea de tomar el palacio de gobierno a la brigada Jerusalén. Esto era un asunto fortuito. El ejército israelí no tenía ningún plan elaborado para la captura de Jerusalén. Se lanzaron por instinto. Sin embargo, la brigada Jerusalén atacó y arrojó a los jordanos del palacio de gobierno, y procedió a desalojar a los legionarios de toda una serie de trincheras más al sur. Antes de la medianoche su misión quedó concluida con la pérdida de solamente ocho hombres.

Para el amanecer una de las unidades de la brigada mecanizada Harel había logrado llegar hasta las afueras de Tel el-Ful, en donde se unían las carreteras desde Ramallah y Jericó para formar la que iba a Jerusalén. El apoyo aéreo israelí llegó y todos los tanques jordanos que se aventuraron a campo abierto cayeron bajo los proyectiles. Eso detuvo el empuje del ataque y los jordanos viraron y se dirigieron a Jericó. Conforme llegaban el resto de tanques y unidades de infantería, la carretera a Jerusalén quedó firmemente bloqueada.

Fue el momento decisivo en la batalla por Jerusalén. Una vez que quedó del todo bloqueada la ruta por la cual la guarnición de la Legión Arabe en Jerusalén podía recibir refuerzos, el resultado de la batalla en Jerusalén y sus alrededores no quedó en duda.

LA BATALLA POR JERUSALÉN

Sin embargo, los israelíes todavía tenían una batalla contra reloj y el resultado estaba lejos de ser cierto. El factor tiempo entraba en juego debido a que la O.N.U. podía imponer un cese al fuego. Los israelíes habían entrado a la guerra sin ninguna intención de irrumpir en Jerusalén. Pero dado que Jordania lanzó el ataque, y puesto que una victoria israelí parecía inminente, querían estar en plena posesión física de la ciudad antes de que se estableciera un cese al fuego. Si no, el regateo seguiría para siempre.

Así fue que en el primer día de la guerra, Uzi Narkiss, comandante de la defensa de Jerusalén, recibió una llamada de los cuarteles militares en Tel Aviv. Se había dado la orden para que se usara en el Sinaí la 55.ª brigada de paracaidistas al mando del coronel Mordechai Gur, pero las cosas marchaban tan bien que el alto comando decidió ofrecérsela a Narkiss para reforzar su posición.

El coronel Gur y su personal llegaron a Jerusalén esa tarde, pocas horas antes de sus paracaidistas. Gur tenía que trazar un plan al instante; pedía la penetración de la línea verde, como se conocía a la frontera con Jordania, en tres puntos al norte de la ciudad vieja. La brigada de Jerusalén ya peleaba contra las tropas jordanas al sur de la ciudad vieja. Era de los ataques desde el norte que la guarnición en el monte Scopus podía recibir alivio más directo.

La cuestión más difícil que enfrentaban los paracaidistas de Gur era si atacar de noche o si esperar al amanecer. Puesto que Dayán descartó el apoyo aéreo, deseando proteger los lugares santos, no había razón valedera para esperar la luz del día y un ataque nocturno podría darles a los israelíes una ventaja. A las ocho de la noche empezaron a instalar poderosos reflectores en la cúspide del edificio Histadrut. A las dos de la mañana las tropas estaban en posición. Los reflectores iluminaron el área frente a las posiciones de los paracaidistas.

Una descarga de misiles teledirigidos, hasta ese momento un arma secreta, se disparó contra las líneas jordanas. Simultáneamente con sus rifles sin retroceso montados en vehículos, los paracaidistas hicieron llover fuego sobre los emplazamientos de ametralladora y artillería. Dos tanques de la Brigada de Jerusalén se les unieron.

Ya a las dos y media de la mañana los paracaidistas se habían abierto paso por entre las cercas y empezaban a avanzar por tierra de nadie. En el flanco norte encontraron ligera

La lucha por autonomía

resistencia de la Escuela de Policía. Los jordanos se replegaron a posiciones atrincheradas detrás de la escuela, en un sitio
llamado Colina de las Municiones, en donde presentaron una
lucha terrible. Para los israelíes, el ataque a esta colina fue
quizás el más costoso de toda la guerra.

En el flanco sur las otras dos puntas del ataque de paracaidistas cruzó la línea verde en el mismo punto, al norte de la
puerta Mandelbaum. El primer grupo se dirigió hacia la derecha, a los muros de la ciudad vieja. La segunda unidad se
dirigió al oeste, al hospicio Augusta Victoria, que se sospechaba era una fortaleza árabe. Ambas rutas significaban feroz
combate en las calles. Pero antes de transcurrida la madruga-
da, la resistencia jordana se quebrantó.

El martes por la mañana Uzi Narkiss ordenó a la Brigada
Jerusalén, que lucharon alrededor del palacio de gobierno el
día anterior, que atacaran y capturaran a Abu Tor, una colina
empinada y muy poblada que forma el otro lado del valle de
Hinón, inmediatamente al sur del monte Sion y de la ciudad
vieja. Allí, como en la colina de la Munición, los árabes
tenían posiciones fortificadas. La infantería israelí tendría
respaldo de tanques y morteros, pero de nuevo el ataque aéreo
sería demasiado arriesgado.

La batalla que siguió fue sangrienta y significó combate
cuerpo a cuerpo. Una compañía israelí accidentalmente cayó
bajo fuego de mortero israelí y sufrió grandes bajas. Pero ya
al atardecer Abu Tor estaba en manos israelíes y solo la
ciudad vieja quedaba en manos jordanas.

EL ATAQUE FINAL

Tal vez la lucha más crítica por Jerusalén se libró el lunes por
la noche en el gabinete del primer ministro Leví Eshkol.
Frisando los setenta y dos años, Eshkol había sido primer
ministro desde 1963. Poco antes del estallido de la crisis que
la nación enfrentaba, llevó a su gabinete a algunas personas

de oposición para formar un gobierno de unidad en tiempo de guerra.

Entre ellos estaba Moshé Dayán, quien tomó la cartera de defensa, y Menahem Begin. El lunes en la mañana, en respuesta a la pregunta de Narkiss respecto a cómo debía responder al bombardeo jordano, Dayán le dijo que rindiera la ciudad vieja si fuera necesario, pero que no entrara en ella. Sin embargo, cuando el gabinete se reunió el lunes por la noche, con las noticias de una tremenda victoria en el Sinaí todavía resonando en sus oídos, presionaron por la liberación de la ciudad vieja. Dayán resistió su presión. Quizás tal asalto sería costoso. Preferiría dejarla y luego ahogar a la ciudad para que se rindiera.

Todo el martes el plan de Dayán permaneció en efecto. El martes al mediodía él y Narkiss se fueron al monte Scopus cuando recibieron notificación de que el camino estaba libre. Resultó que llegaron al puesto de avanzada antes de que llegara la columna de relevo de paracaidistas. Cuando Dayán miró desde esta altura a la ciudad vieja, Jerusalén la dorada, supo que tendrían que tomarla al día siguiente o si no sería demasiado tarde.

Así que esa noche cedió a la exigencia del gabinete y dictó las órdenes mediante el Jefe del Comando, Isaac Rabin: La 55.ª Brigada de Paracaidistas tomaría la ciudad el miércoles por la mañana. Gur dispuso que los destacamentos de los paracaidistas entraran a la ciudad por todas las puertas, pero el principal empuje entraría por la puerta del León, conocida también como puerta de San Esteban, en el muro oriental, opuesto al Monte de los Olivos.

En ningún punto encontraron resistencia real. A las diez de la mañana, Gur le dijo a Narkiss por radio: «El Monte del Templo está en nuestras manos». Simultáneamente los primeros hombres llegaban al muro occidental. El resto del día lo dedicaron a alegrarse y a la costosa tarea de limpiar los últimos reductos de resistencia jordana.

El mismo día columnas de tanques e infantería israelíes

continuaron presionando a los jordanos por todas las regiones de Samaria y Judea que Jordania había ocupado desde 1948. La llamada margen occidental por los jordanos, después de diecinueve años de ocupación nada amistosa, estaba poblada casi exclusivamente por árabes. Los judíos que antes vivieron en el lugar, huyeron a Israel. Pero ahora los judíos estaban allí con el abrumador poder de su fuerza aérea. Al anochecer del 7 de junio, las columnas israelíes ya habían llegado a Jordania. La margen occidental, y más importante que eso, la ciudad vieja de Jerusalén, estaba en sus manos.

Ya el 8 de junio Israel se había apoderado del Canal de Suez y había roto el bloqueo de Eliat. Al siguiente día, los israelíes dirigieron de nuevo su atención a la frontera norte y atacaron a Siria, la cual provocó en un inicio la guerra. Después de otro día los israelíes tenían en su poder las Alturas de Golán. El 10 de junio los árabes pidieron el cese al fuego.

Después de seis días todo había acabado. La diminuta Israel, que de nuevo había estado rodeada abrumadoramente por ejércitos árabes, ahora estaba en posesión de territorios que cuadriplicaron su tamaño. Para los árabes fue una aplastante y humillante derrota.

El rey Hussein, nieto de Abdullah, pagó caro este juego. Su ejército sufrió más de quince mil bajas, entre muertos, heridos y desaparecidos. Su fuerza aérea quedó destruida, lo mismo que la mitad de sus tanques. Proporcionalmente, hubiera sido como si Estados Unidos sufriera un millón y medio de bajas en tres días. Pero la pérdida de Hussein fue más que la fuerza militar. La margen occidental había sido su tierra agrícola más fértil. Y el ingreso del turismo de Jerusalén y Belén había representado el cuarenta por ciento de los ingresos de Jordania.

Es más, había perdido la última exigencia de la dinastía hachemita sobre los lugares santos. Así como su bisabuelo había perdido La Meca y Medina a manos de los saudís, ahora había perdido a Jerusalén a manos de los israelíes. Solo tenía una escasa fuente de solaz. Los judíos sufrieron más bajas arrebatándole a él su territorio, que las que sufrieron en la campaña mucho mayor en el Sinaí. Una cuarta parte de las fuertes pérdidas de Israel contra Jordania ocurrieron en la batalla por Jerusalén.

Sin embargo, pocos israelíes hallaron lugar en sus corazones para lamentarse. Durante diecinueve años se les impidió la entrada a sus lugares más santos. Más tarde habría tiempo de lamentarse; ahora era tiempo de alegrarse. El día que tomaron la ciudad vieja, el rabino en jefe de las fuerzas armadas de Israel, Shlomo Goren, se las arregló para llegar al muro occidental, incluso antes de apagarse el estruendo de los disparos, para hacer sonar allí la victoria con su cuerno de carnero, el shofar.

Dayán, Eshkol y Rabin se hallaban detrás de él; era difícil creer que en verdad estaba en sus manos. Avezados veteranos corrían para tocar el antiguo muro y llorar de gratitud.

En los días después de la Guerra de los Seis Días las naciones árabes celebraron una conferencia cumbre en Jartum. El 1º de septiembre firmaron una declaración que especificaba «los principales principios a los que se acogen los estados árabes». Esos principios eran de «no paz con Israel, ni reconocimiento de Israel, ni negociaciones con el mismo». Además de estos tres no con Israel, el cuarto principio era «insistir en los derechos del pueblo palestino a tener su propio territorio».

Los árabes, que nunca estuvieron dispuestos a ayudar a resolver el problema creado en 1948 con los refugiados, aún seguían usando a los árabes palestinos como fichas de regateo casi veinte años después, todavía pretendiendo que Israel sencillamente se iría y ellos podrían establecer de nuevo la hegemonía árabe en toda la tierra «desde el río hasta el mar».

En noviembre de 1967 el Consejo de Seguridad de la O.N.U. adoptó una resolución escrita por los delegados inglés y estadounidense, pidiendo el retiro de los israelíes «de los territorios ocupados en el conflicto reciente». Debido a que las palabras eran en cierto sentido ambiguas, puesto que no exigían un retiro «inmediato» de «todos» los territorios, como la Unión Soviética y las naciones árabes lo exigían, y debido a que pedía el «reconocimiento de la soberanía de ... todo estado en la región», lo cual, por supuesto, incluiría al estado de Israel, los líderes de Israel lo miraron favorablemente.

La intención de la Resolución 242 era ofrecer un cimiento para acuerdos de paz entre Israel y las naciones árabes que le habían declarado la guerra. Pero debido a que pedía el reconocimiento de existir de Israel, ninguna de las naciones árabes lo reconocería, y así permanecieron técnicamente en guerra con Israel. Como es natural, Israel no iba a entregar ninguno de los territorios adquiridos en la guerra si no se le garantizara la seguridad, que al menos incluía el reconocimiento de su soberanía. La situación en el Medio Oriente se estancó.

Pasarían diez años completos y otra guerra más antes que un líder árabe, Anuar el-Sadat de Egipto, valerosamente decidiera hacer la paz con Israel. El resto de las naciones árabes rechazaron la Resolución 242 y hacer la paz con Israel a menos que este reconociera antes el principio establecido en Jartum, el derecho de los palestinos a tener su propia nación y eso significaba, como lo especificaron más tarde, entregar a la Organización para la Liberación de Palestina los territorios ocupados.

Después de la Guerra de los Seis Días pasarían veintiséis años antes que de Israel finalmente cediera a la presión internacional encabezada por EE. UU. y firmara otro tratado de paz, no con una nación árabe, sino con una organización terrorista. Incluso entonces, solo otra nación árabe siguió con la firma de un tratado de paz con Israel.

E Israel pudiera haber bien firmado un tratado de paz con el diablo mismo como con la O.L.P.

Once

✛

El centro de la tierra

La tarde del martes 24 de septiembre de 1996, se evacuó del muro occidental a los adoradores judíos, mientras que palestinos iracundos gritaban: *«¡Allahú Akbar!»* Desde su ventajoso lugar fuera de la mezquita al-Aqsa, ubicada directamente por encima del muro, jóvenes y viejos gritaban airados las palabras «¡Alá es grande!» A medida que el disturbio crecía, la policía israelí disparó balas de caucho contra los amotinados que apedreaban a los adoradores judíos.

Pero esta vez el incidente no concluyó con una pocas piedras lanzadas. En lugar de eso, la violencia escaló paso a paso hasta que toda la nación se vio al borde mismo de una guerra civil. El día siguiente la Autoridad Palestina convocó a una huelga oficial de los trabajadores árabes y llamó a demostraciones masivas por toda la margen occidental, Gaza y Jerusalén del este. Esta vez cuando los soldados israelíes trataron de contener el disturbio que estallaba de nuevo, la policía palestina disparó en su contra, usando las armas que los israelíes les dieron según el acuerdo de Oslo.

Desde Jerusalén la lucha se extendió a otras poblaciones y aldeas. La peor estalló en Nabulus (Siquem, en la Biblia), en donde atacaron a soldados israelíes y colonos en la tumba de José, uno de sitios sagrados judíos. Los palestinos saquearon una yeshivá cercana y quemaron miles de libros sagrados. Para evitar una matanza, las Fuerzas de Defensa de Israel (F.D.I.) movilizaron a posición tanques y helicópteros de ataque. Seis soldados murieron en la escaramuza que siguió, pero se rescató a la mayoría de los israelíes atrapados en el sitio.

Después de cuatro días de lucha, los muertos ascendían a setenta y había centenares de heridos. La nación de Israel declaró el estado de emergencia. El presidente Clinton llamó a Washington a los líderes israelí y palestino para una conferencia cumbre concertada de prisa. De nuevo la atención del mundo se centraba sobre Israel y sobre todo en Jerusalén donde comenzó la violencia. Reporteros, fotógrafos y cámaras de televisión pregonaron sin parar al público internacional.

Los gobiernos de todo el mundo se apresuraron a aplicar su peso con pronunciamientos respecto a la situación en Jerusalén. Siguiendo su norma largamente practicada, el Consejo de Seguridad de la O.N.U. emitió una resolución condenando a Israel por provocar la violencia.

DIECIOCHO HECTÁREAS INFLAMABLES

El pretexto para la revuelta inicial fue la apertura de una nueva entrada al túnel asmoneo, un sitio arqueológico que corre paralelo al muro occidental y bajo una porción de la ciudad vieja, a unos cuantos centenares de metros del área del Monte del Templo. El túnel se abrió a los turistas durante casi diez años. Pero con solo una entrada los turistas tenían que regresar y volver a salir por la misma entrada. La nueva entrada permitía el tránsito en un solo sentido en el túnel, y a la vez permitía que más turistas visitaran este importante sitio histórico en el corazón de Jerusalén.

Lo que Washington y la mayoría del mundo no comprendió fue que este reciente estallido de violencia en Israel no fue sencillamente otro ejemplo de las tensiones siempre caldeadas entre israelíes y palestinos. Esta batalla no tenía nada que ver con el conflicto nacionalista árabe judío. Esta es una guerra respecto a la soberanía de Jerusalén y, específicamente, respecto a quién tiene el título de propiedad del terreno de dieciocho hectáreas en Jerusalén donde se ubican sitios sagrados de judíos y musulmanes.

Este terreno es a lo que los judíos llaman el Monte del Templo y los musulmanes llaman Haram esh-Sharif, o noble santuario. Hoy es un parque bien arreglado y allí se ubica el santuario islámico conocido como la Cúpula de la Roca, o mezquita al-Aqsa.

Todo rastro de propiedad judía del sitio, incluyendo los templos de Salomón y Herodes, yace sepultado debajo de la explanada de piedra y así es como los musulmanes intentan conservarlo. No permiten que se realice ningún trabajo arqueológico en ese sitio. Es más, a través de los años han destruido a propósito todo los hallazgos arqueológicos encontrados en el Monte del Templo.

Para la mayoría de los estudiosos de la profecía bíblica parecería que «el tiempo de los gentiles» llegó a su fin en 1967 cuando Israel recuperó el control de toda la ciudad de Jerusalén, incluyendo el Monte del Templo. A decir verdad, el restablecimiento de la soberanía judía sobre la ciudad santa en la Guerra de los Seis Días fue uno de los hechos proféticos más importantes de la historia moderna.

Sin embargo, a los pocos días después de finalizada la guerra, el Monte del Templo se devolvió a la supervisión árabe. Moshé Dayán, ministro de defensa de Israel, se reunió con los líderes de la *wafk* jordana, el cuerpo religioso musulmán que supervisa las mezquitas y lugares santos, y en esencia les devolvió el control del Monte del Templo.

Muchos de los judíos laicos en Israel vieron la acción de Dayán como una necesidad política, creyendo que pondría fin al histórico conflicto de las naciones árabes con Israel. Pero los judíos religiosos la vieron como un pecado contra Dios, quien milagrosamente obtuvo la victoria para su pueblo en una guerra corta, posibilitando el control judío sobre muchas de las tierras bíblicas.

La devolución del área del Monte del Templo al control musulmán no trajo la paz con Israel y sus vecinos como Dayán con tanta ingenuidad esperaba. En lugar de eso, los árabes lo vieron como debilidad israelí, como lo es inevitablemente el apaciguamiento. Así la *yihad* por Jerusalén y sobre todo por estas dieciocho hectáreas inflamables en el corazón de la ciudad vieja, continúa hasta hoy.

Cuando Israel abrió la nueva entrada para el túnel asmoneo, Yasser Arafat se quejó de que era nada más que otro intento de «judaizar Jerusalén», la cual, en su opinión, es la capital de un estado palestino *de facto*. Es difícil que los que están familiarizados con la Biblia comprendan cómo los árabes pueden quejarse de judaizar a Jerusalén, puesto que la asociación judía con la ciudad, y más aun con el área del templo, se remonta a por lo menos cuatro mil años.

Sin embargo, a los jóvenes palestinos se les educa usando libros de texto que no mencionan a Israel para nada. Los mapas del Medio Oriente usados en las escuelas árabes rotulan el área de la nación de Israel como Palestina. Contra toda evidencia histórica (por no decir bíblica), a los jóvenes árabes se les enseña que Jerusalén siempre ha sido una ciudad árabe y que los judíos son los ocupantes ilegales de la región.

Para reforzar sus exigencias sobre la tierra, los palestinos ahora se jactan de ser descendientes de los cananeos originales que ocupaban la tierra antes de la antigua nación de Israel y, por consiguiente, tienen un derecho anterior a la tierra. De nuevo, tal afirmación desafía toda la evidencia histórica.

Pero ese no es el punto, como lo muestra un informe publicado por el *Wall Street Journal*, escrito poco después de los disturbios debidos a la apertura del túnel. El reportero Amy Dockser Marcus escribe: «Los arqueólogos y eruditos bíblicos dicen que a menudo se asombran de las libertades históricas que se toman los líderes políticos, quienes desdeñan o algunas veces escriben de nuevo las antiguas historias para que se ajusten a las necesidades corrientes».

Marcus describió una peculiar ceremonia que se realizó en agosto de 1996 por la Autoridad Palestina en el antiguo anfiteatro en la aldea de Sebastiya, lugar cercano a Nabulus. «Los jóvenes rehicieron la leyenda pagana de Baal, el dios cananeo, mientras el narrador leía en voz alta un antiguo texto creado a fin de que repercutiera en los problemas políticos modernos del público: advertencias respecto a las tribus hebreas dirigidas por Josué que comenzaban a conquistar Canaán».

Después de recalcar algunos «fallos eruditos» en la ceremonia, Marcus indica que el propósito de la celebración fue del todo político, no histórico; hecho que a los palestinos no les importa un comino. «El Sr. Abu Khalaf, del instituto arqueológico islámico, dice que los que insisten en las normas académicas rigurosas yerran el punto. Aun cuando los eruditos dicen que no es probable que los cananeos fueran oriundos de Arabia, afirma que la vida en las aldeas palestinas tradicionales de hoy no es muy diferente a la de los cananeos cuando vivían allí. Tampoco le molesta cuando los palestinos llaman a Jesucristo el primer palestino. Jesús vivió en Belén, dice el Sr. Abu Khalaf, y hasta ahora los habitantes de Belén son palestinos».

Así que cuando Yasser Arafat acusa al gobierno israelí de «judaizar Jerusalén» simplemente está volviendo a escribir la historia para que se ajuste a sus propósitos políticos. Le gustaría muchísimo que el mundo ignorara la historia judía

Jerusalén, y sobre todo la relación judía con el Monte del Templo.

EL CENTRO DE LA TIERRA

¿Qué hace del Monte del Templo un lugar sagrado de judíos y musulmanes? Es el lugar donde se halla la piedra del fundamento, el lecho de roca del monte Moriah, que yace debajo de la Cúpula de la Roca.

Tanto judíos como musulmanes consideran que la piedra del fundamento es donde Dios creó el mundo, el centro de la tierra. Creen que allí Dios creó a Adán, a quien colocó luego en el huerto de Edén, que se hallaba «al oriente» según el libro de Génesis. Es más, hay una inscripción en árabe en la Cúpula de la Roca que dice: «La roca del templo del huerto de Edén».

Los judíos también llaman a la piedra del fundamento la «roca de Abraham», porque fue allí, en esta particular porción del monte Moriah que Abraham ofreció a su hijo Isaac en obediencia a Dios. «Mediante este acto», Gershom Salomon dice, «el monte Moriah llegó a ser el lugar más sagrado de la tierra, y el lugar de adoración a Dios». Salomon es el fundador del movimiento de los Fieles del Monte del Templo, dedicado a la reinstauración de adoración judía en el sitio del Monte del Templo.

Los musulmanes también creen que la piedra del fundamento es el sitio del gran sacrificio de Abraham. Sin embargo, creen, totalmente sin garantía alguna, que fue Ismael y no Isaac el que se ofreció en sacrificio a Dios en el monte Moriah.

El tabernáculo de Moisés también se asocia con el monte Moriah. El tabernáculo funcionaba como un templo portátil y los israelitas lo usaron para adorar mientras viajaban de Egipto a la tierra prometida. Después que Josué dirigió la conquista de Canaán, el tabernáculo se colocó en Silo, donde permaneció aproximadamente cuatrocientos años.

En 1050 a.C. destruyeron a Silo y los filisteos se llevaron el arca del pacto. Algún tiempo más tarde el tabernáculo se trasladó a Jerusalén, la nueva capital del rey David, donde con el tiempo se levantó el tabernáculo en el monte Moriah. También recuperó el arca del pacto y la trajo a Jerusalén. David compró la «roca de Abraham» que Arauna jebuseo usaba para trillar el trigo, como lugar para una casa de Dios permanente.

Cuando Salomón construyó el primer templo, en este sitio sagrado sobre el monte Moriah, se desmanteló el antiguo tabernáculo. Muchos judíos creen que el tabernáculo se guardó debajo de la piedra del fundamento, donde permanece hasta hoy.

DIOS NOS OTORGÓ ESTA TIERRA

En 586 a.C., los babilonios destruyeron por completo el primer templo, el de Salomón. Setenta años más tarde, los judíos que regresaron del cautiverio lo reconstruyeron en el mismo lugar. Herodes el Grande restauró y engrandeció lujosamente el llamado segundo templo, empezando en el año 20 a.C.

Este fue el segundo templo existente durante la vida de Jesucristo. Fue aquí donde le pusieron nombre y lo circuncidaron, y también lo hallaron dialogando con los líderes religiosos a los doce años de edad. En este lugar Jesús predicó y enseñó, y viró las mesas de los cambistas que convirtieron la «casa de oración» en «cueva de ladrones». Allí nació la iglesia en el día de Pentecostés, cuando los discípulos persistían en la oración. Quizás Pedro predicó su gran sermón en los atrios exteriores del templo.

Después que los ejércitos romanos destruyeron el segundo templo, sin dejar piedra sobre piedra, nunca más se reconstruyó. Durante dos mil años los judíos han estado sin templo para la adoración o los sacrificios. Durante siglos, a decir verdad, el Monte del Templo yacía en ruinas. Los cristianos bizantinos destruyeron los templos paganos que los romanos construyeron en ese sitio. A principios del siglo cuarto se construyeron en Jerusalén iglesias cristianas, pero no sobre la roca sagrada en el monte Moriah. Esto no fue en consideración a los judíos, sino más bien un comentario del fracaso del estado judío.

Cuando los invasores musulmanes capturaron Jerusalén, sin embargo, convirtieron de nuevo el monte Moriah en lugar de adoración. Pero no fue a Jehová, el Dios de Abraham, Isaac y Jacob al que adoraban en ese lugar santo. Alá, el dios musulmán, no es el mismo Dios de la Biblia, adorado por judíos y cristianos, el «pueblo del Libro».

Antes de Mahoma, los árabes adoraban a muchos dioses; el santuario Kaaba en La Meca albergaba alrededor de trescientos sesenta ídolos. Pero el principal era la diosa luna, conocido por el título de al-Ilá, «la deidad». Incluso antes del tiempo de Mahoma se había acortado el título de la diosa luna de al-Ilá a Alá. Mahoma «promovió» a Alá, haciéndolo el único dios del islam. El símbolo de Alá, adoptado por el islam, era el cuarto creciente de la luna. De ahí que al islam, aun cuando monoteísta, lo rechazaron judíos y cristianos como una religión contraria a las Escrituras: El pueblo del Libro reconoció que Alá no era el Dios del Libro.

A fines del siglo séptimo los musulmanes construyeron un santuario sobre la piedra del fundamento, el lecho de roca sagrado en el monte Moriah. Llamada la Cúpula de la Roca, sigue siendo uno de los puntos más destacados de Jerusalén hoy. Aparte de un breve período, de más o menos cien años bajo el gobierno de los cruzados, cuando se convirtió a la mezquita en iglesia, la Cúpula de la Roca ha permanecido en su sitio durante trece siglos.

La hostilidad musulmana contra el judaísmo y el cristianismo se puede hallar en las inscripciones en árabe en las paredes de la Cúpula de la Roca. Hay más de doscientos metros de inscripciones, muchas de ellas citas del Corán. Las siguientes son apenas algunos ejemplos:

> Oh, pueblo del Libro, no pases de los límites de tu religión, ni digas nada en cuanto a Alá, sino la verdad.
>
> No hay Dios sino Alá; él no tiene ningún compañero.
>
> El Mesías, Jesús, el hijo de María, no es sino un mensajero de Alá y su palabra que puso en María y su espíritu. Así que cree solo en Alá y su mensajero, pero no digas «tres» [Trinidad] y eso será mejor para ti.
>
> Alá es el único Dios. Lejos sea de su gloria haber tenido un hijo.
>
> En verdad, la religión a la vista de Alá es el islam.

A partir de esta breve historia del monte Moriah podemos ver que las tensiones entre musulmanes y judíos sobre el Monte del Templo es un conflicto que ya dura siglos. La propiedad judía del sitio, sin embargo, es anterior al control musulmán con al menos quince siglos. Si algún grupo pudiera probar su título de propiedad a estas dieciocho hectáreas inflamables, definitivamente sería el pueblo judío. Dios les prometió la tierra, incluyendo a Jerusalén. La Palabra de Dios relata que el rey David compró este sitio en particular, sobre el monte Moriah, pagando por él cincuenta siclos de plata.

¿Por qué pagaría David por un lugar que Dios prometió dar a su pueblo? Gershom Salomon ofrece esta respuesta: «El pueblo israelita compró tres lugares en Israel a pesar de que Dios les prometió la tierra porque, cuando las naciones vengan y digan: "Esta tierra no les pertenece", la respuesta sería: "Esta tierra nos la dio Dios, quien es el dueño de todo el universo, y también nosotros pagamos por esos tres lugares que simbolizan la tierra". Estos tres lugares son el Monte del Templo, la cueva de Macpela de los patriarcas, en Hebrón, y la tumba de José en Siquem».

Estos tres lugares ya se han entregado al control árabe, o lo serán pronto, para que el proceso de paz continúe sin interrupción. Los palestinos les han dicho a los israelíes: «Esta tierra no les pertenece». Y respaldan sus palabras con balas: Recientemente mataron a seis soldados israelíes en la tumba de José y la policía palestina disparó contra los soldados israelíes que trataban de dispersar a los amotinados árabes en el Monte del Templo. Es tiempo de que una voz se levante en Israel: «Dios nos dio esta tierra, y también pagamos por ella».

PLANIFICAR LA REEDIFICACIÓN

Aun cuando nunca se ha establecido adoración cristiana en el Monte del Templo, lo consideramos un lugar muy importante histórica y espiritualmente. Muchos creemos que las Escrituras ordenan la custodia judía del sitio santo. Para que la profecía se cumpla, debe haber un tercer templo edificado por los judíos en el mismo sitio que los otros dos templos anteriores.

En el Antiguo Testamento, Daniel hablaba del príncipe que pactaría con el pueblo judío y les garantizaría libertad para que hicieran sacrificios y oblaciones. Esto solo se puede hacer en el templo. El profeta también predijo que después de tres años y medio el templo lo profanaría este príncipe, el anticristo, quien invadiría el Lugar Santísimo y se proclamaría Dios. Así que es cierto que al final el templo se reedificará.

El Nuevo Testamento también describe la adoración judía en un templo futuro. Jesús citó las profecías de Daniel respecto al anticristo y al templo (véase Mateo 24.15). El apóstol Pablo también se refirió a la profecía de Daniel: «Nadie os engañe en ninguna manera; porque [el regreso de Cristo] no vendrá sin que antes venga la apostasía, y se manifieste el hombre de pecado, el hijo de perdición, el cual se opone y se levanta contra todo lo que se llama Dios o es objeto de culto; tanto que se sienta en el templo de Dios como Dios, haciéndose pasar por Dios» (2 Tesalonicenses 2.3-4).

Así que una vez tras otra, en las descripciones de los últimos días, enfrentamos la presencia del templo. Pero, ¿planea el pueblo judío reconstruir el templo?

Sin duda alguna. Recorra los estrechos callejones del sector judío de la ciudad vieja. Hable con la gente en las tiendas y yeshivás. Descubrirá amplia evidencia de los anhelos espirituales de los judíos por su antiguo templo y la adoración asociada con el mismo.

Si visita a Jerusalén electrónicamente, por vía Internet, hallará el mismo entusiasmo por la reconstrucción del templo. Por ejemplo, el frente del Almacén del Templo de Jerusalén tiene este letrero:

DESCUENTOS ANTES DEL TERCER TEMPLO:

Compre antes de que se reconstruya el templo y los precios suban

Al gracioso letrero le sigue esta descripción del Almacén del Templo, tienda en la ciudad vieja que ofrece artículos de colección relacionados al primero y segundo templos: «Con el regreso de los judíos a su tierra, el sueño del templo santo es de nuevo una realidad».

Gershom Salomon, fundador del movimiento de los Fieles del Monte del Templo, está convencido de que el templo se reedificará durante su vida. Escribe: «Hay tres condiciones bíblicas para la redención completa del pueblo de Israel y para la venida del Mashiach ben David [Mesías]: la reunificación de la nación israelí de todo el mundo en la tierra prometida; la fundación del estado israelí en la tierra que Dios le prometió a Abraham, Isaac y Jacob en pacto eterno ... y la reconstrucción del templo, el tercer templo.

»Las primeras dos condiciones ya se han cumplido en nuestros días mediante poderosos milagros de Dios. La tercera condición, la reconstrucción del templo, pronto se cumplirá. Este es el momento preciso para hacerlo de inmediato. Tantas casas se han construido en la tierra de Israel en los últimos cincuenta años y solo una, la más grande y más santa del mundo, la Casa de Dios, todavía está en ruinas».

Para los judíos devotos la reconstrucción del templo se considera un *mitsvah*, o mandamiento. De los seiscientos trece mandamientos codificados en la Ley Mosaica, doscientos dos dependen del templo para su cumplimiento. Por consiguiente, muchos en la comunidad religiosa en Israel se han estado preparando con fervor para cumplir estos *mitsvots* (mandamientos).

Según el rabino Chaim Richman del Instituto del Templo en Jerusalén, «la Torá enumera noventa y tres categorías de *klei sharet*, vasos sagrados, que se usarán en el Beit HaMikdash [templo santo]. De este número, el Instituto del Templo tiene ya fabricados más de la mitad». El Instituto del Templo mantiene un museo exhibiendo los vasos del templo, incluyen artículos tales como el lavatorio de bronce, la diadema de oro del sumo sacerdote, las trompetas de plata y las vestiduras sacerdotales.

»Estos artículos no son modelos, copias ni réplicas», dice Richman, «sino son realmente kosher, artículos funcionales, hechos de oro, cobre, plata y otros materiales en bruto originales. La restauración es tan precisa que si se reconstruyera el templo de inmediato, el servicio divino podría volver a empezarse sin dilación, utilizando estos artículos».

El Instituto del Templo es solo una de varias organizaciones en Jerusalén que activamente investigan y preparan artículos para su uso en el futuro templo.

La organización Begev Ivri se estableció en 1983 con el propósito de revivir el ministerio levítico. Su literatura promocional dice: «Detrás de las tumultuosas escenas y fuera de la mirada de los medios noticiosos, un dedicado grupo de personas en silencio restauran costumbres antiguas, reconstruyen enseres e instrumentos originales, y varias escuelas especiales preparan a quienes los usarán».

SONIDOS DEL TEMPLO

Todo el que ha visto una dramatización de Navidad ha oído del incienso y la mirra, dos de los regalos que los magos llevaron al Niño Jesús. Pero, ¿qué era exactamente el incienso y la mirra? Eran dos de las once «especias santas» que constituyen el *ketoret*, u ofrenda de incienso, que se quemaba cada mañana y noche en el altar del incienso en el antiguo templo judío.

Los investigadores de Beged Ivri han autenticado los once ingredientes originales del *ketoret*: bálsamo, clavo de olor, gálbano, incienso puro, mirra, casia, nardo, azafrán, costo, corteza aromática y canela. Debido a que el *ketoret* se usaba en toda ceremonia que se realizaba en el templo, la identificación y producción de estas sustancias aromáticas es un paso importante en los preparativos para el tercer templo. Tal vez no pasará mucho antes de que la fragancia del *ketoret* llene el aire de Jerusalén hasta Jericó, como lo describe el Talmud.

El Talmud también dice que había muchas arpas que se tocaban durante las Fiestas de la Pascua y de los Tabernáculos, cuando miles de peregrinos acudían a Jerusalén, y que el sonido de las arpas se escuchaba hasta en Jericó. Una pareja judía en Jerusalén tiene una visión de volver a crear los alegres sonidos de miles de arpas del templo.

Micah y Shoshanna Harrari han dedicado la última década de sus vidas a la investigación y fabricación de los instrumentos musicales que inventó el rey David para el uso en la adoración en el templo. En su taller, la Casa de Harrari, en Jerusalén, se pueden comprar réplicas del *kinnor*, el arpa de

David, de diez cuerdas, hermosamente hechas a mano. Estas arpas que se sostienen en las manos son verdaderos objetos de arte, agradable tanto a la vista como al oído.

En honor a la celebración oficial de los tres mil años de ser Jerusalén la capital de David, los Harrari tomaron una nueva dirección en su trabajo bíblico: fabricar tres mil arpas levíticas para usarse en el tercer templo. Les han pedido a las congregaciones judías del mundo entero que donen un arpa para el templo. De acuerdo a su literatura de promoción, la congregación que dona un arpa recibirá una de estas tres mil arpas levíticas, «que fabricaremos y entregaremos como una pieza central que se debe cuidar y por la que se debe orar, y finalmente devolverla a Jerusalén cuando el templo se reedifique».

Se conservará una lista de los nombres de los donantes y se presentará al levita principal de la orquesta del templo, y cuando llegue el cumplimiento del tiempo, se emitirá el llamado para que las tres mil arpas se devuelvan a Jerusalén. Los Harraris dicen: «Para nosotros esto representa el principio de una nueva era, conforme nos acercamos más al tiempo de redención y rededicación del templo santo, una casa de oración para todas las naciones». ¿Podría estar lejos aún el día cuando la fragancia del *ketoret* y la armonía de las arpas levíticas llenen el aire de Jerusalén a Jericó otra vez?

¿DÓNDE SERÁ?

Como vemos, los preparativos para revivir el culto levítico en el templo están sumamente avanzados. Solo falta que se reconstruya el templo. Pero he aquí el problema: ¿cómo van a reconstruir el templo sin empezar la Tercera Guerra Mundial? Si con solo el hecho de abrir una nueva entrada al túnel asmoneo casi desata una guerra civil en Israel, ¿qué ocurriría si los judíos intentan construir un templo en algún lugar cercano al Monte del Templo, por no decir en el monte mismo?

Y allí es donde se construirá porque de acuerdo a la ley rabínica el único lugar en que se puede construir el templo judío es en el mismo punto exacto donde se erigieron los primeros dos templos. Hay un obstáculo serio para construir el templo allí: el tercer lugar más santo de la fe musulmana, la Cúpula de la Roca, se halla exactamente en el antiguo sitio del templo.

Poco después de apoderarse de nuevo de la ciudad vieja en 1967, un reportero entrevistó al famoso historiador israelí Israel Eldad, y le preguntó:

—¿Piensa su pueblo reconstruir el templo?

—Desde el momento en que el rey David conquistó Jerusalén hasta que se construyó el templo de Salomón pasó apenas una generación. Eso mismo ocurrirá con nosotros —respondió Eldad.

—¿Qué tal en cuanto a la Cúpula de la Roca que ahora se levanta en el sitio del templo? —preguntó el reportero.

—Eso, por supuesto, es una cuestión abierta —dijo Eldad—. ¿Quién sabe? A lo mejor ocurre un terremoto.

Es concebible que Dios pudiera usar un terremoto para resolver la cuestión. La Biblia registra muchos terremotos, algunos como resultado del juicio divino. La Biblia también predice que al período de la gran tribulación lo precederán severos terremotos.

Y sucede que Jerusalén se halla muy cerca a la falla africana, la brecha más profunda de la corteza terrestre, que corre desde el África por el Mar Rojo, el Mar Muerto y el valle del río Jordán. Muchos sismólogos dicen que, como California, Israel ya debía haber tenido «uno bien grande» hace mucho tiempo.

La tradición ha sostenido por largo tiempo que el antiguo templo se levantaba precisamente en el lugar en que hoy ocupa el santuario musulmán, la Cúpula de la Roca, la estructura más prominente y visible de todo Jerusalén, aun cuando es incierto si la roca sagrada fue el sitio original del altar de los sacrificios o del Lugar Santísimo.

Por consiguiente, parecería que la reconstrucción del templo requeriría la demolición de la Cúpula de la Roca; asunto impensable para todos menos para los más celosos proponentes de la reconstrucción, porque con toda seguridad provocaría la guerra con los estados árabes vecinos.

Aun cuando la opinión tradicional todavía goza del apoyo de la mayoría de los arqueólogos y los rabinos, hay otras dos opiniones que han ganado un creciente número de adeptos en años recientes. Ambas teorías concluyen que el sitio del templo colinda con la Cúpula de la Roca, pero no directamente en ese lugar. La ventaja de estas opiniones es que, al menos teóricamente, se podría construir el tercer templo en el área del Monte del Templo sin destruir los sitios santos musulmanes.

Hace alrededor de veinte años, el Dr. Asher Kaufman, profesor de física de la Universidad Hebrea, propuso una ubicación al norte del Monte del Templo como el sitio original. Por años Kaufman ha investigado intensamente el Monte del Templo, y concluyó en que el antiguo templo no se levantaba en el mismo lugar que ocupa la Cúpula de la Roca. Piensa más bien que se levantaba como a cien metros al norte de la ubicación de la Cúpula de la Roca.

Su primera razón para creerlo es la ubicación de la Puerta Oriental o Dorada. Esta puerta, que desde hace mucho tiempo está sellada, conducía directamente a la entrada frontal del templo, que se levantaba en línea este-oeste, con el lugar santo y el Lugar Santísimo en el extremo occidental.

Sin embargo, la Cúpula de la Roca se levanta aproximadamente a cien metros al sur de la línea este-oeste que pasaría por la Puerta Oriental. Los arqueólogos han descubierto restos de la antigua Puerta Oriental exactamente debajo del lugar donde se levanta la actual. Así que su ubicación no queda en duda.

Kaufman también cree que una pequeña cúpula, que se levanta casi sin que la noten en la esquina noreste del Monte del Templo, como a cien metros de la Cúpula de la Roca, preserva el sitio original del Lugar Santísimo, tal vez el mismo punto en que descansaba el arca del pacto. En árabe se le llama la Cúpula de las Tablillas o de los Espíritus, y abarca el único otro punto donde el lecho rocoso del monte Moriah no está empedrado.

Tal vez los nombres árabes indican un sentido del propósito original de este punto: «Tablillas» podría referirse a las tablas de piedra en las que se escribieron los Diez Mandamientos. Estas tablas se guardaban en el arca del pacto, que a su vez se guardaba en el Lugar Santísimo. Y «espíritu» podría referirse a la presencia de Dios, de la cual se dice que moraba en el Lugar Santísimo.

Existe alguna evidencia documentaria para la teoría de Kaufman. *La Mishnah*, una colección de las leyes y las tradiciones judías que datan de los días del templo de Herodes, y otros escritos antiguos no bíblicos brindan evidencia de que el antiguo templo se levantaba con la pared norte fuera y al norte de la explanada sobre la cual hoy se levanta la Cúpula de la Roca; de la misma manera, tal vez el muro oriental se levantaba ligeramente al este del muro actual en dicha explanada.

Hace poco se propuso un lugar más al sur en el Monte del Templo como el sitio del templo original. Cinco años atrás, el arquitecto israelí Tuvia Sagiv desarrolló su teoría. Sagiv coloca al templo original en un punto que hoy ocupa la fuente El Kas, equidistante de la Cúpula de la Roca y la mezquita al-Aqsa.

Sagiv ofrece una tremenda cantidad de documentación para respaldar su teoría de una ubicación más al sur. Primero, reconstruyó el Monte del Templo usando mapas topográficos del monte Moriah, comparándolos con antiguos registros que mencionan la altura relativa de los varios edificios que se sabe estuvieron en el Monte del Templo.

La Torre Antonia, cree Sagiv, estaba en realidad en el punto en que ahora se levanta la Cúpula de la Roca. Eso pondría el lugar del templo original al sur de la Cúpula de la Roca, puesto que los documentos antiguos concuerdan en que la Torre colindaba con el templo y al norte de él.

Otra consideración crítica en la teoría de Sagiv es la ubicación del templo en relación al acueducto que traía agua al sitio del templo. La ley rabínica requería que para el *mikvah*, o sea el baño ritual de los sacerdotes del templo, se usara agua «viva» o sea agua corriente, no almacenada en cisternas, así como para limpiar el área en que se ofrecían los sacrificios de animales.

Eso significa que el agua tendría que fluir desde una fuente más elevada hacia el área del templo. Sin embargo, los estudios del antiguo acueducto ponen la ubicación del manantial como a seis metros por debajo del lecho rocoso del sitio de la Cúpula de la Roca. Por consiguiente, el templo no podía haber estado ubicado en ese sitio, o de lo contrario, el agua hubiera tenido que desafiar las leyes de la gravedad para llegar al sitio del templo, a mayor altura. En el lugar más al sur propuesto por Sagiv, el templo se ubicaría bien por debajo de la fuente de agua, como se requiere.

Métodos adicionales que Sagiv ha usado para respaldar su teoría incluyen radar que penetra en la tierra, e imágenes infrarrojas térmicas. Según Sagiv, los resultados de estas pruebas de alta tecnología respaldan su conclusión de que el sitio del templo original estaba más abajo de la Cúpula de la Roca, y por consiguiente, al sur de la misma.

Hasta ahora, es imposible determinar cuál de estas teorías respecto a la ubicación precisa del primero y segundo templos pudiera ser la verdadera, por cuanto está prohibida la excavación en el Monte del Templo. Sin embargo, un repaso de estos nuevos estudios da la impresión de que un cuidadoso análisis pudiera dejar al descubierto alguna verdad que por largo tiempo se ha pasado por alto. Si esto es cierto, la reconstrucción del templo pudiera estar más cerca de lo que pensamos.

Doce

Rumores de guerra

Dos días después de forzar las firmas en Washington entre Benjamín Netanyahu y Yasser Arafat en cuanto al Acuerdo sobre Hebrón, la administración de Clinton empezó a presionar a Israel para que reabriera las negociaciones con Siria. Sandy Berger, el nuevo asesor de seguridad nacional de Clinton, les dijo a los reporteros el 17 de enero de 1997 que «no puede haber una paz total en el Medio Oriente si no se incluye a Siria».

Cuando leí en los periódicos los relatos de los últimos intentos de Estados Unidos de coaccionar una «paz de papel» en el Medio Oriente, quedé estupefacto. La tinta ni se había acabado de secar en el protocolo respecto a Hebrón. Las tropas israelíes salían rápidamente de la ciudad más antigua de la historia de Israel, la ciudad bíblica de los patriarcas, dejando el ochenta por ciento de Hebrón en manos de los palestinos. Bajo el nuevo arreglo, se requerirían unidades móviles conjuntas de soldados israelíes y policía palestina para escoltar a los adoradores judíos a los sitios santos donde están sepultados Abraham, Isaac y Jacob.

Ahora bien, incluso antes de que la herida causada por este asunto de Hebrón haya tenido tiempo de sanar, oficiales de la administración insinuaban que el próximo sacrificio de

261

Israel en aras de la paz serían las Alturas de Golán, su recurso
tal vez más estratégico. Washington sabe que Siria ha fijado
claramente su posición: Israel debe ceder totalmente las
Alturas de Golán *antes* de que haya conversación de paz
alguna. Washington también sabe que Siria ha respaldado esa
rigurosa condición previa con maniobras militares. Los movimientos de las tropas sirias en el otoño de 1996 colocaron a
la decimocuarta división de comando casi en la línea del
frente en Golán. Ya en diciembre los informes del servicio
secreto de ambas partes calculaban que el riesgo de guerra era
muchísimo mayor que en cualquier punto de la década pasada.

Si las exigencias de Washington por las conversaciones de
paz parecen ser nada realistas a la luz de las amenazas sirias,
es doblemente absurdo pensar que el Departamento de Estado de Estados Unidos considera oficialmente a Siria como
estado terrorista. ¿Qué peregrina idea quiere indicar Berger
con eso de que «no puede haber paz total en el Medio Oriente
si no se incluye a Siria»? ¿Qué tal de los otros estados terroristas en la región, tales como Libia?

¿Se obligará a Israel a negociar con Libia en pro de esta
paz total pero esquiva? Siria y Libia tienen mucho en común:
A ambas las gobiernan dictadores, ambas albergan terroristas
y los envían al extranjero para causar estragos en el gobierno
y aterrorizar a la población civil. Y si va a haber una «paz
total» en el Medio Oriente, ¿qué habría con Irak e Irán?

¿Por qué se percibe a Israel, la única democracia en el
Medio Oriente, como el principal obstáculo a la verdadera
paz?

ALIMENTAR AL CAIMÁN

Por décadas al gobierno de Estados Unidos lo ha controlado
una mentalidad liberal y la mayoría de los burócratas de
carrera en el Departamento de Estados cayeron en el campo
pro árabe. A pesar de los informes de prensa respecto al

poderoso cabildeo judío en esta nación, Israel no ha tenido muchos verdaderos amigos en las más altas esferas del gobierno. Cuando se trata del Medio Oriente, muchos políticos todavía se aferran a la escuela de pensamiento de alimentar al caimán: *Si echamos a Israel al caimán, este nos dejará tranquilos.*

Pero la furia del caimán, el antagonismo del mundo islámico hacia el occidente, databa de un milenio antes de que siquiera añadieran a Israel a la liga de potencias en el Medio Oriente. Los extremistas islámicos, dictadores que auspician el terrorismo, y jeques ricos en petróleo no aborrecen a occidente debido a Israel; aborrecen a Israel debido a occidente. A sus ojos, Estados Unidos era el Gran Satanás mucho antes de que la moderna nación de Israel existiera. Los principios de la democracia, firmemente arraigados en la tradición judeocristiana, son un enigma para el mundo islámico.

De lo que muchos en el gobierno no se dan cuenta es que no puede haber verdadera paz en el Medio Oriente a menos que el mundo árabe abrace la democracia. Como recalca Bernard Shapiro, director del Centro Freeman para Estudios Estratégicos, no es común que las democracias formen guerras unas contra otras. «Todas las principales guerras en los últimos doscientos años han sido entre dictadores o entre democracias defendiéndose de dictadores». De ahí que según Shapiro, «parece un poco extraño que nuestro Departamento de Estado promueva la democracia y los derechos humanos de un extremo del globo al otro, con la asombrosa excepción del Medio Oriente. ¿Por qué están los árabes aislados de la presión para democratizar sus sociedades?»

Sin embargo, ¿cuán eficaces serían los intentos de democratizar las naciones árabes? El resurgimiento del islamismo radical en casi todo el mundo árabe hace que una verdadera democracia en la región sea virtualmente imposible. Mi experiencia durante la Guerra del Golfo Pérsico me aclaró este hecho. Fui parte de un grupo de periodistas a los que se nos permitió acompañar al general Khalid, comandante en jefe saudí de las fuerzas multinacionales, en la inspección de las tropas en posición frente a la frontera de Kuwait. Cuando regresábamos a Dhahran al día siguiente, parecía que en el horizonte se vislumbraba un giro principal en la guerra. El Rey llamó a una reunión y virtualmente se convocó a toda persona de alguna importancia, incluyendo al general Schwarskopf y a los más altos jefes militares de Estados Unidos.

El rumor corrió como reguero de pólvora de que era inminente una invasión de tropas por tierra al territorio que ocupaba Irak. Cuando se tomaba la decisión trascendental, en verdad hubo muchísimas manos sudorosas en la habitación ese día. Pero esta reunión de nivel cumbre no tenía nada que ver con una inminente guerra terrestre; esta reunión tenía que ver con el menú para el desayuno. Se debía tomar una decisión en cuanto a si a las tropas estadounidenses se les permitiría comer tocino con huevos. Los saudís se negaron a que se permitiera desembarcar el tocino de las naves estadounidenses. Los oficiales temían que si nuestras tropas comían puerco en tierra saudí, podía causar que los fundamentalistas islámicos derrocaran el gobierno.

Esto tal vez suene risible para la mayoría de los estadounidenses, pero los saudís tenían una seria preocupación. Con una oleada de fundamentalismo abogando por un gobierno basado en la ley islámica estricta, había en verdad una amenaza para la estabilidad del reino saudí. Así que se tomó la trascendental decisión respecto al desayuno: las tropas que estaban en los barcos podían tener tocino con huevos, pero no las tropas en tierra.

Ahora imagínese por un momento que esta escena ocurriera en Israel. Los judíos ortodoxos observan una dieta kosher estricta. Como los musulmanes, no comen cerdo, y pueden ser muy rigurosos en cuanto a la prohibición de comerlo. Pero la idea de que el extremismo judío impida que las tropas estadounidenses coman tocino para el desayuno es absurda. Jamás ocurriría. Israel nació en el vientre de los ideales democráticos. En Israel hay un saludable debate en cuanto a los límites entre la fe religiosa y el gobierno. Incluso entre los judíos extremistas sería difícil encontrar a una sola persona que creyera que la santidad de la nación se profanaría debido a que los extranjeros coman carne de cerdo en terreno israelí.

Sin embargo, una violación de la prohibición islámica en cuanto a comer carne de cerdo sería un problema político de enormes consecuencias en muchas naciones árabes actuales. Los fundamentalistas islámicos han subido al poder en estas naciones, causando un retroceso respecto a la cultura y los valores occidentales. Los fundamentalistas hundieron al Sudán en una guerra civil. En 1992, los fundamentalistas asesinaron al presidente de Argelia poco después que este intentara evitar que los islámicos se apoderaran de la nación. Egipto, a cuyo anterior presidente Anuar el-Sadat lo asesinaron extremistas musulmanes, está de nuevo luchando con un movimiento fundamentalista creciente.

LIBERACIÓN DE AL-QUDS (JERUSALÉN)

Un elemento clave une a estos diferentes movimientos en naciones distintas: el deseo de regresar a los días gloriosos del islam mediante la liberación por la fuerza de las tierras musulmanas. Encabezando la lista de todo movimiento islámico está la liberación de una ciudad en particular: al-Quds, el nombre árabe de Jerusalén.

Los ímpetus para esta oleada creciente del fundamentalismo es la revolución iraní que derrocó al Sah en 1979 y colocó en el poder al ayatollah Jomeini. Los mullahs de Irán se imaginan una gran república islámica bajo su control. La presencia de Israel, una democracia pro occidente, ocupando un diminuto grano de arena en medio del vasto territorio desértico del mundo árabe, con casi veintiocho mil kilómetros cuadrados comparados con los más de diecinueve millones de kilómetros cuadrados, es una amenaza perpetua para el ideal islámico.

Debido a que la joya más preciosa de Israel, Jerusalén, es también la tercera ciudad más sagrada del islam, a los ayatollahs no les interesan mucho los acuerdos de paz entre israelíes y palestinos. Desde la Conferencia de Paz de Madrid en 1991, Teherán ha hecho todo lo posible por socavar la «paz total en el Medio Oriente» promovida por Washington. Fuentes de servicio secreto dicen que Teherán gasta hasta doscientos millones de dólares anuales para financiar a grupos extremistas dedicados a destruir las perspectivas de paz, primordialmente atacando blancos israelíes y estadounidenses en la región.

La decisión iraní de destruir la paz y exportar su revolución puede verse en la creación de una fuerza especial dentro de la Guardia Revolucionaria Islámica. La Fuerza especial al-Qods (Jerusalén) está a cargo de planear y ejecutar las actividades revolucionarias fuera de Irán. El 2.º Cuerpo de la Fuerza al-Qods, con su cuartel de mando en Damasco, está acantonada en el valle Bekaa, junto a la zona de seguridad en el sur del Líbano, donde las tropas israelíes están en posición para la defensa contra las incursiones de los hezbollahs a Galilea alta.

En la actualidad Siria, sin la cual «no puede haber paz total en el Medio Oriente», tiene más de treinta mil tropas acantonadas en el Líbano, complementadas por estas fuerzas iraníes especiales. ¿Por qué Siria e Irán se han apoderado de más del setenta y cinco por ciento del territorio del Líbano desgarrado por la guerra? Por una sola razón: como plataforma de lanzamiento para una invasión a Israel, y la consiguiente captura de Jerusalén, para un Imperio Islámico revivido.

Esto me trae de nuevo a la cuestión de la desatinada política estadounidense respecto a Siria y a una «paz total» en el Medio Oriente. ¿Por qué, a pesar de los informes del servicio secreto que muestran un probable estallido de violencia contra Israel, la administración Clinton continúa presionando a nuestro aliado democrático a ceder incluso más territorio con la esperanza de lograr un frágil acuerdo de paz en papel? ¿No deberíamos también presionar a las naciones árabes a que cedan territorio, o que entreguen *algo*, en pro de la paz?

Hay dos importantes razones para la tendencia de la administración Clinton hacia el apaciguamiento. La primera es que las firmas de acuerdos de paz suenan bien al público en Estados Unidos. Mucho del público estadounidense ha perdido la paciencia con las prolongadas negociaciones e interminables rondas de viajes diplomáticos. Pero la mayoría de los estadounidenses no comprende la enredada política del Medio Oriente, así como no se percatan de que harán falta mucho más que firmas en una serie de acuerdos como el Acuerdo sobre Hebrón y sus antecesores, para que haya paz verdadera y duradera en el Medio Oriente.

La segunda razón para la dirección de la política exterior de Clinton tiene que ver con el consejo que decide aceptar y lo que prefiere obviar. Por ejemplo, Clinton descartó totalmente un informe del Congreso procedente del Comité Especial sobre Terrorismo y Guerra No Convencional que indica que es inminente otra guerra árabe-israelí. En lugar de eso leemos que el nuevo asesor de seguridad nacional de Clinton, Sandy Berger, dice que Israel debe regresar a la mesa de negociaciones con un estado terrorista.

Es interesante, pero una evaluación egipcia del nuevo gabinete de Clinton, publicado en el semanario árabe *Al-Ahram*, dice lo siguiente respecto al asesor de seguridad nacional: «Resulta que Berger es judío, pero su orientación religiosa no matiza sus puntos de vista ni retoca su compromiso en el proceso de paz. Es miembro activo del movimiento Paz Ahora que apoya el derecho de los palestinos para la autodeterminación». Paz Ahora es un grupo de activistas de izquierda, una de las voces políticas más fuertes en Israel que insta al gobierno a hacer concesiones territoriales. Si Berger es en verdad un ex pacifista, ¿qué nos dice esto respecto a la clase de asesoría que le dará al presidente Clinton? ¿Puede haber alguna duda de que Washington le pedirá a Israel que haga aun más concesiones territoriales?

Es también posible que el presidente Clinton haya estado recibiendo asesoría de grupos vanguardias de terroristas respecto al Medio Oriente. Cuando surgió el escándalo respecto a la recaudación de fondos para la campaña, antes de la elección presidencial en 1996, se divulgó ampliamente que intereses comerciales indonesios habían donado millones de dólares al partido demócrata en un esfuerzo de influir en la política extranjera de Clinton para el Lejano Oriente. Lo que no se informó ampliamente fue que las fuerzas islámicas radicales también trataban de influir en la Casa Blanca de Clinton.

El periodista investigador y experto en terrorismo Steven Emerson informó en el periódico *Tribune-Review*, de Pittsburgh, del 3 de noviembre de 1996, que «conocidos patrocinadores del terrorismo» residentes en el Medio Oriente también trataron de cultivar una relación con la administración de Clinton. Emerson, quien ha rastreado por varios años a los grupos musulmanes radicales en Estados Unidos, dijo: «Los dos grandes grupos de vanguardia del islam radical en Estados Unidos son el Consejo sobre las Relaciones Islámico-Americanas (CAIR, por sus siglas en inglés) y el Consejo Musulmán Estadounidense (AMC, por sus siglas en inglés), ambos establecidos en Washington, D.C. Expedientes y documentos obtenidos de la Casa Blanca y de publicaciones internas de los mismos grupos muestran las frecuentes invitaciones de CAIR y AMC a la Casa Blanca».

¿Cuán radicales son estos grupos que tienen tan fácil acceso a la Casa Blanca de Clinton? Emerson dice que CAIR ha abogado abiertamente en favor del jeque Omar Abdel Rahman, el clérigo egipcio ciego que purga una sentencia de cadena perpetua por ser el cerebro maestro del atentado terrorista en el Centro Mundial de Comercio, en Nueva York. Y CAIR fue creado por un grupo de vanguardia del hamás, el principal patrocinador de los atentados suicidas y ataques terroristas contra Israel.

FORZAR LA PAZ

Pocos periódicos publicaron la historia de estas reuniones de Clinton con los grupos de vanguardia terroristas. Al mismo tiempo que el Comité Especial del Congreso emitía su informe secreto que precedía la guerra inminente en el Medio Oriente, a los estadounidenses se les daba extensa información periodística de una carta al Primer Ministro israelí de tres ex secretarios de estado, tres ex asesores de seguridad nacional y dos ex negociadores de paz. Esta carta, escrita el 14 de diciembre de 1996, presiona tremendamente a Israel para que haga concesiones en la cuestión de Hebrón. No es coincidencia, a mi parecer, que el Acuerdo de Hebrón se firmó apenas treinta días más tarde.

Iniciada por el ex secretario de estado, James A. Baker, la carta contiene amenazas finamente veladas contra los asentamientos israelíes en la Margen Occidental. Dice: «Escribimos porque nos preocupa que esas acciones unilaterales, tales como la expansión de los asentamientos, serían demasiado contraproducentes para el objetivo de una solución negociada y, si continúan, pudieran detener el progreso logrado en el proceso de paz en las dos décadas pasadas. Un resultado tan trágico amenazaría la seguridad de Israel, de los palestinos, de los estados árabes amigos y socavaría los intereses de EE. UU. en el Medio Oriente».

Los ex secretarios de estado Lawrence Eagleburger y Cyrus Vance también firmaban la carta. Pero tal vez lo que más revela la verdadera intención de la carta es que otros tres ex secretarios de estado *se negaron* a firmarla: Henry Kissinger, George Schultz y Alexander Haig. ¿Es posible que no firmaron la carta porque sabían que este método menoscabaría la posición de Israel para negociar y animaría a los que prefieren el terror como táctica de negociación para que desaten una nueva oleada de violencia?

Incluso mientras los negociadores estadounidenses presionaban un acuerdo sobre Hebrón, los partes del servicio secreto controlaban los movimientos de tropas sirias en Golán y los embarques ilegales de armas que fluían a los palestinos. Convenientemente, obviaron estos partes mientras que presionaban demasiado a Israel para que hiciera concesiones. No sé con exactitud cuánta información clasificada tenía la administración Clinton a su disposición. Pero sin duda tenían acceso al tipo de investigación detallada en el informe del Comité Especial. Este informe, filtrado al público mediante la Internet a mediados de enero, es sorprendente en su evaluación de la probabilidad de guerra en el Medio Oriente.

El congresista Jim Saxton, presidente del Comité Especial sobre Terrorismo y Guerra No Convencional de la Cámara de Representantes, criticó a la administración Clinton por pasar por alto el informe del Comité Especial del Congreso mientras apremiaba el Acuerdo de Hebrón. «La administración continúa presionando a Jerusalén para que le haga concesiones adicionales al Sr. Arafat, y a la vez pasa por alto los hechos concurrentes en el Medio Oriente», dijo. «En lugar de obligar al gobierno de Israel elegido democráticamente para que se desvíe de la política para la que se eligió, EE. UU. debería concentrarse en ayudar a Israel a enfrentar la creciente amenaza de guerra».

El informe del Comité Especial del Congreso, titulado *Approaching the New Cycle of Arab-Israeli Fighting* [Acercándose al nuevo ciclo de lucha árabe-israelí], documenta los movimientos de las tropas sirias en la frontera israelí, la existencia de armas nucleares en Irán y Pakistán, el surgimiento del islam militante y lo inevitable de otra guerra destinada a destruir a Israel. El informe señala: «Numerosas fuentes en la región informan que los máximos líderes civiles y militares en la mayoría de los estados árabes, así como en Irán y Pakistán, están convencidos de que la actual vulnerabilidad de Israel es tan grande que hay una oportunidad única para al menos empezar el proceso que llevaría a la destrucción de Israel. Estas circunstancias se consideran una histórica ventana de oportunidad que el mundo musulmán no debe perder».

Documentando la evidencia que muestra que los estados árabes tienen toda intención de aprovechar esta ventana de oportunidad, el informe indica que «esta crisis crece incluso mientras todos los participantes clave continúan afirmando su compromiso al "proceso de paz" inspirado por EE. UU.» Este «tobogán a la guerra», dice el informe, es la «dinámica dominante» en la región.

Situaciones potencialmente explosivas podrían brotar en Irak y Siria, a medida que Saddam Hussein y Hafed al-Assad determinan quién los sucederá. En Arabia Saudí, el príncipe Abdallah ha consolidado el poder sobre otros contendientes de la familia real. Adballah, quien planea expulsar de la región a Estados Unidos, ha entablado estrechas relaciones con Assad de Siria. Según el informe del Comité Especial del Congreso, «el príncipe Abdallah ya ha prometido a Damasco iniciar un embargo petrolero comprensivo contra el occidente en caso de una crisis de envergadura con Israel».

Minuciosamente el informe analiza movimientos militares estratégicos que indican preparativos operativos para la guerra:

- En la primavera de 1996, Hafed al-Assad y Saddam Hussein se reunieron en una cumbre en privado. Más tarde se les unió Irán y se hicieron planes para enviar fuerzas y armas iraníes al frente sirio.

- En mayo de 1996 Irán realizó el más grande ejercicio militar de su historia, simulando un avance de largo alcance igual a la distancia entre Irán e Israel.

- En junio, Irán y Siria firmaron un acuerdo de cooperación militar contra Israel. En agosto, Irak se unió al acuerdo y se estableció un «comando tripartito» para conducir «una guerra de grandes proporciones contra Israel».

- En septiembre, la Autoridad Palestina (A.P.) firmó un acuerdo militar con Siria, con tal que las fuerzas palestinas y grupos terroristas irrumpieran en Israel en caso de una escalada en el norte. Mientras tanto, los servicios de seguridad de la A.P. acopian armamento antitanques y antiaéreo, incluyendo misiles, aun cuando los Acuerdos de Oslo lo prohíben.

- También en septiembre, las Fuerzas Armadas Egipcias realizaron su más grande ejercicio militar desde los años setenta, simulando una ofensiva estratégica contra Israel. En octubre, los oficiales del ejército egipcio realizaron una gira por el Sinaí, cerca de la frontera israelí, violando los Acuerdos de Camp David.

- A partir de octubre se realizaron varias sesiones de coordinación entre Egipto, Irán, Irak, Siria y Jordania para debatir la imposición de «un bloqueo militar sobre Israel desde el norte, el este y el sur».

- A principios de noviembre se llevó al «círculo de confrontación» a estados de segunda posición tales como Pakistán.

- A finales de noviembre, Damasco notificó a sus aliados árabes una exhaustiva información del servicio secreto para advertirles de una inminente guerra de envergadura.

A estos movimientos estratégicos siguieron preparativos estratégicos: Siria movilizó tropas hasta el límite mismo de la zona de seguridad ocupada por Israel en el sur de Líbano, posición que las coloca a distancia de tiro sobre la estación israelí de pronta advertencia en el monte Hermón. Además de la marcha de Siria en Golán, Irán incrementó sus embarques de armas a los hezbollahs y fuerzas terroristas acantonadas en la frontera israelí. El transporte aéreo de armas para los hezbollahs alcanzaron su mayor punto la primera semana de diciembre, antes de que se publicara el informe del Comité Especial del Congreso.

En lugar de que esta información llegara al público estadounidenses, sin embargo, la administración Clinton la obvió y los medios noticiosos la archivaron. En lugar de leer estos severos partes militares respecto al inminente estallido de una guerra en el Medio Oriente, leíamos los artículos de ex secretarios de estado criticando al primer ministro de Israel y obligándolo a ceder los asentamientos judíos en la Margen Occidental. Nuestro gobierno *sabe* que Israel está rodeado de ejércitos árabes hostiles decididos a destruirlo. Sin embargo, impulsados por la firma de «una paz total en el Medio Oriente», continuamos empujando a Israel a que haga concesiones.

Gran parte del mundo está en calma debido a un falso sentido de seguridad que brindan los acuerdos de paz firmados en los últimos años. Pero, ¿cuán sólida es esta «paz de papel»? A principios de enero de 1997, Egipto amenazó que su acuerdo de paz con Israel tal vez no valdría ni el papel en que estaba escrito si Israel no firmaba un acuerdo con Siria. Cinco días antes de que la administración Clinton anunciara que «sin Siria no habría paz total en el Medio Oriente», Egipto emitió lo que equivale a ser una advertencia formal a Israel. En una entrevista para los medios noticiosos de Israel el embajador egipcio en Israel, Mohammed Bassiouny dijo: «El acuerdo entre Israel y Egipto se romperá si Israel no firma [un acuerdo] con Siria y el resto de los estados árabes. Quiero dejar en claro que cuando Egipto firmó el acuerdo de paz con Israel [en 1979], indicó que quedaba sujeto al acuerdo general con los estados árabes. Tanto Egipto como Jordania son parte de la nación árabe, y jamás estaremos de acuerdo con ser los únicos socios de Israel».

Tomado a la luz del informe del Comité Especial respecto al incremento militar árabe que rodea a Israel, esa es una declaración escalofriante. Egipto y Jordania son las únicas naciones árabes que han firmado tratados de paz con Israel.

Ahora a Israel se le dice que si no firma un acuerdo con Siria, lo cual significaría, por supuesto, que tendría que entregar las estratégicas Alturas de Golán, se arriesga a perder a los únicos compañeros de paz en el mundo árabe. Y, como ya vimos, podemos esperar que la administración Clinton se ajuste a esta última amenaza contra Israel.

LA ALTERNATIVA SANSÓN

Tal vez el aspecto más aterrador de la situación actual en el Medio Oriente, reflejado en el informe del Comité Especial del Congreso, es la amenaza de una guerra nuclear. Tanto Irán como Pakistán poseen ya armas nucleares. Y las naciones árabes tienen una filosofía sencilla de la guerra nuclear: el mundo musulmán, con sus casi diez millones de kilómetros cuadrados de territorio y millones de soldados bien puede asimilar un ataque nuclear y todavía sobrevivir, Israel no.

«El factor nuclear es esencialmente irrelevante», dice el informe, «siempre y cuando los líderes árabes mantengan su posición en una amenaza estratégica de estar dispuestos a usarlo. Mientras que Teherán y Damasco estén dispuestos a jugar con tal amenaza, Jerusalén no puede darse el lujo de equivocarse, Israel no sobreviviría como nación viable después de un ataque con las pocas cabezas nucleares que tiene Irán». Ni Israel tampoco puede necesariamente confiar en que Estados Unidos acudirá en su ayuda ante una posible amenaza nuclear de Irán o Pakistán. Washington vacilaría mucho en enviar tropas a la región si hay riesgo serio de exponerse a armas nucleares, biológicas o químicas.

El alcance de la capacidad nuclear de Israel era del todo desconocido hasta 1986, cuando un disgustado empleado de la planta química israelí de reprocesamiento más secreta le dio información confidencial y fotografías al periódico londinense *Sunday Times*. Despedido de su empleo debido a sus opiniones abiertamente pro palestinas, Mordecai Vanunu ofreció minuciosos detalles de la capacidad nuclear de Israel y estimó que este había acumulado más de doscientas cabezas nucleares, cantidad casi diez veces mayor de la que estimaron nuestras agencias de espionaje en ese entonces.

En 1991 Seymour Hersh, periodista que ganó el premio Pulitzer, publicó una historia política del programa nuclear de Israel titulado *The Samson Option* [La alternativa Sansón]. Según Hersh, los diseñadores estadounidenses de armas analizaron meticulosamente la información de Vanunu. «Concluyeron», escribió, «que Israel era capaz de fabricar una de las más sofisticadas armas en el arsenal nuclear, una bomba de neutrones de bajo calibre».

El reactor israelí en Dimona, en el desierto del Neguev, se construyó en 1958. Durante años, su existencia fue uno de los secretos mejor guardados del espionaje militar. Los que proponían la tecnología nuclear en Israel creían que la única manera de asegurar la supervivencia de la nación contra sus enemigos árabes, a quienes los respaldaban la Unión Soviética, sería el freno de una bomba. Tenían razón en esa evaluación. Después de la Guerra de los Seis Días, la Unión Soviética apuntaba en forma rutinaria sus armas nucleares a las principales ciudades israelíes. Israel devolvió el favor al apuntar a blancos soviéticos algunos de sus lanzacohetes móviles.

En 1991, cuando Saddam Hussein empezó a lanzar contra Israel misiles Scud, Estados Unidos prometió respaldo, incluyendo baterías de misiles Patriot, a cambio de que Israel prometiera no tomar represalias. Pero lo que la mayoría de la gente no sabía, según Herseh, es que en esas primeras horas después de los ataques Scud, la el espionaje militar estadounidense por satélite mostró que Israel «respondió ... ordenando que sus lanzacohetes móviles equipados con armas nucleares salieran a campo abierto y se colocaran en posición de disparar contra Irak, listos para lanzar los misiles al recibir la orden».

Que Israel puede recibir de nuevo toda una andanada de proyectiles Scud de una nación árabe hostil no requiere ningún esfuerzo de la imaginación. Si Israel se va a refrenar otra vez de la misma manera, es incierto. Quizás dependa del alcance del daño causado a Israel y de la cantidad de confiabilidad y apoyo ofrecidos por EE. UU. Algunos analistas auguran que la situación se intensificará, por lo que sería muy posible que Israel, aislado por enemigos y abandonado por sus aliados, se vea obligado a usar un arma apocalíptica de destrucción masiva.

Me fascina que hace tres décadas Israel acuñara el término «Alternativa Sansón» para describir su opción de guerra nuclear. Cualquier persona familiarizada con el Antiguo Testamento verá de inmediato la relación: Sansón fue el hombre fuerte que murió en el proceso de destruir a los enemigos de Israel. Pero note el nombre y ubicación de los enemigos de Israel, según se describe en el relato de Sansón, en el Antiguo Testamento (Jueces 16).

Sansón estaba en Gaza cuando en oración pidió morir con los enemigos de Israel, los *filisteos*. La alternativa de Israel, denominada Alternativa Sansón estuvo en su lugar décadas antes de que se le entregara a Yasser Arafat, quien afirma que los palestinos son los descendientes de los filisteos, la franja de Gaza en una bandeja durante el proceso de paz. Ahora Arafat está construyendo un reducto fortificado en Gaza, de cuatro pisos bajo tierra, y a su fuerza «policíaca» palestina la está armando Irán y entrenando Siria.

¿Para qué se prepara Arafat si no es para la guerra? ¿Y por qué nuestro gobierno no reconoce lo que Arafat hace? Después del acuerdo de Hebrón, el presidente Clinton invitó al primer ministro Netanyahu a Washington. Estuve allí, en la Casa Blanca, para la conferencia de prensa que realizaron después de la reunión privada a mediados de febrero de 1997. Los reporteros tan solo le lanzaron preguntas simples al Presidente. No se le hizo ninguna pregunta respecto a la escalada militar de los vecinos de Israel. Tampoco se le preguntó sobre las armas ilegales que la Autoridad Palestina está acumulando.

Me fui de Washington más convencido que nunca de las conclusiones a que arribo en este libro. Sin duda, el mundo árabe se prepara para la guerra. Serán pacientes, pero no permitirán que se cierre su «ventana de oportunidad». Sin embargo, los manipuladores de Washington le dan a la situación un giro tan positivo que el público queda con la impresión de paz, no de guerra inminente.

Una ilusión de paz cuando la realidad es guerra, que trae a la mente un versículo de las Escrituras: «Que cuando digan: Paz y seguridad, entonces vendrá sobre ellos destrucción repentina» (1 Tesalonicenses 5.3). La posibilidad de una destrucción repentina es muy real en Israel. Pocos días antes de la reunión entre Clinton y Netanyahu, el mayor general Meir Dagan, jefe de la Fuerza Antiterrorista del primer ministro, le dijo al periódico israelí *Yediot Ahronot* que Israel se prepara para la perspectiva de terrorismo nuclear o químico. Dagan también indicó su preocupación de que Irán quizás le esté entregando a los terroristas armas no convencionales.

Los informes sobre el control de armamento muestran que Irán está en tercer lugar, detrás de China y Corea del Norte, en desarrollo de armas nucleares y misiles balísticos. Irán ha acumulado alrededor de dos mil toneladas de gas mostaza, y China acaba de vender a Irán cuatrocientas toneladas de químicos, incluyendo componentes para el gas contra nervios.

Misiles balísticos de largo alcance, armados con cabezas nucleares o químicas, ¿suena eso como paz y seguridad... o como el potencial para destrucción repentina?

Trece

La voz de la profecía

Subí a la cumbre de la colina y miré al valle que se extendía abajo. A pocos kilómetros al norte podía ver la ciudad de Nazaret, con sus blancos edificios reluciendo bajo la brillante luz del sol. Más allá, hacia el este, estaba Tiberias, a orillas del Mar de Galilea. Como a veintinueve kilómetros hacia el noroeste estaba el Mediterráneo y la hermosa y moderna ciudad portuaria de Haifa.

Contemplaba a Meguido, y la gran llanura que se extendía delante es el sitio donde se librará la gran batalla del Armagedón. Innumerables sangrientas batallas se han librado allí. Y por siglos los profetas han advertido que el conflicto final entre las fuerzas del bien y del mal ocurrirá en Meguido.

Se informa que Napoleón se detuvo en esta colina para estudiar este gran campo de batalla. Contemplando asombrado la enorme amplitud de la llanura de Jezreel, que se extiende desde el Mediterráneo hasta el Jordán, exclamó: «Todos los ejércitos del mundo podrían maniobrar para la batalla aquí».

Al contemplar a lo que el profeta Joel, del Antiguo Testamento, llamó el «valle de Josafat», me pregunté cuánto tiempo pasará hasta que el escenario de este lugar tranquilo se llene de nuevo con hombres y artefactos de guerra y muerte.

Parece inevitable. Cuando los judíos reestablecieron su nación en Palestina en 1948, de inmediato se enredaron en una controversia, que jamás ha concluido, sobre la propiedad de la tierra. El conflicto en el Medio Oriente se ha convertido en una llaga que nunca sana, una hoguera al rojo vivo que puede estallar en llamaradas rugientes en cualquier segundo. Es un fuego que bien puede atraer e involucrar a todas las naciones del mundo.

LO QUE VIO DANIEL

Durante cientos de años, eruditos judíos y cristianos han estudiado las profecías bíblicas. Muchos concuerdan en que hay una conclusión ineludible: la crisis en el Medio Oriente continuará en ascenso hasta amenazar la paz de todo el mundo. Con el tiempo, el problema involucrará a todas las naciones de la tierra y las llevará al precipicio, al Armagedón, a lo que muchos ahora predicen que será un holocausto termonuclear.

Uno de los bosquejos más precisos del futuro se halla en los escritos del profeta Daniel. Su primera profecía que aparece es en realidad una interpretación de un sueño que tuvo Nabucodonosor, el poderoso rey del Imperio Babilónico. Según el finado Dr. H.A. Ironside, esta interpretación, que se ha llegado a conocer como el ABC de la profecía, «contiene el cuadro profético más completo, y sin embargo el más sencillo, que tenemos en toda la Palabra de Dios».

La historia ya ha demostrado la precisión de mucho de lo que Daniel profetizó, a medida que en los acontecimientos mundiales se cumple lo que dijo ocurriría. Ahora parece que el escenario está arreglado para el desarrollo del resto de la profecía.

El sueño de Nabucodonosor reveló la estatua de un hombre. La cabeza era de oro, el pecho y los brazos de plata, el vientre y los muslos eran de bronce, las piernas de hierro y los pies parte de hierro y parte de barro cocido. Mientras el rey observaba, una gran piedra se estrelló contra la estatua, destrozándola tan completamente que el viento se llevó los pedazos. Entonces la piedra se convirtió en un gran monte que llenó toda la tierra (véase Daniel 2.31-35).

La interpretación que Daniel dio del sueño fue sencilla, pero profunda. Dijo que la cabeza de oro representaba a Nabucodonosor, cuyo poder en el Imperio Babilónico era absoluto. Las otras partes de la estatua, dijo Daniel, representaban reinos futuros que seguirían al de Nabucodonosor, y un reino final que aplastaría a los demás reinos y que duraría para siempre.

Muchos estudiosos ahora ven la relación entre la interpretación dada por Daniel y los últimos sucesos de la historia mundial. El pecho y los brazos de plata de la imagen representaron al Imperio Medo-Persa que fue prominente después de la caída de Babilonia. El Imperio Griego, encabezado por Alejandro Magno, estaba simbolizado por el vientre y los muslos de bronce. Las piernas de hierro representaban el poder el Imperio Romano, y sus divisiones, tanto política como espiritual, entre el este y el oeste, mientras que los pies, parte de hierro y parte de barro, predecían la revitalización del Imperio Romano de los últimos tiempos. Los diez dedos de los pies representan a los diez líderes de esta futura federación europea.

La piedra que destrozó a la estatua representa una fuerza divina todopoderosa que al final destruirá todos los reinos terrenales y la reconocerán como suprema. Esto se refiere al futuro reino del Mesías que se establecerá a su regreso a la tierra. Recuerde que en las Escrituras se llama a Jesús la piedra angular, «la piedra que desecharon los edificadores».

Alrededor de cuarenta años después del sueño de Nabucodonosor, Daniel tuvo una visión que confirmó y amplió su primera interpretación del futuro. La visión consistía en la aparición de cuatro bestias, a las cuales vio como representando cuatro importantes imperios mundiales. Daniel vio a un león con alas de águila, un oso con tres costillas entre

los dientes, un leopardo con cuatro alas y cuatro cabezas, y
una bestia extraña con diez cuernos, «espantosa y terrible y
en gran manera fuerte» (Daniel 7.2-7).

Así como la estatua en el sueño de Nabucodonosor, las
bestias en la visión de Daniel representan reinos sucesivos. El
león representa al Imperio Babilónico, encabezado por Nabucodonosor. El oso fue el Imperio Medo-Persa que siguió, y las
costillas entre los dientes del oso indicaban las tres principales conquistas de ese imperio. El leopardo representaba al
Imperio Griego de Alejando Magno, con sus cuatro cabezas
indicando la división del imperio entre los cuatro generales
después de la muerte de Alejandro.

Según este sistema de interpretación, la bestia con los diez
cuernos simbolizaba al Imperio Romano restaurado que aparecería en los últimos días. Daniel notó que después de un
tiempo apareció en la bestia otro cuerno pequeño, y arrancó
de raíz tres de los otros cuernos. Con ojos como de hombre y
boca que hablaba grandes cosas, el cuerno pequeño indicaba
un líder poderoso que vendría al final de los tiempos.

LA ÚLTIMA GRAN NACIÓN

Muy bien podría ser que los recientes sucesos en Europa dan
cumplimiento a la predicción del Imperio Romano renovado
que describe Daniel. Por varias décadas los expertos en profecía han estado diciendo, basados en esta profecía, que el
Mercado Común Europeo (más adelante convertido en Comunidad Económica Europea) se transformará en una entidad política que constituirá un Imperio Romano renovado.

Eso se hizo realidad en 1993 con el avance de la Comunidad Europea (C.E.E.). Unió a toda Europa occidental, casi
trescientos cincuenta millones de personas, en un solo mercado de alimentos y servicios. La C.E.E. también ha hecho
provisiones para establecer un banco central y una sola moneda que se emitirá para todos los Estados miembros hacia
finales de la década. En una reunión especial, el presidente

de EE. UU. me dijo que para el siglo veintiuno Europa Unida
será la democracia más fuerte del mundo con un ingreso anual
de un billón de dólares.

El informe de 1991 del Club de Roma, *The First Global
Revolution* [La primera revolución global], encomia el avance
de la C.E.E. hacia la globalización. El autor indica: «Este
nuevo impulso de integración entre las antiguas naciones de
Europa no es una simple cuestión económica ni tecnológica.
Es en esencia un proceso de significación histórico-política».
Nótese el reconocimiento de que son las «antiguas» naciones
de Europa las que han formado esta federación. Y a la afirmación de que la reunificación es «de significación histórico-política», añadiría que es de gran significación profética.

Lo que muchas personas no se dan cuenta es que la C.E.E.
es más que una simple alianza económica. También ha unido
a Europa políticamente bajo el liderazgo de un cuerpo llamado Comunidad Europea (C.E.). La soberanía nacional de las
naciones miembros se está erosionando por el creciente poder
político de esta entidad supranacional.

Y ahora que Europa occidental está unida en un cuerpo
político común, hay incluso conversaciones en cuanto a
establecer una fuerza común de defensa, algo más que sería
de gran importancia profética. Una alianza de defensa, llamada la Unión Europea Occidental, ya ha estado en funciones
durante varios años y ahora la U.E. trabaja hacia su objetivo
declarado de una política común exterior y de seguridad. El
siguiente paso lógico sería una fuerza militar conjunta.

En 1960 Charles de Gaulle de Francia habló de una
Europa unificada que se extendería desde el Atlántico hasta
los montes Urales. Eso también se está convirtiendo en realidad a medida que se forman alianzas entre U.E. y las naciones
de Europa central y oriental. A Bulgaria, Checoslovaquia,
Hungría, Polonia, Rumania y Eslovaquia se les han concedido
categoría de asociados, queriendo decir que son posibles
candidatos a miembros de la U.E.

La influencia económica y política de la U.E. llegó al Medio Oriente. En noviembre de 1995, Israel firmó un acuerdo de libre comercio con la U.E. y también lo aceptaron como Estado asociado en el programa de investigación y desarrollo científico de la U.E.

Sin embargo, la relación no está exenta de fricción. El ministro de relaciones exteriores de Israel, David Levy, recientemente les pidió a los dirigentes de la U.E. que no visitaran las oficinas de la Autoridad Palestina mientras estaban en Jerusalén del este. (Según los acuerdos de Oslo, a la P.A. no se le permite tener oficinas gubernamentales en Jerusalén y el gobierno de Netanyahu está tratando de obligar a que se cierren esas oficinas.) Los líderes de la U.E., no obstante, rechazaron de plano la petición de Israel.

Como observará, la influencia política de la U.E. se expandirá dramáticamente en los años futuros. También verá que la U.E. aplica presión económica sobre Israel debido a la cuestión palestina. La economía de Israel depende de la exportación de sus productos a las naciones de la U.E.; los líderes de la U.E. podrían usar esa dependencia como palanca para impulsar el nuevo orden mundial de la política de tierra por paz, exigiendo que Israel haga más concesiones territoriales para que pueda continuar comerciando con la U.E.

También observe un líder que surgirá de la U.E., un «cuerno pequeño» que arrancará los otros tres cuernos de raíz.

IDENTIDAD DE LA BESTIA

¿Quién es el «cuerno pequeño»? ¿El líder poderoso que Daniel dice que surgirá? En las Escrituras también se le llama el anticristo. Aun cuando el anticristo aún no se ha revelado, el espíritu del anticristo ya se ha extendido por todo el mundo a esta hora, como lo indican claramente los Evangelios. Jesús dijo: «Porque se levantarán falsos Cristos, y falsos profetas, y harán grandes señales y prodigios, de tal manera que engañarán, si fuere posible, aun a los escogidos» (Mateo 24.24).

A través de los siglos muchos han tratado de usurpar la autoridad y potestad de Cristo, de seducir a los verdaderos creyentes alterando o usando mal las Escrituras. Algunos de estos han sido tan astutos y ladinos como la serpiente en el huerto. Pero los que se alimentan con la Palabra no se dejarán engañar. Los que conocen al verdadero Mesías no se dejarán engatusar por una simple imitación.

Este espíritu general del anticristo, y los muchos apóstatas que han pisoteado el nombre y reputación de Jesucristo, han estado entre nosotros desde el principio. Pablo y Juan lo dicen muy claro en sus escritos. Sin embargo, hacia el fin de los tiempos vendrá uno que será más atractivo, más insidioso, más engañoso y más poderoso porque tendrá, por decirlo de alguna manera, prestado el poder del mismo Satanás. Este «hombre de pecado» y «hombre de iniquidad», como también se le llama, es *el* anticristo, la expresión máxima de odio contra Dios y su Mesías.

¿Quién es este anticristo? ¿Está aquí ya? ¿Es visible ya en el mundo? Aunque todavía no se ha revelado, estoy convencido de que el anticristo es un hombre entre nosotros; está vivito y coleando. Incluso en esta misma hora perfecciona sus argucias y hace que muchos se descarríen para que sean sus seguidores y apologistas cuando llegue la hora en que al fin se revele el malo.

El mismo tema de este libro declara la verdadera naturaleza de este «hombre de pecado»: el uso de un pretendido proceso de paz para traicionar a Jerusalén. El anticristo no solo es el enemigo de Cristo, sino también el destructor de los judíos. Hará un tratado con Israel, atrayendo a la nación a una alianza perversa bajo el disfraz de una paz «total». Pero este tratado será un truco creado para engañar y destruir al pueblo escogido de Dios. El anticristo establecerá su reino; luego, mediante juicios arteros y lo que parecerá ser poderes milagrosos, convencerá a millones que es el líder más brillante y dotado de la época. El que engendra sus poderes, sin

embargo, será el falso profeta, quien operará detrás de bastidores para orquestar sus grandes y milagrosas hazañas.

Considero que no tengo suficiente información en este
momento como para nombrar al anticristo, aun cuando hay
un buen número de candidatos que se podría mencionar. Sin
embargo, las Escrituras dan indicios respecto a este hombre
y al falso profeta que vendrá antes. Aun cuando en este
momento no podemos discernir quién es, estoy seguro de que
estas señales nos ayudarán a confirmar la identidad del anticristo cuando aparezca.

Sabemos que el anticristo se recuperará milagrosamente
de una herida en la cabeza al parecer mortal. Gobernará con
tal sabiduría y perspicacia que millones le idolatrarán. Al
principio serán fanáticos que lo adoran; lo idealizarán como
héroe popular. Pero con el tiempo lo adorarán como si fuera
un dios y, según nos dice Apocalipsis, se levantará en el
templo en Jerusalén. Dirá ser Dios y ordenará a las naciones
que se postren delante de él.

El anticristo controlará la moneda y aprobará o desapro-
bará cada actividad comercial. Ordenará que todo el mundo
lleve en la mano o en la frente una marca, o un número, que
los identifique como sus seguidores. Cualquiera que no tenga
lo que Juan llama la «marca de la bestia», no podrá ni comprar
ni vender. Serán proscritos, parias, incapaces de ganarse el
sustento ni para él ni para sus hijos. La visión de Juan da la
siguiente amenazadora advertencia:

> Si alguno adora a la bestia y a su imagen, y recibe la
> marca en su frente o en su mano, él también beberá
> del vino de la ira de Dios, que ha sido vaciado puro
> en el cáliz de su ira; y será atormentado con fuego
> y azufre delante de los santos ángeles y del Cordero;
> y el humo de su tormento sube por los siglos de los
> siglos. Y no tienen reposo de día ni de noche los que
> adoran a la bestia y a su imagen, ni nadie que reciba
> la marca de su nombre (Apocalipsis 14.9-11).

LAS SETENTA SEMANAS DE DANIEL

Casi al final de su vida, Daniel empezó a orar respecto al regreso a Jerusalén. Tal vez recordaba bien la profecía de Jeremías que especificaba que el cautiverio de los judíos en Babilonia duraría setenta años. A medida que ese período se acercaba al fin, empezó a confesar sus pecados y los pecados del pueblo, clamando a Dios perdón.

Mientras oraba, el ángel Gabriel se le apareció y le reveló una serie de acontecimientos futuros vinculados sobre todo con Israel. El mensaje angélico, al que se le ha llamado la visión de las setenta semanas, se considera como la espina dorsal de la profecía del fin de los tiempos. Esta revelación matemática les daba a los judíos el tiempo exacto en el que podrían esperar la venida de su Mesías. También predecía su muerte, la destrucción de Jerusalén, el ascenso del anticristo y el establecimiento del reino venidero del Mesías en la tierra.

La profecía dijo que setenta semanas (literalmente «setenta sietes») de problemas vendrían sobre el pueblo judío. Estas «semanas» no consistían en días, sino en años. Los cuatrocientos noventa años abarcarían una serie de sucesos que determinarían el destino eterno de los judíos. Desde un definido punto de partida, cuando se dictó la orden de reconstruir Jerusalén, pasaría un período de sesenta y nueve semanas, o sea cuatrocientos ochenta y tres años, antes que el Mesías viniera y lo rechazaran (véase Daniel 9.24-26).

Es interesante, pero la Biblia da la fecha exacta para ese punto de partida, cuando Artajerjes, rey de Persia, accedió a la petición de Nehemías y decretó que se reconstruya Jerusalén. La Biblia dice que ocurrió «en el mes de Nisán, en el año veinte del rey Artajerjes» (Nehemías 2.1). Cuando no se indicaba un día particular del mes, era costumbre de los judíos fechar el hecho en el primer día del mes. Puesto que Artajerjes subió al trono en 465 a.C., su vigésimo año sería 445 a.C. Así que cuatrocientos ochenta y tres años después del primero de Nisán, en 445 a.C., sería el tiempo cuando el Ungido, o Mesías, aparecería en Jerusalén.

Al calcular las fechas antiguas se debe tener en mente varias cosas. Antes que todo, el año judío consistía de trescientos sesenta días, así que no es un equivalente exacto del año nuestro. Por ejemplo, el período de cuatrocientos ochenta y tres años en las sesenta y nueve semanas de Daniel sería alrededor de cuatrocientos setenta y seis años en nuestro calendario. Esto pondría la fecha de la llegada del Mesías a Jerusalén alrededor del año 31 d.C.

Quizás recuerde, según aprendió en la escuela, que hubo errores de cálculos al pasar del año lunar al calendario solar, y al tratar de ubicar el nacimiento de Jesucristo como la línea divisoria de la historia entre años calendario a.C. y d.C. La mayoría de los historiadores actuales dicen que el nacimiento de Cristo debe haber ocurrido entre los años 7 a.C. y 4 d.C. Sabemos que Jesús nació antes de que muriera Herodes el Grande, suceso que definitivamente puede fecharse en 4 a.C.

Esto pone el principio del ministerio público de Jesús alrededor del año 26 d.C. y su muerte y resurrección alrededor de 30 d.C. De nuevo, estas fechas son aproximadas, porque la Biblia no da la fecha exacta ni del nacimiento ni de la muerte de Jesús. Algunos eruditos, usando las sesenta y nueve semanas de Daniel, han calculado el cumplimiento de esta profecía mesiánica precisamente en la fecha del 6 de Nisán de 32 d.C. Aun cuando no pienso que pueda probar esa fecha con certeza absoluta, es obvio que el tiempo de la aparición de Jesucristo en Jerusalén encaja muy bien dentro de los parámetros de la extraordinaria profecía de Daniel.

La profecía de Daniel también dice que «se quitará la vida al Mesías». Después de eso, un ejército marcharía contra Jerusalén y la destruiría, así como al templo, el cual reedificaron los que regresaron del cautiverio en Babilonia. Puesto que en 70 d.C. Tito de Roma destruyó Jerusalén y el templo, el Mesías debía aparecer antes de esos hechos. En este caso, de nuevo, la opción más lógica para cumplir la profecía de

Daniel es Jesús de Nazaret. Pero, ¿qué ocurrió con la última «semana», los últimos siete años que se mencionan en la visión de Daniel de las setenta semanas? Esos sucesos aún no han ocurrido.

Muchos eruditos bíblicos ven una brecha entre la semana sesenta y nueve de Daniel, cuando se quitó la vida al Mesías, y el principio de la semana setenta que marca el fin del siglo. Esta brecha antes de la semana final de la profecía de Daniel representa la era de la plenitud de la Iglesia. Cuando llegue el tiempo de la semana setenta, la Iglesia será «arrebatada», o recibida arriba en el aire para recibir al Mesías (véanse 1 Tesalonicenses 4.16-18; 1 Corintios 15.51-52).

Entonces empieza la semana setenta, los últimos siete años de tiempo en la tierra antes del milenio, el establecimiento del Reino de Dios sobre la tierra durante mil años de paz. Pero la Biblia dice que estos siete años serán los más terribles de la historia del mundo, un período caracterizado por gran tribulación.

También se les llama el «tiempo de angustia para Jacob». El profeta Jeremías dijo: «¡Ah, cuán grande es aquel día! tanto, que no hay otro semejante a él; tiempo de angustia para Jacob; pero de ella será librado» (Jeremías 30.7). El Mesías dijo: «Porque habrá entonces gran tribulación, cual no la ha habido desde el principio del mundo hasta ahora, ni la habrá» (Mateo 24.21). El profeta Daniel declaró: «Y será tiempo de angustia, cual nunca fue desde que hubo gente hasta entonces» (Daniel 12.1).

Conforme esta aterradora era se acerca, la «bestia, espantosa y terrible y en gran manera fuerte», con diez cuernos, acerca de la cual Daniel profetizó con anterioridad, aparece en la escena en forma del Imperio Romano revivido. De esta federación europea de diez naciones surgirá un poderoso líder político cuyo magnetismo y encanto personal atraerá la confianza y lealtad del mundo.

La señal específica que Daniel da para el comienzo del período final de siete años es la firma del pacto de paz entre

Israel y este inmensamente poderoso líder, a quien la Biblia identifica como el anticristo (Daniel 9.27). Este ofrecerá soluciones a los confusos problemas y crisis internacionales que amenazan la misma existencia del mundo.

Al principio parecerá que todo marcha de maravillas. Los siglos de tensión armada recibirán el alivio de la paz impuesta por el poder del anticristo. Israel podrá dedicar toda su atención al desarrollo de la nación y sus recursos, y prosperará como nunca antes. Incluso se harán algunos arreglos que permitirán que se reedifique el templo en Jerusalén y que se vuelvan a ofrecer los sacrificios y ofrendas.

Sin embargo, cuando parezca que la paz llegó a Israel, se la arrebatarán. Después de tres años y medio el anticristo romperá su tratado con Israel. Irá al templo y hará que se dejen de ofrecer los sacrificios y ofrendas y producirá la «abominación desoladora» al autoproclamarse como Dios.

EN LA ANTESALA DEL ARMAGEDÓN

Miremos ahora a Ezequiel y Apocalipsis para analizar cómo la situación del mundo estallará en una crisis que dará lugar al cumplimiento de la profecía de Daniel. Con la reagrupación de los judíos en su tierra y el renacimiento de Israel, los anales de la profecía de Ezequiel es totalmente convincente. Habla con detalles específicos sobre los hechos futuros que llevarán al mundo al borde espantoso del Armagedón.

A menudo se habla indebidamente de la «batalla del Armagedón», como si fuera un solo suceso. La Biblia en realidad describe una serie de batallas que culminan en la llanura de Meguido en un suceso cataclísmico al que se le denomina Armagedón.

En Ezequiel 38 y 39 el profeta da un relato detallado de una ofensiva militar en gran escala que Rusia y una confederación de naciones árabes y europeas lanzarán contra Israel. Ezequiel identifica a los participantes de la fuerza invasora con nombres tales como Magog, Mesec, Tubal, Gomer, Togarma y otros más familiares tales como Persia, Etiopía y Libia.

Un buen número de los eruditos en la profecía están convencidos de que la evidencia identifica a Magog con Rusia, y a Mesec y Tubal como las ciudades de Moscú y Tobolsk. Gomer se refiere a Alemania y Eslovaquia, Togarma es Turquía y el sur de Rusia, Persia es Irán (y pudiera incluir Irak), y Etiopía y Libia incluyen a los descendientes negros de Cus y a los árabes del norte de África.

Esta es la fuerza combinada que se armará y marchará contra Israel. Rusia dirigirá la invasión en un momento cuando ni se espera la guerra. Después de hacer un trato con el anticristo, el líder mundial que asciende, Israel se habrá dejado adormecer en un falso sentido de seguridad como resultado de los tres años y medio de paz y prosperidad que ha disfrutado. Ezequiel dice, refiriéndose a Rusia: «Vendrás a la tierra salvada de la espada, recogida de muchos pueblos, a los montes de Israel ... mas fue sacada de las naciones, y todos ellos morarán confiadamente» (Ezequiel 38.8).

Algunos han pensado que el colapso de la Unión Soviética hace improbable una invasión de Israel desde esa región. Pero la verdad es exactamente lo opuesto. Rusia todavía controla la mayor parte del gigantesco arsenal de la ex Unión Soviética, y debido a las dificultades económicas y liderazgo inestable, es más probable que nunca que el país forje una alianza estratégica que les daría a los rusos acceso a las vastas reservas de petróleo de las naciones árabes.

Ya hay evidencia de que, después del colapso de la Unión Soviética, algunas de las naciones que patrocinan el terrorismo tratan de comprar armas nucleares directamente del desilusionado personal militar de las ex repúblicas soviéticas. Es más, ya lo han hecho. El presidente ruso Borís Yeltsin le dijo al presidente George Bush, en una reunión en febrero de 1992, que le preocupaba que «ciertos estados islámicos» estén tratando de comprar armas nucleares tácticas de la nueva república de Kazajstán que tiene una mayoría musulmana.

De preocupación incluso mayor es un informe de Ucrania. En una conferencia en Moscú, celebrada en 1992 por el Consejo Internacional de Seguridad, se reveló que alguien penetró en una base estratégica en Ucrania con resultados desastrosos; tres armas nucleares desaparecieron. Según las fuentes militares rusas, los envases vacíos de estos artefactos nucleares se hallaron fuera de la cerca de seguridad que rodea el perímetro de la base. Los oficiales rusos estaban preocupados de que, debido a presiones económicas, algún oficial emprendedor pudiera sacar de contrabando algunas bombas y venderlas el mejor postor.

Irán, un estado terrorista que exporta a todo el mundo el fundamentalismo islámico, acaba de comprar su tercer submarino soviético. Moscú, pasando por alto la severa oposición de Estados Unidos, aceptó construir dos reactores nucleares adicionales en Irán. De modo que una alianza estratégica del tipo previsto por Ezequiel es altamente plausible así como posible.

No solo que dicha alianza es posible, sino que ya existen armas capaces de producir la increíble destrucción descrita en las Escrituras. Igualmente devastadora como la amenaza de guerra nuclear es el espectro de la guerra bacteriológica, el esparcimiento incontrolable de enfermedades mortales como arma de guerra. Los estados terroristas hacen experimentos con bacterias mortales y se cree que algunos ya tienen almacenadas productos (GB) para la guerra bacteriológica. No queda duda alguna de que las armas biológicas y químicas, así como los medios para lanzarlas, están en manos de los regímenes rufianes del Medio Oriente.

Los efectos letales de la guerra bacteriológica son espantosos. La Dra. Kathleen Bailey, ex directora adjunta de la Agencia del Control de Armas y Desarme, testificó ante el Congreso que un envase del tamaño de una pelota de tenis puede contener suficiente agente GB como para matar o dañar a cien mil personas si se libera en un espacio cerrado. Es invisible, inodoro y virtualmente imposible de detectar. El agente GB es una dosis concentrada de gérmenes letales que se pueden esparcir con rapidez por el aire.

El relato de Ezequiel de esta gran ofensiva militar llamada Armagedón armoniza con la profecía de Daniel. Este dijo: «Pero al cabo del tiempo el rey del sur [quizás Egipto, a la cabeza de una confederación árabe y africana] contenderá con él [el anticristo]» (Daniel 11.40). La idea de que los vecinos árabes lancen un ataque contra Israel no es nada nuevo. Hay un patrón casi constante de propaganda antiisraelí que fluye del Medio Oriente. A excepción de Egipto y Jordania, las demás naciones árabes se mantienen técnicamente en guerra contra Israel desde 1948.

En el mismo versículo, Daniel dice que «el rey del norte [Rusia y sus confederados] se levantará contra él como una tempestad, con carros y gente de a caballo, y muchas naves; y entrará por las tierras, e inundará, y pasará» (Daniel 11.40). Rusia escogerá este momento de inestabilidad y caos para lanzar su ofensiva contra el Medio Oriente y África. Los rusos continuarán avanzando directamente hacia Israel y hasta Egipto (11.42-43). La mención de la gigantesca flota del rey del norte señala el ataque anfibio contra Israel y Egipto desde buques navegando en el Mediterráneo.

El ataque de Rusia contra Israel, aunque al parecer incontenible, será su más grande insensatez militar. La breve batalla será sin duda una de las más destructivas de la historia. Ezequiel dice que cuando las hordas rusas invadan a Israel «como nublado para cubrir la tierra», habrá un gran temblor con explosiones ensordecedoras, se desmoronarán los montes y una lluvia mortal de granizo y fuego (Ezequiel 38.19-23).

No cabe duda que la visión sugiere la guerra nuclear. Sea lo que fuere, el profeta dice que la derrota de los invasores del norte les demostrará claramente a los judíos que Dios los ha protegido. Ezequiel dice que la destrucción del gran ejército de Rusia será tan devastador que Israel necesitará siete meses para sepultar los cadáveres que quedarán, y necesitará siete años para quemar todas las armas.

CHOQUE DE TITANES

Con la destrucción de las fuerzas árabes y rusas quedarán solo dos esferas de poder para librar la batalla final en la ofensiva del Armagedón. Las fuerzas combinadas de la civilización occidental bajo el liderazgo del dictador romano, el anticristo, se enfrentará a las vastas hordas del Oriente, quizás unidas detrás de la maquinaria de guerra de China roja.

El ataque ruso le dará al anticristo la excusa para la ocupación total de Israel, bajo el pretexto de protección. Con los cuarenta y dos meses que le quedan en la última «semana» profética, el anticristo de súbito empezará a imponer su poder y tratar de asumir el control del mundo entero.

En este punto romperá su tratado con Israel y prohibirá los sacrificios y ritos en el templo. En lugar de eso, el anticristo cometerá «la abominación desoladora» y profanará el Lugar Santísimo al usarlo como tribuna para declararse como Dios y exigir que toda la humanidad lo adore. También asumirá el control económico total, exigiendo que cada persona tenga una marca en la mano o en la frente para poder realizar cualquier transacción comercial. El castigo de oposición será la muerte (Apocalipsis 13.15-17).

Ahora para el anticristo aparecerá un nuevo reto: un impresionante ejército oriental marcha contra el Medio Oriente. «Pero noticias del oriente [China] y del norte [tal vez los aliados de la O.T.A.N.] lo atemorizarán, y saldrá con gran ira para destruir y matar a muchos» (Daniel 11.44).

En Apocalipsis 16.12 leemos que un ángel derramará su copa sobre el gran río Éufrates y este se secará para permitir el paso de los reyes del Oriente. Y así las hordas chinas pueden avanzar incluso con más rapidez para la batalla final (Apocalipsis 16.16). La concentración de tropas y el peso del armamento dedicado a esta batalla dejará pequeño a todo lo conocido en la historia de la guerra.

No basta con decir cataclismo para describir los resultados finales de la batalla en la llanura de Meguido. La Biblia dice que los muertos de esta confrontación será un tercio de la población que queda en el mundo. Juan escribió en Apocalipsis: «Y el número de los ejércitos de los jinetes era doscientos millones. Yo oí su número. Así vi en visión los caballos y a sus jinetes, los cuales tenían corazas de fuego, de zafiro y de azufre. Y las cabezas de los caballos eran como cabezas de leones; y de su boca salían fuego, humo y azufre. Por estas tres plagas fue muerta la tercera parte de los hombres; por el fuego, el humo y el azufre que salían de su boca» (Apocalipsis 9.16-18). Esto bien pudiera describir un total ataque nuclear, con los «caballos» como tanques motorizados o misiles con base móvil.

Así que aquí tenemos el gran conflicto final. Las líneas de batalla quedan trazadas atravesando Israel, con el centro en la llanura de Meguido. El apóstol Juan predice que morirán tantas personas en el conflicto que la sangre llegará hasta los frenos de los caballos en una extensión de trescientos veintidós kilómetros hacia el norte y el sur de Jerusalén (Apocalipsis 14.20). Es casi imposible de imaginar, pero el derramamiento de sangre en la lucha en Jerusalén y alrededor de ella y por el valle del río Jordán fluirá por la depresión que va desde el Mar de Galilea al norte, por el valle del río Jordán, hasta el extremo del Mar Muerto, y desde allí hasta el Wadi Arabah (un lecho seco de un río), por trescientos veintidós kilómetros y a través de todo el Neguev hasta Eilat en el golfo de Aqaba.

Además de la indescriptible matanza en el Medio Oriente, habrá una oleada mundial que recorrerá el globo y destruirá todas las ciudades de las naciones. Para algunos, la narración bíblica no indica claramente si la destrucción vendrá debido a una fuerza natural, como un terremoto, o debido a alguna arma extraordinaria. Pero en un instante todas las grandes ciudades del mundo: París, Londres, Tokio, Nueva York, desaparecerán (véase Apocalipsis 16.19).

Al acercarse la batalla a su clímax parecería que toda la vida en la tierra queda destruida y en ese momento regresa el

Mesías para salvar al hombre de la extinción. Jesús profetizó: «Y si aquellos días no fuesen acortados, nadie sería salvo; mas por causa de los escogidos, aquellos días serán acortados ... y verán al Hijo del Hombre viniendo sobre las nubes del cielo, con poder y gran gloria» (Mateo 24.22,30).

Solo con la venida del Mesías de Israel habrá paz duradera en el Medio Oriente y en el mundo. Daniel declaró: «El Dios del cielo levantará un reino que no será jamás destruido» (Daniel 2.44).

Cuando los gobiernos de los hombres caigan al fin, Dios establecerá su reino y el tan largamente esperado milenio empezará. La palabra *milenio* significa «mil años», y en la interpretación bíblica se refiere a ese período cuando habrá paz total entre pueblos y naciones. Jerusalén finalmente será la ciudad de la paz y capital del mundo. Isaías describe este futuro tiempo glorioso al decir: «Y volverán sus espadas en rejas de arado, y sus lanzas en hoces; no alzará espada nación contra nación, ni se adiestrarán más para la guerra» (Isaías 2.4).

En las Escrituras no se nos da profecía alguna como para que podamos saber de antemano cuándo ocurrirá esto. Es así para que humillemos nuestros corazones en arrepentimiento y busquemos a Dios, para que descubramos cómo Dios nos permitirá tomar parte en esa profecía y para que oremos con fervor por su cumplimiento. La profecía no solo se da para que comprendamos los tiempos, sino para que seamos parte del plan de Dios.

Eso me emociona. Anhelo ser parte de lo que Dios hace en estos últimos días, y por eso una gran parte de mi ministerio se centra en Israel; es allí donde se concentrará la atención de Dios para los sucesos finales de la historia. Necesitamos reafirmar nuestra consagración a la Biblia como la verdadera Palabra de Dios y necesitamos oír que nos habla, que nos insta a ponernos del lado de los que defienden a Jerusalén y contra lo que fraguan la traición final de la Ciudad Santa. Lo que vislumbramos el poderoso propósito divino para Jerusalén

Dios prometió que un día arreglará las cuentas. Habrá un tiempo cuando ya no permitirá que las naciones del mundo luchen contra Jerusalén. Los que arremetan contra la ciudad pagarán un precio muy alto. El profeta dice: «Y esta será la plaga con que herirá Jehová a todos los pueblos que pelearon contra Jerusalén: la carne de ellos se corromperá estando ellos sobre sus pies, y se consumirán en las cuencas sus ojos, y la lengua se les deshará en su boca. Y acontecerá en aquel día que habrá entre ellos gran pánico enviado por Jehová» (Zacarías 14.12-13). ¡Qué aterrador castigo para los que afligen a la ciudad de Dios!

Cuando en la actualidad recorro las calles de Jerusalén, a menudo se me parte el corazón por la evidencia de odio y destrucción, todas esas señales del apocalipsis que se aproxima vertiginosamente. Israel se halla en gran aflicción, aislada del mundo, y profundamente dividida por el gran regalo de territorios a que la han obligado los desalmados diplomáticos.

El propósito profético de mi llamado y lo que ha motivado mi ministerio es advertir a las naciones que están en contra de Jerusalén que en realidad se oponen a la voluntad de Dios. El propósito al escribir este libro fue animar a los cristianos a convertirse en defensores de la Ciudad Santa. Sin duda, pronto olvidaremos estos relatos históricos de Jerusalén y estas historias de conferencias internacionales, pero que nunca perdamos el sentido de urgencia de orar por la paz de Jerusalén.

Pedid por la paz de Jerusalén;
Sean prosperados los que te aman.
Sea la paz dentro de tus muros,
Y el descanso dentro de tus palacios.
Por amor de mis hermanos y mis compañeros
Diré yo: La paz sea contigo.
Salmo 122.6-8

Posdata

Luz en el túnel

Cuando los israelíes añaden una entrada a un túnel en Jerusalén, los regímenes árabes protestan. Cuando los judíos excavan en sus sitios arqueológicos, la O.L.P. desata una guerra de guerrillas, la Liga Árabe promueve campañas diplomáticas y los medios noticiosos mundiales se escandalizan. Si el Sr. Yasser Arafat se enfada, Estados Unidos se apresura a invitar al Primer Ministro de Israel y a los líderes árabes a conversar sobre el asunto.

Se pudiera esperar palabras así de los líderes en Israel o de alguien en la extrema derecha del espectro político, pero a decir verdad proceden del primer párrafo de un anuncio aparecido en el periódico *Times* de Washington, el 9 de octubre de 1996, con este titular: «¿Quién es el opresor en el Medio Oriente? ¿Quién mata la paz?»

El anuncio de media página lo firman siete representantes de siete diferentes organizaciones árabes, islámicas y cristianas, todas con sede en EE. UU., junto con el Comité Cristiano para el Medio Oriente, con sede en Estocolmo. El anuncio incluye una lista de los «criminales contra la humanidad en esa región» y detalla la opresión y persecución contra los cristianos y minorías étnicas que viven allí.

Bien calculado, y colocado apropiadamente para llamar la atención a la suerte de los que en realidad sufren en el conflicto del Medio Oriente, este anuncio pedía que el gobierno de EE. UU. invite a los líderes árabes para que se reúnan con líderes del Sudán del Sur, cristianos y turcos, «y todo los líderes de las minorías en peligro en el Medio Oriente». Han pasado varios meses y esta urgente petición cayó en el olvido. ¿Espera realmente alguien que los gemidos de los cristianos y judíos que sufren se escuchen en Washington, D.C.?

Como resultado de los recientes sucesos en Jerusalén, tal vez se debería incluir a los turistas entre las «minorías en peligro en el Medio Oriente». Como he mostrado en estas páginas, la inauguración de una nueva entrada al túnel arqueológico para aliviar la congestión y permitir que más visitantes vean lo que es por cierto una de las maravillas del mundo antiguo, provocó el estallido de violencia mortal. Lo que debió ser una ocasión festiva se convirtió en tiroteo que dejó setenta muertos y cientos de heridos. Fue la peor pelea en los territorios desde que empezó el gobierno autónomo palestino.

¿Por qué el simple acto de ofrecer una entrada a un popular sitio turístico creó tanto caos? Incluso en el Medio Oriente, donde no es raro que las viejas pasiones estallen de tiempo en tiempo sin ningún motivo, estos incidentes en el túnel del muro occidental se destacan como síntomas de una profunda intranquilidad con la situación política actual y una ominosa advertencia de peores cosas que se avecinan.

TINIEBLAS EN EL CORAZÓN

A estas alturas debería ser obvio que las disputas en la Tierra Santa no sean solo respecto a túneles ni territorios. Son sobre la soberanía de Israel sobre Jerusalén, lo cual la Autoridad

Palestina (A.P.) trata de socavar dondequiera y cuando quiera se presenta la oportunidad. Los intentos de la A.P. para establecer «centros de poder» en Jerusalén ocasiona un conflicto continuo. Los intentos para frenar el desarrollo judío en Jerusalén, ya sean respecto a la construcción de nuevos barrios o a las excavaciones arqueológicas que revelan el pasado judío de Jerusalén, son otra fuente de conflicto.

Yasser Arafat continúa argumentando, sin base alguna, que los acuerdos de Oslo previenen que Israel «judaíce» Jerusalén. En ninguna parte los acuerdos cuestionan la absoluta soberanía de Israel sobre Jerusalén. Sin embargo, Arafat y los líderes palestinos buscan en el mundo exterior autoridad para continuar su ofensiva contra la autoridad legítima judía sobre Israel.

En la oscuridad del túnel de Jerusalén la mayoría de los observadores no lograron distinguir el único suceso verdaderamente nuevo en el Medio Oriente: la fuerza armada palestina, aceptada a regañadientes por Israel como una inevitable parte del proceso de paz, disparó en contra de los israelíes. Cualquiera idea que uno tenga sobre la sabiduría de abrir la entrada al túnel, o el tiempo en que se abrió, es un hecho simple de la vida en el Medio Oriente que tal violencia y odio hallará nuevas fuentes en qué alimentarse. El punto de fricción puede ser hoy un túnel arqueológico, pero será algo distinto mañana. Los móviles básicos no son las tinieblas del túnel, sino las tinieblas del corazón humano: y esto demostrará ser el punto de estallido de un terror incluso mayor en algún día futuro no muy distante.

La esencia del proceso de paz debería ser el de sobreponerse a cuestiones que nos dividen, en la búsqueda de un objetivo común satisfactorio. Es una contradicción de términos que un proceso de paz deje como secuela la posibilidad de una guerra. Pero es allí donde Israel está ahora. Es evidente que sus vecinos árabes, mientras continúan instando a que se acelere el «proceso de paz», se preparan para otra guerra de envergadura.

Pero, por mala que parezca la situación, sigo optimista respecto al futuro de Israel y de la ciudad de la paz. Israel es una nación de milagros. Nació de milagro y vive de milagro. La mano de Dios ha preservado al pueblo judío a través de la historia. Señalado para la extinción, sobreviven y prosperan contra toda posibilidad. Esparcidos por todo el mundo, estos «huesos secos» de la visión de Ezequiel milagrosamente se restablecieron en la tierra de la Biblia.

Como cristianos creemos en la bendita esperanza de la venida de Cristo. Los judíos también tienen una gloriosa esperanza de que su Mesías, por el que han orado durante tantos siglos, vendrá en realidad. El gran debate entre cristianos y judíos no es si el Mesías viene. El debate es sobre esta pregunta: «¿Cuál es el nombre del Mesías?» Pero no hay duda de que el Mesías vendrá. Cuando lo haga, los ejércitos y armadas de todas las potencias mundiales combinadas no podrán estorbar su plan profético para la nación de Israel. El llamado nuevo orden mundial desaparecerá cuando el nuevo orden divino finalmente se revele. Así que cuando las cosas se vean arruinadas, cuando las perspectivas de paz parezcan esfumarse, mire hacia arriba. La redención está cerca.

Mientras esperamos ese día de redención, no sucumbamos a la complacencia, ni nos atrevamos a hacer componendas con los enemigos de Dios. Más bien permanezcamos comprometidos a obedecer la Palabra de Dios. Si deseamos la bendición de Dios, debemos bendecir a su pueblo, el pueblo del Libro, con amor incondicional. Debemos erguirnos no solo por el pueblo de Dios, sino también por su ciudad, Jerusalén. Su Palabra nos insta con esta afirmación: «Los que os acordáis de Jehová, no reposéis, ni le deis tregua, hasta que restablezca a Jerusalén, y la ponga por alabanza en la tierra» (Isaías 62.6-7).

Dios prometió ser un centinela siempre alerta sobre los muros de Jerusalén. Su palabra nos asegura que «no se adormecerá ni dormirá el que guarda a Israel» (Salmo 121.4). Los israelíes y palestinos pueden luchar por un arreglo concluyente sobre la cuestión de Jerusalén, pero la situación final de la ciudad la decidió hace milenios su verdadero Soberano. Quizás a Jerusalén la traicionaron en el proceso de paz, pero esa traición no es su destino final.

> Vi un cielo nuevo y una tierra nueva; porque el primer cielo y la primera tierra pasaron, y el mar ya no existía más. Y yo Juan vi la santa ciudad, la nueva Jerusalén, descender del cielo, de Dios, dispuesta como una esposa ataviada para su marido. Y oí una gran voz del cielo que decía: He aquí el tabernáculo de Dios con los hombres, y Él morará con ellos; y ellos serán su pueblo, y Dios mismo estará con ellos como su Dios. Enjugará Dios toda lágrima de los ojos de ellos; y ya no habrá muerte, ni habrá más llanto, ni clamor, ni dolor; porque las primeras cosas pasaron.
>
> Apocalipsis 21.1-4

APÉNDICES

Apéndice A

Con sus palabras

Las siguientes citas directas tomadas de diversos medios de comunicación brindarán un retrato descriptivo de lo que el presidente de la O.L.P. Yasser Arafat y los palestinos dicen respecto a los sucesos y cuestiones de Israel hoy. Todas estas declaraciones, excepto una pocas, se hicieron *después* de la firma de la Declaración de Principios el 13 de septiembre de 1993.

Respecto a Jerusalén y los lugares santos

«Los israelíes se equivocan si piensan que no tenemos una alternativa para las negociaciones. Juro por Alá que se equivocan. El pueblo palestino está listo para sacrificar hasta su última persona a fin de que la bandera palestina ondee sobre los muros, las iglesias y las mezquitas de Jerusalén».

> *Yasser Arafat, en un discurso pronunciado el 6 de agosto de 1995, en una fiesta para celebrar el nacimiento de su hija; según lo publicó el Jerusalem Post del 7 de septiembre de 1995.*

«No hay ni una sola piedra aquí que guarde relación con los judíos. Estamos dispuestos a permitir que los judíos oren fuera del muro. Pero eso no les otorga derecho de propiedad».

Ekrima Sa'aid Sabri, muftí de
Jerusalén nombrado por la O.L.P.;
Religions News Service,
8 de noviembre de 1994.

«Les guste o no, Jerusalén es la capital del estado palestino. Si no les gusta, que se beban el mar de Gaza».

Yasser Arafat,
en un discurso en Gaza; Agence
France Presse, *6 de octubre de 1994.*

«En la actualidad, estamos preparando nuestras instituciones nacionales para el establecimiento del estado palestino cuya capital será la santa Jerusalén».

Yasser Arafat, en un discurso ante la Organización de la
Unidad Africana en Túnez, el 13 de junio de 1994.
Publicado en Yediot Ajronot, *el 14 de junio de 1994.*

«La yihad continúa ... Tienen que comprender que nuestra principal batalla es Jerusalén ... Tienen que venir y pelear una yihad para liberar a Jerusalén, su santuario precioso ... No, no es capital de ellos. Es nuestra capital».

Yasser Arafat, en un discurso pronunciado en una mezquita en
Johannesburgo el 10 de mayo de 1994;
Radio Israel, *17 de mayo de 1994;*
Jerusalem Post, *18 de mayo de 1994.*

«No habrá paz sin Jerusalén. Nuestra independencia no estará completa sin Jerusalén. La amada Jerusalén regresará a nosotros, a pesar de la obstinación de la hipocresía sionista».

General Hadj Ismail,
jefe del Ejército de Liberación Palestino, en Jericó,
Yediot Ajronot, 15 de mayo de 1994.

«Esperamos que los israelíes nos devuelvan estos lugares sagrados ... Creemos en la libertad de religión. Pero los judíos no tienen derechos aquí porque estos son nuestros lugares».

Hasán Tahboub, jefe del Consejo Supremo Musulmán,
respaldado por la O.L.P.
Jerusalén Report, *16 de diciembre de 1993.*

Respecto a Israel y el pueblo judío

Israel es «un demonio» que «se traga todo, incluyendo el proceso de paz».

Yasser Arafat,
New York Times,
7 de agosto de 1996.

«Debemos recordar que el principal enemigo del pueblo palestino, ahora y siempre, es Israel. Esta es una verdad que jamás debe salir de nuestra mente».

Freih Abu Middein, ministro de justicia de la O.L.P.,
en un discurso pronunciado en la universidad
Al Azhar en Gaza; Al-Nahar, 11 de abril de 1995;
Jerusalem Post, 17 de abril de 1995.

«Nosotros, los palestinos, debemos entender que el enemigo central es Israel».

Farouk Qaddumi,
jefe del departamento político de la O.L.P.;
Ha'aretz, 16 de diciembre de 1994.

«Me hace falta disparar contra los israelíes. Espero que ellos regresen para poder dispararles de nuevo. Siempre he soñado con el día en que las tropas palestinas lleguen a Palestina. Ahora espero que marcharemos a la guerra contra los israelíes y les arrebataremos toda la margen occidental y toda Palestina».

Arafat Abushabab, jefe de los Halcones Fatah
en el campamento Shabura en Rafah, Gaza.
Revista del New York Times, 17 de noviembre de 1994.

«Nuestro enemigo es un enemigo despreciable. El pueblo palestino sabe que hay un estado que se estableció mediante la coerción y que hay que destruirlo. Esa es la manera palestina».

Farouk Qaddumi,
jefe del departamento político de la O.L.P.;
en un discurso pronunciado en una ceremonia para
cerrar la estación de radio de la O.L.P. en Argelia; Reuters,
10 de agosto de 1994;
Yediot Ahronot, 10 de agosto de 1994.

«Advertimos a nuestros líderes que dejen de negociar con Israel».

Pistolero Fatah
en una concentración en el campamento de refugiados Jabaliya
en Gaza, Prensa Asociada, 3 de abril de 1994.

«Rabin tiene que sacar de la margen occidental y de Gaza a todos los colonos y transferirlos al infierno».

Jibril Rajoub, principal asesor de Yasser Arafat,
Yediot Ajronot, 4 de marzo de 1994.

«Como oficial de policía palestino no vacilaré para entregarle mi arma a cualquiera que se me acerca y me dice que va a atacar al ejército o a los colonos. Besaré mi rifle antes y después de la operación».

Recluta de policía de la O.L.P. en Ramallah,
Iton Yerushalayim, 10 de diciembre de 1993.

«¡Muerte a los judíos!»

Canto que se entona en las mezquitas en Gaza,
Yediot Ajronot, 26 de diciembre de 1993.

Sobre el plan por etapas

«Para obtener el objetivo de regresar a Palestina, todos algunas veces tenemos que hacer rechinar nuestros dientes. Pero se prohíbe que esto interfiera con la continua lucha contra el enemigo sionista. La cooperación y la comprensión entre la O.L.P. y las organizaciones de repudio es lo que conducirá al rápido retiro de Israel de los territorios ocupados en la primera etapa, hasta el establecimiento de un estado palestino con su capital en Jerusalén. Solo un estado así puede entonces continuar la lucha para sacar al enemigo de todas las tierras palestinas».

Yasser Arafat, en una carta a los jefes del frente de repudio en
las naciones árabes vecinas,
Jerusalem Post, 18 de noviembre de 1994.

«No es más que un cese al fuego hasta la próxima etapa».
Abbas Zaki, miembro del comité ejecutivo de la O.L.P.,
Jerusalem Post, *16 de marzo de 1994.*

«Tenemos que aceptar un trato y esperar un cambio en las circunstancias que pudieran llevar a la eliminación de Israel».
Abu el-Aynayn, jefe de la O.L.P.
en un campo de refugiados en Líbano,
US News and World Report, *27 de septiembre de 1993.*

«Nuestro lema de la "etapa actual" no es "desde el mar hasta el río Jordán". No hemos cejado, ni cejaremos en ninguna de las obligaciones a las que hemos estado comprometidos en más de setenta años. En nuestra sociedad árabe-palestina tenemos la capacidad de luchar con la dividida sociedad de Israel, que se caracteriza por los conflictos que la acosan. Tarde o temprano, obligaremos a la sociedad israelí a unirse a la sociedad mayor, o sea, a la sociedad árabe, y con esto lograremos la disolución de la entidad sionista por etapas».
Faisal Husseini, ministro de la O.L.P. para los asuntos de Jerusalén, entrevista para el periódico jordano A-Ra'i, 12 de noviembre de 1992.

Sobre la yihad (guerra santa)

«El compromiso sigue en pie y el juramento sigue en vigor: continuaremos esta larga yihad, esta difícil yihad ... a través de las muertes, a través de los sacrificios».
Yasser Arafat, en un discurso pronunciado en la universidad Al-Azhar en Gaza el 19 de junio de 1995,
Jerusalem Post, *3 de agosto de 1995.*

«Nuestro camino es la guerra santa. Mi muerte será mi martirio. Llamaré a las puertas del paraíso con los cráneos de los hijos de Sion».

Ayman Radi, policía de tránsito de la fuerza de la O.L.P., en una nota escrita a su familia antes de realizar un atentado terrorista suicida en Jerusalén,
New York Times, *26 de diciembre de 1994.*

Sobre la resistencia armada, o intifada

«Tenemos varias alternativas políticas, económicas y sociales a nuestra disposición, las cuales ejerceremos si la posición de Netanyahu no cambia y entre ellas tenemos la lucha armada, usando las armas que tiene la Autoridad Palestina».

Coronel Mohamed Dahlan, comandante, Seguridad Preventiva Palestina en Gaza, Ha'aretz, *3 de septiembre de 1996.*

Si Israel no hace concesiones en cuanto a Jerusalén, los asentamientos, etc

«Regresaremos a la lucha y al conflicto como lo hicimos durante cuarenta años. No está fuera de nuestra capacidad ... Todos los actos de violencia volverán. Excepto que esta vez tendremos treinta mil soldados palestinos armados que operarán en áreas en las que tenemos libertad sin precedentes».

Nabil Sha'ath, ministro de la O.L.P.,
Jerusalem Post, *15 de marzo de 1996.*

«Habrá una intifada no solo en Jerusalén, sino en todos los territorios ocupados y en todo el Medio Oriente».

Faisal Husseini, ministro de la O.L.P. para los asuntos de Jerusalén, Radio Voz de Israel, 21 de mayo de 1995,
Ha'aretz, *22 de mayo de 1995.*

«Siempre debemos recordar que nuestro enemigo es la ocupación israelí y nos corresponde continuar la lucha contra ella mediante la bendita intifada ... Solo la intifada puede llevar a nuestra nación a una etapa más avanzada».

Farouk Qaddumi,
jefe del departamento político de la O.L.P.,
Ha'aretz, 16 de diciembre de 1994.

«Si hay quienes se oponen al acuerdo con Israel, las puertas están abiertas para que intensifiquen la lucha armada».
Jibril Rajoub, jefe de seguridad de la O.L.P.,
Yediot Ajronot, 27 de mayo de 1994.

«El proceso de paz no evitará la lucha continua de nuestro pueblo contra las acciones ilegales del usurpador israelí».
Tomado de una petición firmada por el Dr. Haidar Abdel-Shafi,
ex jefe de la delegación palestina a las conversaciones de paz
con Israel y otros líderes de la O.L.P.,
New York Times, 26 de abril de 1994.

«En el Fatah no hay decisión de cesar el conflicto armado contra la ocupación».
Abbas Zaki, miembro del comité ejecutivo de la O.L.P., y candidato a jefe de la fuerza de policía,
Jerusalem Post, 16 de marzo de 1994.

«En caso de que el ejército israelí trate de arrestarnos, no vacilaremos en disparar. Jamás nos rendiremos».
Hisham Jouda, comandante de los Halcones Fatah en Gaza,
Jerusalem Post, 27 de septiembre de 1993.

«Palestina se halla tan solo a distancia de un tiro de piedra de cualquier niño palestino».

Yasser Arafat, televisión jordana,
13 de septiembre de 1993.

En cuanto a un estado palestino independiente

«Pronto declararemos el establecimiento de un estado palestino en las tierras nativas. Le digo a Israel que si no pone en práctica el acuerdo, los palestinos no tendrán otra alternativa».

Yasser Arafat, en visita a Nabulus,
Ha'aretz, 1º de septiembre de 1996.

Dirección que Arafat tomará con el gobierno de Netanyahu

«Al fin y al cabo habrá un choque. Los palestinos jamás dejarán su propio estado. Es la razón de ser de la existencia palestina. Netanyahu lo descubrirá solo. La respuesta tampoco es un estado en Gaza. La margen occidental es el núcleo».

Khalil Shikaki, analista político y jefe del Centro de
Investigación Palestina, Jerusalem Report,
8 de agosto de 1996.

«Vamos a continuar la revolución palestina hasta el último mártir, para crear un estado palestino».

Yasser Arafat, en un discurso en Gaza
con ocasión del 30.º aniversario de la fundación
del Fatah, Agence France Presse,
1º de enero de 1995.

«Estoy convencido de que nuestro pueblo se halla rumbo a establecer un estado palestino. El acuerdo firmado en El Cairo es el primer paso para establecer el estado y, por consiguiente, se debe llevar a la práctica».

Yasser Arafat, en una entrevista inmediatamente después de la ceremonia de firma, Radio Montecarlo, 4 de mayo de 1994.

«Estamos estableciendo una autoridad palestina nacional que sabemos que será un estado en el futuro».

Faisal Husseini, líder principal de la O.L.P., Jerusalem Post, 4 de febrero de 1994.

«Aquí está Palestina naciendo de nuevo como entidad nacional y encaminándose a convertirse en un estado independiente».

Yasser Arafat, desde Argelia, Radio Voz de Palestina, 31 de diciembre de 1993.

«No soy el Sr. Presidente. Soy su Excelencia, el Presidente de Palestina».

Yasser Arafat, en respuesta al saludo del primer ministro de Suecia, Carl Bildt, Jerusalem Post, 17 de diciembre de 1993.

Después de la oleada de atentados suicidas a principios de 1996

«Hamás es parte del movimiento nacional y tiene su propio estilo y método de acción. Se trata de resistir al enemigo israelí».

Farouk Kaddoumi, ministro de relaciones exteriores de la O.L.P., en el periódico Al Nahar de Beirut, 9 de marzo de 1996.

«Nadie puede quejarse de lo que los hamás y la yihad hacen. Digo que es derecho de todo palestino luchar mientras haya un solo soldado israelí en la tierra de Palestina».

Farouk Qaddumi, jefe del departamento político de la O.L.P., Al-Musawar, 30 de septiembre de 1994.

«Tenemos una relación política con los hamás, una relación fraternal».

Nabil Shaath, ministro de planeación de la O.L.P., Reuters, 28 de octubre de 1994.

Las citas anteriores se compilaron de las siguientes fuentes. Si desea información adicional, busque nuestros lugares en la red de computadoras o comuníquese con ellos en la dirección electrónica indicada. Estas direcciones se actualizaron en septiembre de 1996.

Freeman Center for Strategic Studies
http://freeman.io.com
correo electrónico: BSaphir@aol.com

IIS, Israel Information Service, Ministry of Foreing Affairs, Jerusalem Israel Line, Consulate of New York
http://www.israel-mfa.gov.il

IMRA, Independent Media Review and Analysis
correo electrónico: imra@netvision.net.il

IRIS, Information Regarding Israel's Security
http://www,nwetaxs.com/~iris/
correo electrónico: elbaum@dircon.co.uk

Jerusalem Insider, Guardians of Israel
http://www.netrail.net/~sidel/
correo electrónico: sidel@netrail.net

Jerusalem Post
http://www.jpost.co.il
correo electrónico: jpedt@jpost.co.il

Jerusalem Report
http://www.jreport. virtual.co.il/index.htm
correo electrónico: feedback@report@virtual.co.il

Zionist Organization of America
http://www.zoa.org

Apéndice B

Cronología

Cronología de Jerusalén y la historia judía desde el tiempo del
rey David

a.C.

ca. 1000   David captura Jerusalén y la hace su capital

ca. 970   El rey David, poco antes de su muerte, unge a
           Salomón como su sucesor

953   Salomón dedica el primer templo en Jerusalén
           durante la Fiesta de los Tabernáculos

ca. 930   El reino se divide en Israel y Judá

ca. 740   Isaías empieza su ministerio profético que dura-
           ría cincuenta años

724-722   Asiria derrota a Israel; llevan a las tribus del
           norte al cautiverio

625	Jeremías empieza su ministerio profético que duraría hasta 586
605	El rey Nabucodonosor de Babilonia derrota al faraón Necao de Egipto en la batalla de Carquemis; Judá atrapada en el medio, llevan a Daniel y sus amigos al cautiverio en Babilonia
597	Los ejércitos babilónicos atacan a Jerusalén; diez mil deportados, incluyendo el profeta Ezequiel
588	El ejército de Babilonia empieza el sitio de Jerusalén
586	Caída de Jerusalén, destrucción del templo, va al cautiverio la mayoría del pueblo judío
538	El Imperio Medo-Persa conquista Babilonia; Ciro emite el decreto permitiendo el regreso a Jerusalén para reconstruir el templo
536	Los cautivos empiezan a regresar a Jerusalén; Zorobabel comienza la reconstrucción del templo
534	La oposición detiene la obra del templo
520-516	Se concluye la reconstrucción del templo
458	Artajerjes permite que Esdras regrese a Jerusalén con más cautivos
445	Nehemías reedifica los muros de Jerusalén

332 Alejandro Magno conquista la región; comienzo del gobierno helenista en Jerusalén

168 Antíoco IV (Epífanes) saquea Jerusalén; prohíbe la práctica del judaísmo; establece en el templo la «abominación desoladora»

166-160 Revuelta macabea; el templo se recupera de nuevo en 164; milagrosa provisión de aceite por ocho días (origen de la Fiesta del Hanukkah)

142-129 Autonomía judía bajo la dinastía asmonea

129-63 Independencia judía bajo el reino asmoneo

63 El ejército romano, por órdenes de Pompeyo, conquista Jerusalén

40-37 Los partos conquistan Jerusalén

37 Herodes el Grande sitia Jerusalén

20 Herodes empieza la reconstrucción del templo

ca. 7-4 Nacimiento de Jesucristo

4 Muerte de Herodes el Grande; Roma aplasta revuelta judía

d.C.

ca. 26-30 Ministerio de Jesús; crucifixión bajo Herodes Antipas

26-36	Poncio Pilato procurador de Judea; traslada a Cesarea la capital
37-41	El emperador romano Calígula intenta grabar su imagen en el templo
66	Revuelta judía; guerra contra los romanos que dura cinco años
70	El ejército de Tito destruye Jerusalén y el segundo templo
73	Caída de Masada, el último bastión de la revuelta judía
132	El emperador Adriano destruye a Jerusalén y declara ilegal la circuncisión y guardar el sabat; planea construir el templo de Júpiter sobre las ruinas del templo
132-135	El levantamiento de Bar-Kochbá Roma recupera temporalmente a Jerusalén
135	Adriano recupera la ciudad y expulsa a los judíos bajo pena de muerte; reconstruye la ciudad y le pone por nombre *Aelia Capitolina* y la región *Syria et Palaestina*, y jura limpiar de la memoria del mundo, de una vez por todas, la ex capital judía; a los judíos no se les permitirá entrar en su ciudad capital durante los siguientes quinientos años
313	El emperador Constantino se convierte y el cristianismo se legaliza en el Imperio Romano;

Constantino, quien gobierna desde la capital bizantina, envía a su madre, Elena, para que busque los sitios santos en Jerusalén

335   Se termina la Iglesia del Santo Sepulcro en Jerusalén

614   Los persas saquean Jerusalén

628   Jerusalén capturada de nuevo por los bizantinos bajo Heraclio

638   El califa Omar conquista Jerusalén; empieza la dominación musulmana de Jerusalén; se permite que los judíos vuelvan a su ciudad

691   Se construye la Cúpula de la Roca, mezquita musulmana, en el Monte del Templo

750   La dinastía abasida de Bagdad se apodera del control de Jerusalén

ca. 950   La dinastía fatimí, de Egipto, conquista Jerusalén; se destruyen todas las sinagogas e iglesias

1071   Selyuk conquista Palestina y destroza Jerusalén; persigue tanto a judíos como a cristianos

1097   Godofredo de Bouillon dirige la primera cruzada a Jerusalén

1099   Los cruzados sitian a Jerusalén y capturan la ciudad; matanza en gran escala de casi cuarenta mil judíos y musulmanes; los cruzados declaran a Jerusalén la capital de su reino latino

1187 Los musulmanes capturan de nuevo a Jerusalén bajo Saladino, quien anima a los judíos y cristianos orientales a asentarse en Jerusalén y ayudarle a luchar contra los cruzados latinos

1241 Muere Saladino; lucha de los herederos; los negociantes alemanes hacen el trato para devolver Jerusalén, excepto el Monte del Templo, al control cruzado

1244 Mercenarios contratados por el Sultán egipcio expulsan a los cruzados de Jerusalén

1291 Los mamelucos reinan desde El Cairo; Jerusalén se convierte en ciudad de exilio para criminales peligrosos y oficiales gubernamentales caídos de la gracia

1516 El Imperio Otomano sucede al Imperio Mameluco

1517 Jerusalén en manos de los turcos (en los siguientes cuatrocientos años)

1537-41 Se reconstruyen los muros de Jerusalén bajo Solimán el Magnífico

1799 Napoleón avanza contra el Imperio Otomano desde el frente egipcio; detenido antes de llegar a Jerusalén

1860   Mishkenot Sha'ananim, primer barrio judío construido fuera de los muros de Jerusalén

Sionismo y el moderno estado de Israel

1882-1903 La *primera aliyá*, inmigración en gran escala de judíos a Palestina, empieza conforme aumenta la persecución en Rusia y en Europa oriental

1896   Theodor Herzl, fundador del sionismo, publica *The Jewish State* [El estado judío] y aboga por la creación de un estado judío en Palestina

1897   Se reúne en Suiza el primer congreso sionista; se promueve la inmigración a Palestina

1904-14   *Segunda aliyá*, primordialmente desde Rusia y Polonia

1916   Inglaterra, Francia y Rusia firman el acuerdo Sykes-Picot dividiendo el anterior Imperio Otomano, derrotado en la Primera Guerra Mundial; Inglaterra recibe el control de Palestina; Francia el control de lo que ahora es Líbano y Siria

1917   La Declaración de Balfour ratifica el establecimiento de un «territorio nacional» para los judíos en Palestina; los británicos capturan Jerusalén; empieza el gobierno de Mandato

1919-23   *Tercera aliyá*, principalmente desde Rusia

1920   Fundación de la *Haganá*, organización de auto-defensa judía; disturbios árabes contra los judíos en Jerusalén

1921   Se nombra a Haj Amín al-Husseini Gran muftí de Jerusalén

1922   El *Libro blanco* de Churchill establece Transjordania al este del río, abarcando el setenta y ocho por ciento del territorio asignado por el Mandato

1925   Vladimir Jabotinsky funda el movimiento llamado la Revisionismo Sionista, predecesora del partido político Herut y del moderno Partido likud

1929   Revueltas árabes contra los judíos que oran en el muro occidental de Jerusalén

1924-32   *Cuarta aliyá*, principalmente desde Polonia

1933-39   *Quinta aliyá*, la mayoría desde Alemania

1936-39   Movimientos nacionalistas árabes causan disturbios para detener la expansión territorial judía en Palestina; apoyan a Hitler en la Segunda Guerra Mundial

1939   El *Libro blanco* británico da al traste a la Declaración Balfour; detiene la inmigración judía a Palestina, condenando a millones de judíos europeos al Holocausto

1944-45   La Brigada Judía, parte de las fuerzas británi-
           cas, lucha junto a los aliados

1946   Estallido de bomba Irgun en el hotel David

1947   Las Naciones Unidas aprueban la partición de
           Palestina; los estados árabes rechazan la parti-
           ción

1948   El Mandato Británico termina el 14 de mayo;
           Israel se declara estado y EE. UU. lo reconoce;
           el 15 de mayo cinco estados árabes invaden la
           nueva nación; Jordania sitia a Jerusalén; la ciu-
           dad vieja cae en manos de Jordania, la cual la
           anexa a Jerusalén oriental

1948-52   Inmigración en gran escala desde países euro-
           peos y árabes

1949   Acuerdos de armisticio firmados con Egipto,
           Jordania, Siria y Líbano; Israel llega a ser el
           59.º miembro de las Naciones Unidas

1951   Asesinato del rey Abdullah de Jordania en la
           mezquita al-Aqsa en Jerusalén

1956   Campaña en el Sinaí

1964   Establecimiento en El Cairo de la Organización
           para la Liberación de Palestina (O.L.P.)

1967   La Guerra de los Seis Días pone término a la
           ocupación jordana de Jerusalén oriental; Israel
           gana el Sinaí y las Alturas de Golán

1969   Yasser Arafat, líder del ala guerrillera *Fatah* toma el control de la O.L.P.

1970   La O.L.P. inicia la guerra civil en Jordania; Hussein expulsa a Arafat y a la O.L.P.

1973   Guerra del Yom Kippur, empezada por el sorpresivo ataque de Egipto en el sur y Siria por el norte; Israel gana grandes extensiones y los árabes piden el cese al fuego después de tres semanas de lucha

1977   Anuar el-Sadat de Egipto visita Jerusalén; esto lleva al tratado de paz en 1979

1982   Israel invade el Líbano para detener los ataques terroristas de la O.L.P. lanzados desde ese país

1987   Empieza la *intifada*, el levantamiento palestino

1988   La O.L.P. presiona al rey Hussein de Jordania a que renuncie a todo exigencia sobre la margen occidental; desde Argelia la O.L.P. declara el establecimiento del estado palestino con capital en Jerusalén; la 43.ª Asamblea General de las Naciones Unidas se reúne en Ginebra

1989   Empieza la inmigración masiva de judíos soviéticos; llegan casi seiscientos mil en un período de cinco años

1991	Misiles Scud iraquíes estallan en Israel durante la Guerra del Golfo Pérsico; conferencia de paz en el Medio Oriente en Madrid
1992-93	Negociaciones secretas con la O.L.P. en Oslo
1993	Declaración de Principios (Oslo I) firmada en una ceremonia en la Casa Blanca, transfiriendo a la O.L.P. el control de Jericó y de Gaza
1994	Tratado de paz firmado con Jordania
1995	Acuerdo interino (Oslo II) firmado con la O.L.P. pone Belén, Hebrón y otras cuatrocientas cincuenta poblaciones bajo el control palestino; asesinato del primer ministro Isaac Rabin; Simón Peres sucede a Rabin
1996	Benjamín Netanyahu gana la primera elección do primer ministro; empiezan las conversaciones respecto a la situación final que decidirán el destino de Jerusalén

Acerca del autor

Mike Evans es reconocido ampliamente como uno de los principales expertos estadounidenses sobre a Israel y el Medio Oriente. Como intrépido defensor de los derechos del pueblo judío sobre la tierra de Israel, su voz se ha oído mundialmente desde la Cuadragésima Tercera Asamblea de las Naciones Unidas en Ginebra hasta la Conferencia de Paz en el Medio Oriente en Madrid. Su amistad personal con líderes clave en el gobierno israelí ha abierto las puertas a los cristianos evangélicos. El Sr. Evans se ha reunido en numerosas ocasiones con los últimos cinco primer ministros de Israel y los dos últimos alcaldes de Jerusalén.

Orador conocido internacionalmente, el Sr. Evans ha hablado ante millones de personas en todo el globo. Ha producido cinco programas especiales de televisión; escrito once libros, incluyendo el éxito de librería *The Return* [El regreso]; y escrito numerosos artículos sobre Israel y la profecía bíblica.

La organización de Mike Evans, Bridge of Love [Puente de amor], se ha comprometido a ayudar con servicios de ambulancia de emergencia a las víctimas del terrorismo; programas para ayudar a los niños que sufren de cáncer y sus familias; una escuela de minusválidos, una clínica para el tratamiento de la diabetes; mejoras en la Vía Dolorosa; equipo y actividades de escolares ciegos y visualmente limitados; dispositivos de alarma médica para ancianos; fondos especiales para las víctimas del terrorismo; centro médico para árabes y judíos; y apoyo y ayuda a los inmigrantes rusos.

Si desea más información sobre estos y otros proyectos de compasión, o un catálogo de los libros y cintas grabadas del Sr. Evans, escriba a la dirección que se indica a continuación. También hay disponible un ejemplar de cortesía de la circular *Jerusalem Prophecy* [Profecía de Jerusalén]. Esta publicación mensual le mantendrá informado respecto a los sucesos actuales en Israel y en el Medio Oriente, así como en la profecía bíblica.

Bridge of Love
P.O. Box 612128
Dallas, Texas 75261-2128